디테일로 완성하는
똑똑한 정책

디테일로 완성하는
똑똑한 정책

윤광일 지음

한

경험과 지식을 나눠주신 분들

지역발전위원회 이원종 위원장
통상산업부 유정열 국장
서울연구원 정희윤 실장
아산시 유선종 과장
그 외 이름을 밝히기를 원하지 않으신 농림축산식품부 및
지역발전위원회, 지자체 관계자분들

필요성과 가독성을 검토해주신 분들

농림축산식품부 김희중 사무관, 김현우 사무관
전남도청 강종철 사무관
대전광역시 류상근 주무관
한국농어촌공사 정철안 과장

전반적으로 조언을 해주신 분들

지방행정연구원 손화정 박사
글쓰기 훈련소 임정섭 대표

좋은 정책은 어떻게 하면 만들 수 있습니까?

이 책의 발단은 3년 전 어느 후배의 질문이었다.

"선배님, 좋은 정책은 어떻게 하면 만들 수 있나요?"

후배가 신규 정책을 마련하느라 고군분투하는 걸 잘 알고 있던 나는 으쓱해져 30분간 '조언'을 해주었다.

그러나 후배가 "고맙습니다"라고 말하며 자리를 뜨자마자 얼굴이 뜨거워졌다. '낮은 자세로 상사 말 잘 들으면서 열심히 해요' 같은, 누구나 해줄 수 있는 영양가 없는 단어들을 두루뭉술 나열했음을 깨달아서였다.

더군다나 후배의 질문은 10년 전 내가 선배에게 했던 질문과 같았고, 내가 해준 '조언'도 선배가 들려준 답과 거의 같았다. 그렇다면 앞으로 10년 뒤 후배도 지금의 나처럼 영양가 없는 단어들을 자기 후배들 앞에서 두루뭉술 나열하겠지!

그 순간 '이건 아니다!'라고 스스로를 다그치게 되었다. 그러면서 후배들을 위한 책을 만들기로 결심했다. 나 스스로에게 다음과 같은 질문들을 던져대면서 말이다.

① 어떤 정책이 현장에서 의미 있었나?
② 정책 마련 과정의 핵심은 무엇인가?

답을 구하기 위해 다양한 서적과 교육 과정을 살펴보니 '정책은 이러저러한 절차에 따라 마련하라'라든가, '보고서는 이렇게 작성하라' 같은 내용만 보였다. 아쉽게도 좋은 정책을 만드는 데 필요한 핵심 요소를 정책담당자의 관점에서 설명한 자료는 드물었다. 하지만 그 덕에 '열정을 갖고 고군분투하는 후배들에게 도움이 될 책을 만들겠다!'는 결심은 더욱 강고해졌고, 더욱 부지런히 돌아다녔다.

이 책의 기본 바탕은 기존의 정책 형성 과정을 다룬 책들의 내용과 크게 다르지 않다. 다만 차별되는 점이 있으니, '중요한데도 아직까지 깊게 다뤄진 적이 없는 정책의 핵심'을 다뤘다는 점이다. 필자는 그 핵심이 '디테일'이라고 생각한다.

기실 정책이 언론 보도 등을 통해 국민들에게 제시하는 '콘텐츠'는 스마트폰으로 치자면 예쁘게 디자인된 케이스인 셈이다. 그 케이스를 채우고 있는 액정과 배터리와 전화기와 컴퓨터를 비롯한 부품인 '디테일'이 잘 작동해야 '국민들에게 유용한 똑똑한 정책'이라고 평가

할 수 있다.

그렇기 때문에 정책의 '디테일'을 고민하다 보면 결과적으로 '콘텐츠'의 수준도 달라져서 국민들이 보기에 심플하면서 효과도 높은 '좋은 정책'이 만들어질 수 있다. 그래서 필자는 이 책을 쓰면서 '디테일'에 대해 많이 고민했다. 물론 정책 디테일을 독자들이 쉽게 이해하고 활용할 수 있도록 많이 노력했다.

필자는 정책 디테일을 최근까지 담당해왔던 신규 정책과 업무에 대입해봤다. 예를 들면 잡초 검역, GAP, 성과관리 체계, FAO 아시아-태평양 지역총회, 농어촌공동체 활성화, 지역행복생활권 사업, 취약 지역 집중 개선 프로젝트가 바로 그 대상들이다. 정책에 따라 차이는 있었지만, 이 책에 담은 내용의 대부분을 다양한 정책에 적용시킬 수 있었다.

특히 이 책에서 소개한 방법이 가장 충실하게 적용된 정책은 빠른 속도로 퍼져나가고 있었다. 반면에 그러한 방법이 충실히 적용되지 않았던 정책은 시행 과정에서 어려움에 직면했다. 이로써 3년 전 후배가 했던 질문에 여전히 부족하긴 해도 정성이 들어간 답을 해준 것 같아 어느 정도 마음이 놓인다.

이 책은 필자의 경험에 수많은 정책담당자들의 생각을 결합하여 만들었다. 그 과정에서 도움을 주신 모든 분들께 감사를 드린다. 이 책은 필자가 '정책의 눈'을 뜨게 해주신 농림축산식품부 선후배분들, 여러 중앙부처들과 지방자치단체들의 정책 노하우를 알려주신 지역발전위원회분들, 지역 현장의 정책담당자분들과의 합작품이다. 그렇기에 이 책은 다양한 관계자들의 경험과 지식을 집대성했다는 의의가 있다.

아쉬운 점이 있다면, 취합 과정에서 필자 개인의 역량에 한계가 있다 보니 '정책'이라는 큰 빙산의 일부만 조명할 수 있었다는 점이다. 그래서 독자 여러분들의 질타와 비평에 의해 앞으로 보완되기를 기대한다.

정부세종청사에서

차례

제 1 장

정책, 왜 디테일인가?

"다음 세대를 육성하기 위한 업무 환경을 만드는 것과 관련하여 여러분은 어떤 책임을 지고 있습니까?"

"여러분이 일, 가정, 공동체, 자기 자신처럼 서로 다른 영역이 균형을 이룬 삶을 만들려는 경영전문가라면 무엇을 하시겠습니까?"

와튼스쿨의 스튜어트 프리드먼 교수가 했던 이 말은 필자에게 다음과 같이 다가왔다.

"다음 세대를 위한 정책을 만드는 것과 관련하여 여러분은 어떤 책임을 지고 있습니까?"

"여러분이 가정, 공동체, 국가가 밝은 미래로 나아가게 하려는 정책담당자라면 무엇을 하시겠습니까?"

그렇다. 나 같은 정책담당자가 할 수 있는 가장 최선의 일은 바로 새로운 정책을 마련하거나, 현재 추진 중인 제도를 개선하는 것이다. 자기가 마련한 정책이 잘 시행되어 많은 국민들이 혜택을 보고 만족스러워 하면 '○○라는 정책은 내가 만들었다!'는 자부심을 가질 수도 있다. 그러나 막상 이 일을 시작하면 얼마 못 가 스트레스가 쌓인다. 주말조차 포기해야 할 만큼 열심히 일해도 '현장에서 똑똑하게 시행되는 좋은 정책'이 아니라 '뒷말이 무성한 정책'을 만들어낼 수도 있다. 이에 대한 여러 원인 중 하나로 '현장에서 활용될 수 있는 실무지침서가 부실하다'는 점을 들 수 있다.

다른 분야의 관계자들도 그렇겠지만, 정책담당자들은 새로운 정책을 마련할 때 참고할 수 있는 '지침서'를 찾는다. 물론 다른 나라의 이론과 사례도 찾고 전문가들의 조언도 구하지만, 그런 것은 우리 실정에는 안 맞을 수 있다는 한계도 있다. 그래서 활용도가 가장 높은 지침이 '정책 관련 경험이 풍부한 선배의 말'이다. 다만 훌륭한 선배를 만나 도움이 되는 지침을 구하는 것도 쉬운 일이 아니다.

필자는 이 책을 쓰면서 '훌륭한 선배를 조금이라도 대신할 수 있는 실무지침서를 만들자!'고 다짐했다. 아울러 '이 기회에 정책에 대해 제대로 공부하자!'는 각오까지 하고서 자료를 정리했다. 그러다가 정책은 크게 두 가지 측면으로 나눌 수 있다는 깨달음을 얻었다.

첫 번째는 거시적 측면이다. 이는 정책의 방향을 잡은 뒤 정책 관련 아이디어를 제시하는 부분으로, 정무적政務的 판단과 연계되는 경우가 종종 있다. 두 번째는 미시적 측면이다. 이는 정책이 현장에서 효과적으로 추진될 수 있도록 콘텐츠를 구체화하고 디테일을 살리는 작업으로, 정책실무관계자의 역할이기도 하다.

정책은 거시적 측면에서 잘못되면 처음부터 잘 시행되기 어렵다. 그러나 거시적 측면에서 잘된 정책이 미시적 측면에서 실패하면 어떻게 될까? 그 결과는 좋은 정책 방향과 아이디어를 무의미하게 날리거나 부정적인 평가를 받게끔 만들어버리는 것이다.

거시적 정책의 방향과 아이디어가 올바르게 정해지고, 이를 구체화시킬 미시적 부분이 힘을 발휘하면 정책은 똑똑해진다. 국민의 삶과 국가의 미래가 보장되고, 국민들은 만족스럽거나 행복해진다.

하지만 정책실무자의 경험과 지식만으로는 '거시적 측면의 정책'을 논하기가 어렵다. 그래서 필자는 이 책을 쓰면서 주로 미시적 측면을 조명했고, 거기에 다양한 부처 및 지자체의 정책결정자들과 정책실무자들의 경험과 생각, 고민을 융합시켰다. 물론 미시적 측면에서 강조되는 부분이 바로 '정책 디테일'이다.

필자의 역량으로는 '정책 디테일이란 정확히 이것이다'라고 명쾌하게 설명하기가 어렵다. 핵심이 되는 콘텐츠는 누구나 알 수 있어도, 콘텐츠에 담겨 있는 디테일은 금방 눈에 들어오지 않기 때문이다. 내 눈앞의 스마트폰이 어떻게 생겼는지는 묘사할 수 있어도, 그 내부의 부품들이 어떻게 작동하는지는 해당 기업의 실무자도 프리젠테이션하기 어렵듯이 말이다. 그래서 필자는 정책 디테일의 개략적인 범위를 그리는 것을 1차 목표로 설정하고, '정책 디테일 개론서'를 만들려고 했다. 그 노력의 결과물인 이 책은 신규 정책을 마련하거나 제도를 개선하는 작업이 정책 디테일의 범위 안에서 이루어질 수 있도록 도와주는 가이드 역할을 하리라고 생각한다.

'정책 콘텐츠' 그리고 '정책 디테일'이란?

콘텐츠(contents)의 사전적 의미는 '내용'과 '차례'다. 예를 들면, a contents page는 '차례 페이지'다. 그러니, 지금부터 독자 여러분이 보게 될 '정책 콘텐츠'는 '정책의 차례'라고 보면 된다. 독자가 책을 한번에 파악하고 싶다면 차례 페이지를 읽어보면 되듯, 정책 콘텐츠를 들여다보면 해당 정책이 무엇에 관한 것인지, 무엇을 추구하는지 파악할 수 있다.

일반적인 정책 현장에서 상사가 "정책 콘텐츠를 말하라"고 했을 때, 이는 정책의 상세한 부분까지 모두 설명하라는 게 아니라, 정책의 핵심 사항과 이에 대한 간략한 설명을 덧붙여달라는 의미다.

디테일(detail)의 사전적 의미는 '세부적인 내용'과 '사소한 부분'이다. 그러니, 지금부터 독자 여러분이 보게 될 '정책 디테일'은 '정책의 세부적인 내용'이라고 여기면 된다. 즉, '정책 디테일'은 '정책 컨텐츠를 채워주는 세부적인 내용'이다.

경우에 따라 기본 보고서에 쓴 한 줄이 별도의 세부 추진 계획서의 바탕이 되기도 한다. 즉, 기본 보고서에서는 콘텐츠 중 하나였던 부분이, 세부 추진 계획서에서는 디테일이 될 수도 있다.

정리하자면, 이 책에 등장하거나 소개된 '정책명'은 말 그대로 '정책의 제목'으로, '정책 콘텐츠'는 '정책의 차례'로, '정책 디테일'은 '차례를 채우는 세부적인 내용'으로 이해하면 될 것이다.

1. 정책은 나의 삶과 국가의 미래를 바꾼다

정책은 사람을 웃게 할 수도, 울게 할 수도 있다. 우리 삶의 구석 구석에도 영향을 미친다. 현재는 물론 미래의 삶도 구속한다. 따라서 한 나라의 정책을 보면 그 나라 사람들의 미래까지 가늠할 수 있다. 국민들을 올바른 방향으로 이끄는 정책이 많아지면 온 나라가 행복해진다. 반면에 늪으로 이끄는 정책이 많아지면 국민들이 어려워지고, 국가의 미래에도 먹구름이 낀다.

고대 중국의 위대한 왕이었던 요임금은 어느 날 백성들이 부르는 다음과 같은 노래를 들었다.

"해 뜨면 일하고, 해 지면 쉰다네. 우물 파서 마시고, 내 밭을 갈아 먹는데, 임금의 덕이 나와 무슨 상관인가."

그러자 요임금은 신하들을 돌아보며 이렇게 치하했다고 한다.

"백성들이 국가 정책에 관심을 가지지 않아도 될 정도니, 나라가 올바르게 다스려지고 있구려."

반면에 진나라 시황제의 부국강병을 위한 만리장성 건축과 엄격한 통치 정책은 항우와 유방 등의 반란을 초래했다. 이는 춘추전국시대가 끝나고 통일이 되었다며 기뻐했던 중국 백성들을 도탄에 빠뜨리는 상황으로 이어졌다.

(1) 정책이 개인의 삶에 미치는 영향

정책은 우리 생활 한가운데 있으며, 살아 움직이는 생물체처럼 변화하기까지 한다. 많은 이들에게 희망을 주는 정책이 있는가 하면, 암울한 현실을 경험하게 하는 정책도 있다.

결국 정책은 강 건너에서 사는 남의 이야기가 아니라, 바로 나와 내 가족의 이야기인 것이다. 와 닿지 않는가? 그럼 이쯤에서 어느 할아버지의 하소연을 들어보자.

"나이요? 80을 한참 넘겼고요, 혼자 산 지도 10년 넘었지요. 기력은 떨어지고 몸은 아픈데, 객지에 나간 자식들은 명절 때나 와요. 평소에는 저 혼자지요. 돈벌이도 집안일도, 심지어 병원 가는 일도 점점 어려워지는데, 도움을 받을 곳은 마땅치 않네요."

이런 분들을 위해 독거노인들과 소년소녀가장들을 위한 '공동홈' 사업이 시작되었다. 공동홈 사업은 원룸식 주택을 마련한 뒤, 취약계층의 소외된 분들에게 빌려주는 사업이다. 그 덕에 홀로 어렵게 사시던 분들이 한지붕 아래에서 다 함께 식사와 청소를 하고, 서로를 돌보며 정을 나눌 수 있게 되었다. 할아버지, 할머니, 그리고 아이들의 입에 웃음이 걸리기에 이르렀다.

다른 예도 살펴보자. 수십 년 전 어느 날, 나라에서 국토를 넓히기로 결정했다. 그래서 덤프트럭이 오가며 엄청난 양의 흙과 돌을 바다에 퍼부어 간척지를 만들기 시작했다. 간척지는 근처 원주민들에게 우선 분양된다는 발표가 나오자, 주민들은 밝은 미래가 열린다며 기뻐했다.

세월이 흘렀다. 남은 일거리라곤 농사뿐인, 수돗물도 나오지 않는 낙후 지역으로 변했다. 남아있는 나이 든 주민들은 동네 앞에 있던 항구, 시장에 팔 물고기를 손질하던 작업장, 배에서 부려진 화물들이 가득하던 큰 창고들을 떠올린다. 어느새 아저씨, 아줌마의 눈에는 습기가 핑 돈다.

결국 정책의 손길이 똑똑하게 작동하면 국민들은 자기 집에서 근심 없이 저녁밥을 먹으며 행복하게 살지만, 그렇지 않으면 과거의 행복을 그리며 암울한 미래 때문에 근심해야 한다.

(2) 국가에 미치는 영향

특정 지역을 대상으로 만들어진 정책이 국가 전체에 영향을 미치기도 한다. 국민들에게 혜택을 선사하던 정책이 느닷없이 불행을 주기도 한다. 남부럽지 않게 살고자 했던 전 세계의 수많은 서민들을 도탄에 빠뜨린 2008년 미국의 모기지론 위기가 그러했다.

모기지론 위기는 미국 정부가 서민들에게 주택을 보급하려고 2000년대 초에 만든 정책에서 시작되었다. 이때 미국 정부는 주택 구입 자금이 필요한 서민들에게 낮은 이자로 돈을 빌려주는 모기지

론 정책을 추진했는데, 이는 공공 복지 실현에 도움을 주는 정책이
라 많은 국민들이 지지했다.

그러나 2006년부터 이자율이 높아지기 시작하자 위기는 모습을
드러냈다. 원금은 고사하고 이자조차 못 갚는 사람들이 늘어나기 시
작한 것이다. 2007년에는 대형 모기지 전문 회사가 파산했고, 미국
정부는 서민들의 피해를 막고자 막대한 예산을 들여 그 회사를 국유
화했다. 그러나 이자율이 계속 높아지면서 빚을 상환하지 못하는 서
민들이 크게 늘어났다.

상당수의 미국 시민들이 궁지에 몰리자 미국 경제는 내리막으로
치달았다. 온 국민들의 내 집 없는 설움을 덜어줄 것 같던 훌륭한 정
책이 한 세기 가까이 초강대국을 지켜주던 든든한 장벽을 무너뜨린
몹쓸 거인으로 성장한 것이다.

이렇듯 처음에는 똑똑한 듯했던, 그래서 온 국민들에게 행복을 선
사했던 정책이 여건 변화에 따라 암울한 비극으로 변하기도 한다.

(3) 국경을 넘는 영향

1998년에 벌어진 IMF 사태에서 보듯이 정책의 여파는 다른 나라들에
도 동시다발적으로 혹은 도미노식으로 영향을 끼친다. 2010년대 주요 산
유국들의 석유 감산에 따른 석유 가격 급등은 또 하나의 적절한 예이다.

석유 가격 상승으로 국가경쟁력이 추락하기 시작하자 미국 등 여
러 나라들이 세일가스 같은 대체에너지 개발을 본격적으로 추진했

다. 그러자 저렴한 세일가스에 대응하려는 몇몇 산유국들이 유가를 내리기 시작했는데, 이는 많은 나라들에 영향을 미쳤다. 특히 러시아처럼 해외로부터 벌어들이는 돈의 대부분이 오일머니인 나라들은 적잖은 타격을 입었다.

반면에 유럽 쪽 국가들과 한국 등 아시아의 여러 나라들은 유가 하락으로 휘발유와 경유 등 자동차용 연료 비용과 난방비가 줄어들어 여유 지출이 가능해졌다.

그야말로 우리의 정책은 물론 다른 나라의 정책도 유심히 지켜봐야 하는 시대다.

2. 정책 환경은 복잡해지고 있다

정책을 둘러싼 환경은 빠르게 변하고 있다. 그래서 과거에 유용했던 정책이 더 이상 쓸모없는 경우도 있다. 얼마 전까지만 해도 잘 들던 '정책 약방문'의 효력이 사라지고 있다.

왜 그럴까? 이는 예전의 정책이 얼기설기 감긴 실뭉치를 푸는 일이었다면, 지금은 너무 빡빡해서 보기만 해도 어지러운 실뭉치를 풀어야 하기 때문이다. 정책담당자는 이런 실뭉치 앞에서도 정신줄을 놓지 말고 더욱 세심한 작업을 해야 하는 처지에 놓여있다.

(1) 과거와 달라진 벤치마킹

20세기에는 마트에서 쇼핑하듯이 다른 나라의 '훌륭한' 정책을 벤치마킹하여 정책을 마련할 수 있었다. 우리나라의 정책담당자들은 미국이나 일본에 유학하여 선진적인 정책을 보고 배웠으며, 제3세계 국가의 정책담당자들도 우리나라의 새마을 운동이나 경제 개발 5개년 계획 등을 배우려고 연수를 오기도 했다.

덩샤오핑 주석의 영도로 개혁·개방 정책을 추진하던 1980~1990년대 중국 고위급 관리들은 포항제철 등 우리의 산업·경제 정책 결과물들을 직접 시찰하러 왔었다. 이런 벤치마킹 방식은 중국이 1960년대에 '대약진 운동'을 추진하면서 겪은 혹독한 기아와 같은 무서운 상황을 비켜가도록 해주었다. 또한 검증되지 않은 정책을 시행하면서 따르는 위기도 최소화할 수 있게 해주기도 했다. 물론 세계화 수준이 미약하고 정보도 제한되었을 경우 국민들은 '새로운 정책'을 잘 따르기 마련이다.

그러나 오늘날에는 서글프게도 선배 정책담당자들의 시절과 달리 정책을 만들기가 점점 더 어려워지고 있다. 오늘날 우리나라는 1인당 국민소득이 3만 달러에 근접했으며, 인구는 5천만 명이 넘는 나라다. 이런 조건을 갖춘 3050클럽(30-50club)에 가입할 수 있는 나라의 수는 우리나라를 포함해 총 일곱 개에 불과하다. 즉, 다른 나라들을 따라하기 바빴던 나라가 '다른 나라들이 따라하는 모범'으로 바뀌고 있다. 더 이상 편안한 벤치마킹은 힘들다. 우리나라의 정책담당자들은 나라와 국민들이 처한 현실에서 답을 찾아 새로운 정책을 만들어내야 하는 시점에 서있다.

(2) 관리가 어려워진 정보

국민들의 생각도 바뀌었다. 왜 그럴까? 이는 경제와 기술이 발전하면서 국민들이 다양한 채널로부터 주체하기 힘들 정도로 많은 정보를 구할 수 있게 되었기 때문이다.

한 예로, 가족과 함께 극장에 자리를 잡는 순간 벌떡 일어나게 만들던 〈대한뉴우스〉가 여론을 좌우하던 시절이 있었다. 그 시절은 이제 노인들의 추억과 대한민국 역사 기록으로 남았다.

1990년대 초부터 인터넷이 발전하면서 정보 교환의 장場, '사이버 공간 속의 광장'인 포털사이트와 SNS의 위력이 강력해지자 공공 기관이 민간 매체들에 미치는 영향력도 약해졌다. 국가가 새로운 정책을 발표하면 곧바로 사이버 공간 속 수많은 셜록 홈스들에 의해 분석된다. 여기에 다양한 성향과 지식을 갖춘 네티즌들이 자기 의견을 가감 없이 덧붙여 지인들에게 전파한다.

이렇게 만들어진 '설득력을 갖춘 의견'은 국민들의 마음을 움직이고, 정부는 국민들의 불신을 해소하려는 과정에서 곤욕을 치르기도 한다. 말 그대로 사람들이 생산한 정보의 여파가 국가의 정책에 영향을 미치는 시대다.

(3) 다양해진 정책고객

과거에는 청장년층을 정책의 주요 대상으로 삼을 수 있었다.

그러나 지금은 다르다. 65세 이상 고령자 인구가 급속히 증가하면서 인구의 10퍼센트 이상을 구성하고 있을 정도로 고령화 사회이기 때문이다. 설상가상으로 우리나라 경제를 주도했던 베이비부머 세대가 은퇴하면서 고령자들의 수도 더 늘어나 조만간 초고령 사회로 진입할 거라고 한다.

반면에 태어나는 아이들의 수는 줄어들면서 인적 자원 확보도 심각하리만치 어려워질 것이라고 한다. 결혼이라든가 노동을 위한 이주로 인해 외국인들도 우리 사회에 많이 편입되다 보니 다문화사회도 이루어졌다.

그러나 미국이나 유럽, 일본 등과 달리 이에 대한 경험이 부족한 우리나라의 정책담당자들은 관련 정책 개발에 어려움을 겪을 가능성이 높다.

(4) 그 외 환경 요인

자연환경의 변화, 가속화되는 세계화, SNS 등 통신수단과 KTX 등 교통수단의 발달, 다른 나라로부터의 영향에 의한 의식주의 변화 등 다양한 변화가 우리나라 안과 밖에서 동시다발적으로 일어나고 있다. 이는 긍정적으로 본다면 '정책 환경의 일대 전환점', 즉 '우리 정책이 급격히 성장할 수 있는 혁신의 기회'라고 할 수 있다.

그 혁신이 옳은 방향에 따라 이루어진다면 우리 아이들은 1인당 국민소득 5만~6만 달러의 시대에서 살아갈 수 있다. 어깨를 당당히 하고 전 세계를 활보할 것이다. 심지어 화성에 인류 최초의 우주 식민 도시 겸 광물 자원 채굴 기지를 건설함으로써 태양계를 개척하는 시대를 열지도 모른다.

그러나 그 '혁신'이 잘못된 방향에 따라 이루어진다면 현재 우리가 누리는 풍요는 아이들에게 불행의 씨앗이 될 것이다. 어릴 적의 풍요를 어른이 되어서는 더 이상 누릴 수 없다는 좌절감에 갈등이 겹겹이 쌓이고 증폭되면서 온 나라를 절망의 늪에 가라앉게 할 수도 있다. 다른 나라 사람들은 '잘나가던 국가의 실패 사례'로 한국을 예로 들 것이다. 정말 생각하기도 싫다.

이렇듯 급변하는 정책 환경에 따라 의식 수준도 변화하고 있는 국민들을 만족시키려면 우리의 정책은 더욱 똑똑해져야 한다.

'어떻게 하면 우리의 정책을 똑똑하게 완성할 수 있을까?'

3. '디테일을 잡아주어 똑똑하게 시행되는 정책'이 필요하다

정책 환경의 변화에 대응하여 똑똑하게 시행되는 정책들이 있다. 그 내부를 세심히 살펴보면 디테일이 살아있음을 목격할 수 있다.

우리의 시대에는 '디테일을 잡아주어 똑똑하게 시행되는 정책'이 요구되고 있다. 디테일한 정책이 탄생하는 과정은 복잡하지만, 완성된 뒤의 모습은 심플하거나 이해하기 쉽다. 필자는 아래에 디테일이 살아있는 정책의 사례 두 개를 소개하겠다.

사례 1. 쓰레기 분리수거

뿌연 먼지, 마스크를 쓰고 작업하는 사람들, 분진 때문에 고통을 받는 주민들….

예전 서울시의 쓰레기매립장이었던 난지도의 모습이다.

이랬던 난지도에도 더 이상 쓰레기를 버릴 곳이 없자, 서울시는 난지도에 흙을 덮어 매립한 뒤 공원으로 조성했다. 그리고 난지도를 대신하여 인천에 2억 2800만 톤을 매립할 수 있는 새로운 쓰레기매립장을 건설했다. 그 당시 난지도에 반입되던 쓰레기의 양을 고려하면

2016년까지 사용할 수 있다고 예상되었다.

1990년대 초반의 어느 날부터 쓰레기 분리수거를 위한 비닐봉투가 등장했다. 주민 입장에서 보면 별 생각 없이 버리던 쓰레기를 어렵게 처리하게 된 것이다. 재활용품과 음식물쓰레기는 따로 분리해야 하며, 정해진 쓰레기봉투만 사용하게 되었다. 사람들은 불만스러웠다.

그러나 정책이 지속적으로 추진되면서 사람들의 생각도 바뀌었다. 그러자 하룻동안 버리는 쓰레기의 양이 줄어들기 시작했다. 이로써 환경에 미치던 부담은 물론 자원 낭비까지 줄어들었다. 결과적으로 새로 조성된 매립장은 최대 2044년까지 활용할 수 있게 되었다.

쓰레기 분리수거용 봉투는 변화된 쓰레기 처리 정책의 '겉으로 드러난 모습'일 뿐이다. 그 내면에는 쓰레기 분리수거용 봉투가 사용되도록 만든 디테일이 숨어있다. 청소대행업체 운영, 쓰레기 분기수거용 봉투 생산, 분리된 쓰레기 처리 문제 등이 바로 그 디테일이다. 청소대행업체를 운영하는 경우만 보더라도 쓰레기 수거 차량 관리, 시간 관리, 인력 관리가 요구된다. 겉으로 드러난 모습과 내면의 모

그림 1-1. 재활용품 보관소와 분리수거용 쓰레기통(필자 직접 촬영)

습은 이렇게 다르다.

정책은 주민들의 시선으로 볼 때 가급적 이해하기 쉬워야 한다. 정책이 시행되는 과정을 지켜보면서 주민들이 '어휴, 복잡해!'라고 느낀다면, 이는 실제로 현장에서 받아들여지기 어렵다는 뜻이기도 하다. 그러나 동일한 정책이라도 디테일을 심어 가능한 심플하게 만들면 주민들은 '거 참 편리하군!'이라고 느끼면서 받아들일 가능성이 높다.

정책은 '사람들의 생각을 바꾸는 일'이다. 복잡하고 이해하기 어려운 정책을 대하면 사람들은 받아들이기보다 거부하기 십상이다. 정책에는 가급적 심플하면서도 사람들의 생각의 방향을 바꿔주는 장치가 있어야 한다.

한 예로 예전에는 주민들이 쓰레기를 한꺼번에 버린 뒤, 달마다 동일한 쓰레기 처리 비용을 냈다. 요즘은 종량제 봉투를 구입한 뒤, 재활용품을 제외한 쓰레기만 담아서 버린다. 쓰레기의 양을 줄이면 종량제 봉투 구입 비용을 절약할 수 있다. 그러다 보니 쓰레기의 양은 자연스럽게 줄어들었다. 폐지나 고철은 지정된 곳에 쌓아두면 업자들이 무료로 처리해준다. 합리적이고 받아일 수 있는 정책이다.

이렇듯 쓰레기 분리수거 정책이 정착되자, 정책이 도입된 지 20여 년이 지난 오늘날에는 쓰레기 분리수거가 우리 일상의 한 부분이 되었다. '귀찮고 불편하네' 같은 생각이 '당연히 분리수거를 해야 환경을 지키고, 악취도 덜 나지'라는 쪽으로 바뀌었다. 그러한 상황의 이면에는 정책의 디테일이 담겨있다.

사례 2. 영양 가이드라인

어른비만은 물론 아동비만까지…, 비만은 우리나라와 미국 등 여러 선진국들의 사회 문제가 된 지 오래다. 그래서 미국 정부는 식생활 개선을 위한 '식품피라미드(Food-Pyramid)'를 마련했다. 과일과 채소를 골고루 섭취해야 한다는 메시지가 담긴 식품피라미드는 다양한 전문가들의 의견을 토대로 만들어졌다.

헌데 미국 정부가 자신 있게 선보인 이 식품피라미드에 대해 누군가가 의문을 표시했다. 잘 이해되지 않는다는 것이었다. 그림이 너무 복잡하다 보니 그림만 보고서는 과일과 채소를 얼마나 먹어야 할지 파악할 수 없어서였다. 당연히 이를 개선해야 한다는 목소리가 높아졌다.

"국민들에게 과일과 채소를 골고루 섭취해야 한다는 사실을 이 식품피라미드보다 더 쉽게 알려주는 가이드라인이 필요합니다!"

이에 따라 영양학적 측면에 더해 사람들의 심리적 측면까지 고려한 디테일이 적용되면서 '식품접시(Food-Dish)'가 탄생했다. 식품접시는 어떤 음식을 얼마나 먹어야 하는지를 한눈에 보여주는 가이드라인이다.

이렇듯 정책의 디테일을 더욱 깊게 함으로써 예전 정책담당자들은 고려하지 않았던 부분까지 포함시킨다면 의외로 '주민들이 쉽게 이해할 수 있는 정책'을 만들 수 있다.

전문적인 내용들이 가득해서 바로 이해하기 어려운 정책도 있다. 여기에도 디테일을 가득 담아내면 "여러분은 동장님/이장님이 하시

그림 1-2. 식품피라미드(상)와 식품접시(하) (미국 농무부)

는 대로 따라서 하기만 하면 됩니다!"라고 말해줄 수 있는 정책으로 나타낼 수 있다. 그러한 정책이 세상에 드러나면 사람들의 생각을 바꾸는 일이 연속된다. 편하고 쉽게 따라갈 수 있는 디테일한 정책으로, 그야말로 '똑똑한 정책'으로 발전할 가능성도 높아진다.

4. '디테일한 정책'의 실마리를 찾는다

디테일한 정책을 만들려면 무엇을 해야 하는가? 그 전에 일단 '정책'의 속성을 살펴보자. 정책은 관련 분야도 다양하고, 각각에 대한 전문적인 지식과 노하우도 필요하다. 따라서 모든 정책들에 공통적으로 적용될 수 있는 요소를 찾기는 쉽지 않다. 그래서 이에 대한 실마리를 사람에서 찾아보았다. 정책은 사람의 머리에서 나오며, 사람이 완성시키고, 사람이 시행한다. 최종적으로는 사람에게 영향을 준다. 따라서 정책결정자, 정책담당자, 현장담당자, 정책수혜자의 입장에서 생각해본다면 공통적인 실행 요소를 찾아볼 수 있다.

필자는 공통적으로 적용될 수 있는 '정책'의 요소에서 한 발자국 더나아가 디테일에 필요한 요소를 알아보기로 했다. 그래서 10여 년이상 정책 현장에서 정책을 만들어봤거나 추진했던 정책담당자들이 공통적으로 생각하는 부분들을 모아 접붙여봤다. 또한 어렴풋이 드러나는 윤곽을 보다 더 구체화하기 위하여 과거 국가의 흥망을 좌우했던 대형 국가 프로젝트들도 분석했다. 이 결과를 토대로 대부분의 정책에 공통적으로 설명 가능한 디테일의 단서를 잡을 수 있었다.

(1) 서양식 군함 프로젝트

산업혁명에 성공한 서양이 정신문명 추구에 여념이 없던 동양을 향한 야심을 본격적으로 드러내던 19세기는 격동의 세기였다. 유럽을 제패했던 나폴레옹마저 '잠에서 깨어나면 세상을 요동치게 할 용'이라며 두려워했던 청나라는, 1840년 제1차 아편전쟁에서 영국에 패해 강제로 문호를 개방했다.

세계 최강이라 믿었던 청나라가 '한줌 밖에 안 되는 병력을 갖춘 서양인들'에게 패배했다는 소식은 조선 조정에 강렬한 충격을 주었다. 그로부터 20년 뒤 제2차 아편전쟁을 일으킨 서양인들은 청나라의 수도 베이징마저 점령하고 황제의 대궐을 약탈한 뒤 불을 질러 파괴하기까지 했다.

그러자 조선 조정에서는 이러다가 청나라가 숫제 망하여 조선마저 침략을 당하는 건 아닐까 하는 긴장감마저 팽배했다. 미국 상선 제너럴셔먼호가 조선 조정에 무역을 요구하며 대동강을 거슬러 올라왔던 1866년 8월은 바야흐로 이런 시절이었다.

제너럴셔먼호의 선원들은 교섭을 거부하는 관료 이현익을 붙잡아 감금했다. 이에 격분한 평양 군민들은 강변으로 몰려들었고, 위기감을 느낀 제너럴셔먼호의 승무원들은 대포와 총을 마구 쏘아대면서 상황을 더욱 악화시켰다. 마침 조수 간만의 차로 모래톱에 걸린 제너럴셔먼호는 오도 가도 못하게 되었고, 평양감사 박규수는 기름을 뿌린 목선木船들에 불을 붙여 공격함으로써 제너럴셔먼호를 격침시

컸다.

그로부터 한 달 뒤에는 프랑스 함대가 강화도를 공격했다. 바로 병인양요였다. 조선 조정은 이번에도 심각한 인명 피해와 재산 손실을 감수한 끝에 프랑스군을 물리쳤으나, 여론은 잇따른 서양 오랑캐들의 침공으로 인해 들끓었다. 흥선대원군을 비롯한 조선 조정의 관료들은 서양식 군함에 대한 구체적인 대책을 세워야 한다며 이구동성으로 주장했다.

엄청난 화력을 갖추고 조선의 군함들보다 훨씬 빠르게 움직이는 거대한 서양식 군함을 물리칠 수 있는 효과적인 정책은 무엇일까? 서양식 군함에 맞설 수 있는 신형 군함을 건조하자는 아이디어가 제시되었다. 거북선으로 일본 함대를 박살냈듯이 말이다.

그러나 증기로 움직이는 서양식 군함을 만들어본 적이 없는 조선이었다. 당장 대동강에 가라앉아 있던 제너럴셔먼호를 인양하여 복구하자는 아이디어가 나왔다. 아이디어가 확정되니, 본격적인 작업은 일사천리로 진행되었다. 조선 최고의 장인 김기두를 비롯한 선박 건조전문가들을 모으고, 이들을 지원하기 위한 엄청난 규모의 재정 지원 계획도 마련되었다.

한시라도 빨리 서양식 군함을 갖추려는 조정의 뜻에 따라 김기두 팀은 청나라를 통해 입수한 증기기관 및 서양식 선박 관련 도서들이라든가, 제너럴셔먼호의 잔해에서 입수한 증기기관 등을 연구하며 서양식 군함 프로젝트에 박차를 가했다.

흥선대원군은 김기두를 만나 10개월 안에 서양식 군함을 완성시켜달라고 했다. 물론 조정에서 서양식 군함 건조 과정에 대한 점검이 나올 때마다 김기두 팀은 기술적 어려움을 토로했다. 그래도 흥선대원군을 비롯한 조정의 지시는 변경되지 않았다.

이는 당시 조선의 상황이 여의치 않았기 때문이기도 하지만, 근본적으로 상명하달식 조직 문화 탓에 현장책임자의 말이 조정에까지 전달되기 어려웠으리라 짐작된다.

어찌어찌 배의 모든 뼈대가 완성되었고, 그 뼈대에 판자를 입히는 작업까지 진행되었다. 그러나 증기기관 제작은 여전히 문제였다. 제너럴셔먼호의 것을 수리한 뒤 가동시켜봤으나 소용없었다. 애당초 그 당시 조선의 기술력으로 증기기관을 마련하겠다는 생각 자체가 무모했다. 쇠를 다루는 기술력은 낮았고, 증기기관에 대한 이해도 부족했다. 조선의 광업 능력으로는 증기기관에 사용되는 화력 좋은 연료인 석탄조차 확보할 수 없었다. 어쩔 수 없이 화력이 낮은 장작을 쓰기로 했다.

이리하여 조선 최초의 서양식 군함이 만들어지자, 조정은 진수식을 거행하기로 했다. 서양의 크고 빠른 전함들이 또 언제 침공해올지 모른다며 두려워하던 백성들이 진수식 소식을 듣고 한강변에 모여들었다.

백성들은 위풍당당하게 떠있는 신식 군함을 보고 앞다퉈 "주상 전하 천세!"를 외쳤다. 이제 서양 오랑캐들이 쳐들어와도 저 신식 군함이 무찔러주리라는 기대감이 팽배했다. 신식 군함 위로 툭 튀어나온 굴뚝에서 검은 연기가 피어오르자 백성들의 함성은 더 높아졌다.

신식 군함이 서서히 움직이기 시작하자, 제작을 기획했던 조정 관리들과 김기두의 팀원들 등 참여했던 자들 모두 그 많은 시간 동안 흘려댄 피와 땀과 눈물을 떠올리며 눈시울을 붉혔다.

허나 한참 동안 지켜봐도 신식 군함은 고깃배보다도 못한 속도로 느릿느릿 전진할 따름이었다. 기민하게 움직이며 서양의 군함들을 박살내야 할 조선의 신식 군함은 결국 그 주변에서 함께하던 고깃배들에게 추월을 당할 지경이었다.

김기두는 그 원인을 알고 있었다. 증기기관 안에 증기가 턱없이 부족하다는 사실을, 실린더 내부와 피스톤 사이에 빈틈이 많아 그 미약한 증기마저 술술 샌다는 사실을 말이다. 실망한 백성들이 막걸리나 먹으러 가자며 흩어지자 서양식 군함 프로젝트는 막을 내렸다.

서양식 군함을 확보하겠다는 조선 조정의 정책이 완전히 무산된 것은 아니었다. 이로부터 30여 년 뒤인 1903년, 고종 황제는 일본의 민간 회사로부터 군함을 사들였다. 그러나 그 실체는 영국제 구형 석탄운반선에 소구경 함포 네 문을 달았을 뿐이었다. 무려 40년쯤 전의 제너럴셔먼호와 별로 다를 게 없던 바로 이 '최초의 서양식 군함'에는 '양무揚武'라는 이름까지 붙여졌다.

이마저 신식 군함 운용 훈련을 받은 승무원도 연료로 쓸 석탄도 구하지 못해 항구에서 놀릴 수밖에 없었다. 결국 1년 뒤 러일전쟁이 발발하자 함포 한 번 못 쏴보고 일본 해군에 빼앗기고 말았다.

그로부터 1년 뒤인 1905년에는 을사늑약이, 1907년에는 군대 해산이 이어지더니, 결국 1910년에는 숫제 나라가 망하고 말았다.

그림 1-3. 대한제국의 두 번째이자 마지막 서양식 군함인 광제호
1904년 일본의 가와사키조선에 주문해 만들었지만, 1905년 을사늑약 체결로 세관감시선으로 격하당했다.
양무함과 달리 처음부터 군함으로 만들어졌으나, 안타깝게도 너무 늦게 도입된 것이다(전쟁기념관, 필자
직접 촬영).

(2) 실패에서 드러난 디테일의 실마리

구한말의 서양식 군함 프로젝트는 오늘날 신규 정책을 마련하는
과정과 유사하게 추진되었다. 일단 정책을 추진하기에 앞서 많은 이
들의 공감과 지지를 받으며 엄청난 예산을 투입했다. 당대 최고의
전문가들이 참여했으며, 일정 관리도 체계적으로 이루어졌다. 홍보
효과도 대단하여 온 국민들의 관심을 모았다. 심지어 첫 프로젝트가
실패한 뒤에도 다시 건조해야 한다는 의견까지 나왔다. 그러나 조선
(대한제국)은 끝내 '제대로 된' 서양식 군함을 보유하지 못했다.

'서양식 군함 프로젝트'라는 정책의 콘텐츠는 과히 나쁘지는 않았
다. 그 당시 국제정세를 알고 있었다면 조정 대신 중 누구라도 서양
식 군함은 반드시 확보해야만 한다는 생각을 했을 것이다. 실제로
주변국인 일본과 청나라도 그렇게 했다. 심지어 일본은 왕실에서 사

용될 내탕금까지 투입해 영국 등으로부터 최신식 군함들을 수입했고, 청나라도 독일로부터 '동양에서 가장 크고 강력한 전함'을 두 척이나 수입했다. 그러나 조선(대한제국)은 최고의 전문가들과 엄청난 예산을 투입했는데도 실패했다. 그 이유가 무엇일까?

조선(대한제국) 조정은 "최고의 전문가들과 막대한 예산을 투입했으니, 알아서 잘 만들어라/구매하라"라고 현장의 관계자들에게 지시만 내렸다. 이로써 정책의 디테일이 고려되지 않았음을 알 수 있다.

물론 현장 팀은 문제를 잘 알고 있었으리라. 그러나 그들의 목소리는 조정에까지 전달되었을까? 서양식 군함 제작·도입 과정은 얼마나 투명하게 공개되었을까? 흥선대원군 때의 신식 군함 프로젝트 실패에 대한 연구는 그 뒤 철저하게 이루어졌을까?

그러나 당시 기록을 살펴보면 실패로부터 교훈을 얻어 개선하겠다는 의지는 보이지 않는다. 조선이 외세의 침략에 대비할 시간이 무려 40여 년이나 있었는데도 말이다.

그럼 정책 디테일의 면에서 조선(대한제국) 조정의 문제점들을 돌아보자.

① '정책에 디테일을 심는다'는 가장 중요한 역할을 맡은 사람이 정책담당자다. 정책담당자는 프로젝트 담당자와 현장감독자, 의사결정자이다. 이들의 역할이 정책의 디테일을 만들 때 중요하다. 그러나 조선(대한제국) 조정의 정책담당자들은 증기기관이나 서양식 군함에 관한 경험과 지식이 부족했으며, 소통도 제한

적이었다. 얼마나 투명한 환경에서 정보가 공개되었는지도 알
수 없다.

② 정책에 디테일을 담는 과정에도 문제가 있었다. 침몰한 제너럴
셔먼호에 대한 철저한 분석과, 실제 전함으로서의 역할에 대한
고려가 불충분했다. 지식도 노하우도 없는 상태에서 불과 '10
개월'이라는 촉박한 시간 내에 프로젝트를 디테일하게 관리하
기도 어려웠을 것이다. 진수식을 하기 전에 시범적으로 배를 운
영해보고 부족한 디테일을 보완하는 과정도 생략되었다. 건조
과정에서 이미 실패의 전조가 여러 번 나타났다.

필자는 정책 현장에서 다양한 경험을 하면서 '정책을 위한 아이디어
는 출발선일 뿐, 그 이상도 이하도 아니다'라는 생각을 하게 되었다.

아이디어가 좋다고 박수치기는 어렵다. 오히려 대단한 아이디어를
현실화했다가 허무하게 끝남으로써 관계자들에게 미칠 여파를 걱정
해야 한다. 디테일을 확보하지 못한 아이디어를 현실화했다가 제2,
제3의 '서양식 군함'이 될 가능성이 적지 않다.

필자는 다음 장에서부터 정책에 디테일을 담기 위한 주요 요소들
을 설명하겠다. 그 과정에서 독자 여러분들의 이해를 돕기 위해 다
양한 가상의 정책들을 소개할 것이다. 가상의 정책은 가상의 도시인
'대한시'에서 이루어진다. 대한시 이야기에서는 정책담당자로 '박 국
장', '김 과장', '손 계장', '강 주무관', '배 박사' 등이 등장한다. 이들은

다양한 정책을 추진하는 실무진이다. 이들을 통해 다양한 정책 사례
들을 엿보겠다.

생각의 도서관 1-2

스파르타는 왜 망했는가?

'스파르타'라는 단어를 보면 '스파르타식 교육'을 표방하던 대학
입시 준비 학원이라든가, 강대국 왕이 보낸 신하들 앞에서 굴하지
않고 "여긴 스파르타다!(This is Sparta!)"를 외치던 영화 〈300〉의
주인공 레오니다스 왕이 떠오른다.

실제로 스파르타의 시민들은 혹독한 교육 과정을 거쳐 전쟁을
두려워하지 않는 전사들로 키워졌다. 그런 믿음직한 전사들의 나
라였던 스파르타는 아테네와 함께 고대 그리스 도시국가들의 맹
주였으며, 고대 그리스 최고의 강국이었다.

그런데 스파르타의 위대함이 단지 군사력만으로 이루어졌을까?

그 이전에 스파르타식 교육의 밑바탕에는 '인간의 위엄을 잃지
않고 존재하는 법'에 관한 철학이 깔려있었다고 한다.

스파르타의 교육은 군사 훈련만으로 이루어지지는 않았다. 스파
르타 사람들은 어린 시절부터 자신보다 국가를 먼저 생각하도록 교
육을 받았고, 왕과 왕비부터 애써 맛없는 음식을 공동식당에서 먹는
등 금욕적인 생활을 중시했으며, 영화 〈300〉의 배경이 된 테르모필
레 전투에서 실제로 전원 장렬히 전사하기를 택했을 정도로 명예를

소중히 했다.

스파르타 사람들의 생각과 태도는 신중했고, 대화의 내용도 깊었다. 스파르타에서 개최되는 민회는 아테네의 민회처럼 떠들썩하지 않았으며, 포퓰리즘에 따라 결정을 내리는 일도 없었다. 스파르타의 민회를 참관한 아테네 사람이 지인이었던 스파르타 사람에게 물었다.

"왜 민회에서 다들 아무 말이 없는 겐가?"

그러자 스파르타 사람은 이렇게 대답했다.

"말할 줄 아는 사람은 말하지 않을 때도 아는 법일세."

"허! 스파르타에는 민주주의가 없구면."

아테네 사람의 비판에 스파르타 사람은 이렇게 대답했다.

"자네 집안에나 먼저 민주주의를 정착시키게."

스파르타의 왕은 전쟁을 결정할 권한이 있었다. 그래서 전쟁이 일어나면 왕은 의무적으로 최전선에서 싸워야 했고, 가장 늦게 후퇴해야 했다. 도망가는 적을 쫓지 않음으로써 적의 함정에 빠지지 않는 노련한 전략도 구사했다. 그래서 상대국 병사들은 도망갈 때 주저하지 않게 되었다. 다른 국가와 연합하여 싸울 때에는 항상 정해진 자리를 반드시 고수했다. 이렇듯 지혜와 용기를 더불어 겸비한 전사들의 나라가 스파르타였다.

스파르타의 엄격한 제도는 변화 없이 상당히 오래 유지되었다. 이에 대한 힌트는 스파르타의 법령을 세운 왕인 리쿠로고스의 다음과 같은 말에서 찾을 수 있겠다.

"제도가 불완전하다는 사실을 알지만, 제도를 바꿈으로써 얻을

이익보다 바꾸는 과정에서 생길 혼란이나 불이익에 대한 고민이
더 크다."

그럼 스파르타는 왜 멸망했을까? 그 이유는 크게 두 가지로 요약할
수 있다.

① '변화에 대한 이해 부족'이다. 그리스의 다른 도시국가들은 교역
   으로 번성하고 있었지만, 스파르타는 이런 현실을 외면했다.

② 사람들과 세상이 변화하고 있는데도 스파르타의 정책은 이
   에 제대로 대응하지 못했다. 기실 스파르타 시민들 사이에서
   도 어느 순간부터 물질주의가 퍼지고 있었다. 불패의 스파르
   타군도 새로운 전략과 전술과 무기를 내세운 적에 의해 패하
   기 시작했다. 그런데도 스파르타 사람들은 고집스럽게 과거
   를 답습했다.

이러한 환경과 생각의 변화에 따른 문제들을 해결해줄 정책을
만들어내지 못했기에 스파르타는 급격히 몰락했다.

오늘날 스파르타가 있던 지역에 방문하는 사람들은 쉽게 실망
한다. 과거의 흔적이 없기 때문이다. 가장 단단하고 굳건할 것 같
던 그들의 규범은 역사책 속에만 남았다.

스파르타의 최후를 보면서 과거의 영광이 미래를 보장해주지
않는다는 사실을 되새긴다.

제 2 장

디테일을 담는 그릇, 정책 콘텐츠

필자는 이번 장에 수치와 확률, 아이디어 발굴을 위한 개인지성과 집단지성에 대한 이해, 콘텐츠 분석, 성과관리에 필요하다고 생각하는 팁^{Tip}들을 소개하겠다.

디테일한 정책을 만드는 일은 디테일을 담을 그릇인 정책 콘텐츠를 구체화하는 작업으로 시작된다. 콘텐츠를 제대로 마련하지 못하면 디테일의 일부가 빠지거나 고려되지 못한다. 그러면 정책이 똑똑하게 실행되기가 어렵다.

콘텐츠를 제대로 마련하더라도, 이들이 제대로 작동하는지 가늠하는 성과 기준을 잘못 잡으면 콘텐츠에 담겨야 할 디테일이 어긋난다. 콘텐츠가 잘못 결정되면 자칫 나중에 많은 고생을 하면서 처음으로 되돌려야 할 수도 있다.

독자들이 보기에 이 장에서 제시한 내용을 한번에 이해하기가 어려울지도 모른다. 그래도 이 장의 내용을 이해 가능한 범위부터 차근

차근 적용시키고, 역량 있는 선배와 동료 및 전문가의 도움도 구하여 그 범위를 확대시킨다면 디테일을 담을 콘텐츠를 완성할 수 있다.

다만, 이 장의 내용을 모든 정책에 적용시키기는 무리일 수도 있다. 실제로 워낙 다양한 정책들이 있기 때문이다. 그러나 이 장에서 제시된 내용을 참고하여 응용한다면 디테일을 담을 수 있는 콘텐츠를 보다 더 충실하게 마련할 수 있을 것이다.

생각의 도서관 2-1
어느 정책담당자의 말

"정말 좋은 정책 콘텐츠가 제대로 작동되지 않아 문제가 일어나는 걸 보면 화가 납니다. 문제의 원인이 된 콘텐츠는 아무리 훌륭해도 다시 활용하기는 어려우니까요. 아까운 아이디어를 버리는 셈 아닙니까? 차라리 제대로 추진할 수 없다면, 정책 콘텐츠 자체를 잘 만들겠다는 생각은 하지 말아야 한다고 봅니다."

---

1. 수치와 정보를
   분석하면 디테일의 실마리가 보인다

다양한 수치^{數値}, 통계, 정보, 지식은 정책의 필수 요소다. 그러나 해석을 못하거나 정책으로 구체화하기 위한 실마리를 찾지 못하면 가치는 크게 떨어진다. 수학 시간에 수많은 공식을 외우고도 수학시험 때 문제를 풀지 못하면 의미가 없듯이 말이다.

(1) 수치에 대한 이해와 해석이 디테일의 시작이다

정책에서 주로 사용하는 수치는 숫자와 통계다. 이를 정책과 연계시키려면 훈련이 필요하다. 관련 지식과 경험이 부족하면 데이터나 통계에 현혹되어 잘못된 정책을 만들 수 있다. 즉, 수치를 읽고 분석하는 능력이 없으면 데이터와 통계는 무용지물이다.

1) 통계에 대한 이해

현장에서 다루는 통계는 단순한 수치 분석부터 진정한 의미의 통계까지 범위가 넓다.

농촌 지역인 읍·면의 가구 중 몇 가구나 수돗물을 이용하지 못할까? 환경부는 전국 읍·면의 상수도관 설치 현황을 조사했다. 상수도관이 설치되지 않으면 수돗물이 나오지 않는다. 전체 가구들에서 상수도관이 설치되지 않은 가구의 수를 계산해보니 전체 가구 중 약 37퍼센트였다. 이는 단순 백분율로 알아낸 수돗물을 이용하지 못하는 가구들의 비율이다.

전국 도시의 달동네에서 수돗물을 이용하지 못하는 가구의 수는 얼마나 될까? 약 300여 개의 달동네를 표본으로 조사했더니, 약 7퍼센트인 것으로 확인되었다. 이 통계는 전체 중에서 표본을 뽑아 조사한 다음, 그 수치로 다시 전체를 추정한 것이다. 하지만 표본을 토대로 전체를 예측하는 통계가 100퍼센트 정확할 수는 없기에 신중히 사용해야 한다.

표본이 잘못되면 통계도 잘못된다. 예를 들어 전국 고등학생들의 영어 실력을 검정하기 위해 1천 명의 고등학생들을 선발한 다음 토플TOEFL 시험을 보게 했다고 가정하자. 결과를 분석해보니 평균점수가 85점이었다. 120점 만점인 토플 시험 결과가 85점이면 영어를 사용하는 나라의 대학 중 대부분에 진학할 수 있다.

헌데 알고 보니 시험을 친 학생들은 영어 실력이 상위 1퍼센트에 들어가는 학생들이었다. 관계자들이 자기 지역 학생들의 영어 실력이 낮게 나오는 것을 꺼려하여 영어 성적이 우수한 학생들을 추천한 탓이다. 표본이 잘못된 이 통계치를 정책에 대입하면 문제가 발생한다. 그럴 일은 없겠지만 만약 이와 유사한 일이 벌어진다면 정책담당자는 전국에 있는 학부모들의 원성을 온몸으로 받을 수도 있다.

통계는 수학의 다양한 분야들 중에서도 배우기가 쉽지 않고, 이해하기도 어렵다. 그래도 정책담당자는 통계를 알아야 한다. 아울러 통계에 관한 자신의 지적 한계에 대한 인식도 분명히 해야 한다.

2) 수치의 오류 및 오차

데이터와 통계를 마련하는 과정에서 오류가 생길 수 있다. 오류는 조사할 때 생길 수도 있고, 계산하면서 생길 수도 있다. 내가 보고 있는 데이터나 통계 수치가 틀릴 수도 있다는 생각을 가져야 한다. 오류가 있는 수치를 사용하면 문제가 발생한다.

손 계장은 대한시의 일자리 통계를 파악한 뒤 김 과장에게 보고를 올렸다.

"일자리 수가 전년 대비 50퍼센트 이상 급증했습니다."

김 과장은 손 계장이 제출한 보고서를 보면서 고개를 갸웃거렸다.

"손 계장, 이 정도는 경제가 엄청나게 활성화되었을 때나 가능한 수치 아닙니까? 헌데 내가 확인한 체감경기로 보면 그렇지 않네요. 통계를 다시 한 번 면밀히 조사했으면 합니다."

손 계장이 통계를 면밀히 확인한 결과 ○○구에서 보내온 조사수치가 다른 구의 것보다 1천 배나 더 높았다. 사업체를 조사했더니 전년 대비 '3.195퍼센트'의 일자리가 증가했음을 확인했지만, 해당 지역 담당자가 옮겨 적는 과정에서 '3,195퍼센트'로 적은 것이다. '.'을 ','로 적은 오류를 수정하니 전체적인 일자리는 오히려 줄어들었다.

만약 김 과장이 이상하리만큼 높아진 일자리 통계를 점검하지 않았다면 정책을 추진하면서 문제가 발생했을 것이다. 통계대로라면 일자리가 급증했으니 일자리를 양적으로 늘리는 대신 질적인 부분에 신경을 썼을 테니 말이다. 그러나 현실은 일자리를 양적으로라도 늘려야 하는 상황이다.

과거의 통계와 비교해서 수치가 갑자기 높게 나왔다면 의심해야 한다. 그럴 경우 통계가 틀렸을 가능성이 높기 때문이다. 이러한 오류 가능성을 이해하려면 통계의 수집과 가공 과정을 생각해보면 된다. 통계에 관록이 붙은 전문 인력이 몇 번의 검토를 거쳐 마련한 통계는 오류가 드물다. 그러나 대상을 전국으로 넓히고서 생각하면 상황이 우호적이지만은 않다는 것을 알 수 있다. 전문 인력이 얼마나 투입되었는지 알기 어려우며, 초임자가 업무를 맡을 수도 있기 때문이다. 경우에 따라 꼼꼼하지 않은 사람이 업무를 담당하기도 한다.

표본을 조사할 때 오차가 적은 통계를 마련하려고 하면 비용이 급상승한다. 전문통계인력을 활용하고 표본의 수를 늘려야 하기 때문이다. 표본의 수가 1천 명인 경우보다 1만 명인 경우에 더 믿을 만한 통계가 나올 수 있지만, 통계를 마련하는 데 필요한 예산액은 크게 높아진다. 그래서 오차를 얼마나 인정할 것인지를 고민해야 한다. 경우에 따라 통계전문가의 도움도 필요하다.

국민들은 공공 기관에서 발표하는 수치를 신뢰하는 편이다. 하지만 명확한 이유 없이 수치를 매번 틀리게 발표하면 공공 기관에 대한 불신이 초래된다. 정책담당자는 수치나 통계에 오차가 있을 수 있다는 사실을 인식하는 한편, 주민들에게는 정확하고 고정된 수치를 지속적으로 제공할 수 있도록 노력해야 한다. 만약 바꾸고자 한다면 근거를 명확히 제시해야 한다. 근거도 제시하지 않고서 바꾸기를 반복하면 '양치기 소년' 취급을 받기 십상이다.

사건 발생 시 최초로 제공하는 수치는 오차를 염두에 두어야 한다고 본다. 'ㅇ시 현재 수치는 ㅇㅇ이나, 현장의 ××한 상황 등을 고려하면 변동 가능성이 높습니다'라는 말이 납득되는 분위기가 조성되기를 바란다.

3) 미래 예측의 한계

과거와 현재의 자료를 토대로 미래를 예측하는 경우가 있다. 통계적으로 분석하다 보면 반복적인 패턴을 발견하기도 한다. 이 패턴 중 일부는 미래를 예측하는 통계 모델로 발전한다. 그러나 미래가 통계모델로 마련한 수치대로 이루어질 거라고 확신할 수는 없다. '100퍼센트 정확한 예측'은 불가능하기 때문이다.

IMF 사태 때의 일이다. 1990년부터 IMF 사태가 시작된 1997년까지 국내 경제 상황은 좋은 편이었다. 이를 분석하여 1998년도 경제를 예측했다. 고도성장은 힘들겠지만 6퍼센트 이상의 성장률을 지속시킬 수는 있겠다고 분석되었다. 1998년에 정부는 이러한 경제전망을 참고하여 정책을 마련했다. 그러나 실제로는 경제전망과는 전혀 달리 경제가 무너질 지경이 되었다. 최고의 전문가들이 마련한 미래 예측이 틀린 것이다. 이런 상황에서 정책담당자들은 속수무책이 될 수 밖에 없었다.

　IMF 사태를 경험한 이후 통계적으로 다양한 보완이 이루어졌다. 그리고 2008년에 또 한 번의 금융위기를 맞이했다. 그 당시 정부는 이전보다 효과적으로 대응했고, 대외적 여건도 우호적인 상황으로 전환되어 IMF 사태 때와 달리 국민들이 피부로 느낄 만큼의 위기 상황은 없었다.

　반면에 세계 금융 발전의 중심으로 떠올랐던 아일랜드는 2008년에 국가 전체가 무너져 내릴 상황에 빠졌다. 그때까지 아일랜드에는 외국인들의 투자가 활발했으며, 2000년 이후에도 평균 5퍼센트대의 높은 경제성장률을 보였다. 평균 국민소득은 6만 달러가 넘었고, 국민들 대부분이 안정된 직장을 가지고 있었다. 그러나 금융위기의 여파로 부동산 거품이 붕괴되면서 은행이 부실해졌다. 산업의 생산력은 감소하고, 많은 이들이 일자리를 잃었다.

　이런 사례들을 보면서 정책담당자는 통계를 활용하되, 미래 예측이 틀릴 수도 있다는 본질적인 한계도 알고 있어야 한다.

　손 계장은 대한시에 외곽도로를 만들려고 생각하는데, 통행량이 관건이다. 현장 조사를 하고, 전문가에게 분석을 의뢰했다. 결과를 보니 통행료를 받으면 몇 년 내에 건설 비용을 충당할 수 있을 것 같았다. 대한시의 부족한 재정을 대신할 민자 유치도 가능했다. 여러 검토 과정을 거친 뒤 민자를 들여 외곽도로를 건설했다.

　1년 뒤 조사해보니 통행량은 예측한 것의 절반 수준이었다. 많은 시민들은 외곽도로보다는 기존의 도로를 더 선호했다. 직장과의 거리를 고려해서다. 자동차 유지비 때문에 대중교통을 이용하는 시민도 늘어나고 있었다. 통행료에 대한 거부감도 있었다. 대한시는 통행량이 일정 수준 이하라면 참여한 민간 업체가 손해를 보지 않도록 보조해주기로 계약했었다. 그래서 시간이 지날수록 대한시의 재정 부담이 가중되었다.

미래를 예측하려면 다양한 요인을 분석해야 하며, 다양한 분석 모델들 중 적절한 모델을 선정한다. 학계에서 인정받는 통계 모델이라도 2000년대 버전과 2010년대 버전이 따로 있을 가능성이 높다. 이럴 때 전문가는 다양한 버전을 활용한다. 하지만 전문가가 자신에게 가장 유리한 모델을 선정하여 계산할 수도 있고, 분석하는 요인을 제한하기도 한다.

정책담당자는 이와 같은 전문 분야를 깊이 있게 알기 어렵다. 정부 기관이나 지자체가 법률 자문을 받으려고 변호사를 선임·고용하는 것과 마찬가지로 대규모 국책 사업이나 예산이 많이 들어가는 사업을 진행할 때에는 역량 있는 통계전문가를 고용하여 분석 모델을 점검하는 방안도 고려할 필요가 있다.

4) 사람의 마음을 움직이는 수치

수치數値는 사람들의 마음속에 기준을 정하는 힘이 있다. 수치가 사실을 대변한다고 사람들이 생각하기 때문이다. 그래서 수치로 인해 형성된 여론으로부터 정책이 큰 영향을 받기도 한다.

점심시간에 포털사이트를 검색하던 손 계장은 깜짝 놀랄만한 이야기를 봤다. 벼락이 1년에 최대 24만 2,495번 떨어진다는 것이었다. 연평균 15만 번 정도다. 이에 따른 사망자 수도 확인해봤다. 2010년 도에만 해도 29명이 벼락을 맞고 죽었으며, 연평균 7명이 벼락으로 사망했다.

'허, 벼락이 1년에 15만 번이나 떨어진다면 주민들이 불안할 게 아닌가. 부상자는 또 얼마나 많겠나. 안 되겠어. 벼락 관련 대책을 세워야지!'

점심시간이 끝나기도 전에 손 계장은 김 과장에게 달려갔다. 대한시의 재정 상태가 그리 좋지는 않지만, 최우선적으로 해결해야 할 문제라고 강조했다. 하지만 김 과장은 얼굴을 찌푸리며 이렇게 말했다.

"손 계장, 통계 수치에 너무 현혹되지 않기를 바랍니다."

그 말에 손 계장은 어리둥절했다. 김 과장의 말은 이어졌다.

"1년에 자살하는 사람 수가 얼마나 되는지 알아요, 손 계장? 1만 4,500명이에요. 하루에 40명꼴로 자살하는 하는 셈이지요. 그렇다면 어떤 정책이 더 시급할까요?"

자리로 돌아오면서 손 계장은 자신이 '24만 번'과 '15만 번'이라는 숫자에 놀랐었다는 사실을 깨달았다. 바로 그 숫자들이 손 계장에게 상황을 심각하다고 인식시켰다. 만약 손 계장이 벼락에 맞아 사망하는 사람들의 수가 연평균 7명이라는 사실만 알았으면 어땠을까? 이런 손 계장에게 김 과장은 '1만 4,500명'이라는 자살자 수를 내밀었다. 이때 손 계장의 생각이 어떻게 변화할지는 짐작할 수 있다.

통계 수치는 이렇듯 사람의 마음을 움직이게끔 활용될 수 있다. 동일한 수치라도 어떻게 가공하느냐에 따라 보는 사람의 느낌이 다르기 때문이다.

손 계장은 낡고 오래된 농어촌 주택을 개량하는 정책을 담당하게 되었다. 이는 신규 사업이라 관련 예산을 확보해야 하기에, 손 계장은 사업비를 타려고 예산 부서와 협의를 시작했다. 손 계장은 예산 담당자를 이렇게 설득했다.

"농어촌 지역도 많이 발전해서 건전한 주택이 80퍼센트지요. 하지만 여전히 20퍼센트가 문젭니다."

그러나 예산담당자는 별 일 아니라는 듯이 이렇게 대답했다.

"농어촌도 그 정도면 살 만하네요. 그런데도 주택 개량을 한다고요?"

예산 협의는 이렇듯 잘 되지 않았다. 그래서 꼭 필요한 예산이 확보되지 않을 것 같았던 김 과장은 예산 과장을 찾아가 직접 설명했다.

"예산과장님도 아시겠지만, 농어촌의 다섯 집 중 한 집은 사람이 살기 어렵지요. 주택이 노후화되어 여름에는 비가 줄줄 새고, 겨울에는 찬바람이 안방까지 쌩쌩 듭니다."

"아니, 그렇습니까?"

그렇게 되묻는 예산 과장의 머릿속에는 '다섯 집에 한 집은 너무 많잖아'라는 인식이 자리를 잡는다.

"그렇습니다. 노후 주택 비율이 20퍼센트나 됩니다."

김 과장의 강조에 예산 과장은 고개를 끄덕였다.

손 계장이나 김 과장이나 동일한 내용을 가지고서 수치를 제시했다. 그런데 결과는 달랐다.

왜 그랬을까? 김 과장은 수치를 어떻게 제시해야 예산 과장의 마음을 움직이는지 알았다. 수치는 어떻게 가공하고 선택하느냐에 따라 사람의 마음을 움직일 수도, 그렇지 않을 수도 있다.

생각의 도서관 2-2

조삼모사朝三暮四가 마음을 움직인다

의사가 심장병 수술을 권하면서 '100명 중 90명이 산다'와 '100명 중 10명이 죽는다'는 수치를 제시했을 때 환자의 반응을 달랐다. '100명 중 90명이 산다'고 했을 때 환자가 수술에 응할 가능성이 더 높게 나타났다.

_ 리처드 탈러 · 캐스 선스타인 공저, 안진환 옮김, 넛지,
p66, 리더스북, 2009

5) 정책을 혼란시키는 평균

정책에 활용되는 데이터나 통계는 대개 '평균'을 기준으로 한다. 그러나 의외로 평균이 전체를 대변하지 못하고 일부를 강조하는 결과를 초래하는 경우가 있다. 평균만으로 정책을 마련하다 보면 평균치 부근에 있는 정책고객(국민/시민)만 대변하는 어긋난 정책이 만들어질 수 있다.

손 계장은 대한시의 자치구별로 평균 소득을 내봤다. 부자구는 다른 구보다 평균 소득이 두 배 이상 높았다. 구의 재정자립도도 좋다.

별도의 복지 정책이 필요 없다고 생각했다. 그래서 손 계장은 부자구에 보조했던 예산을 다른 구로 돌리고, 부자구는 자체 예산으로 복지 사업을 진행하게 했다. 부자구에서 들려오는 불만은 무시했다. 시와 구의 사이가 점차 나빠졌다.

이런 보고를 받은 김 과장은 부자구에서 제기하는 문제를 검토해보기로 했다. 김 과장은 일단 부자구의 소득을 5단계로 나누었다. 그랬더니 부자구의 상위 소득자들의 수가 다른 구 상위 소득자들의 수에 비해 특이하리만큼 많다는 사실을 발견했다. 부자구 내의 특정 동에는 경관이 좋고 가격도 높은 주상복합건물들이 들어서있다. 부자구 특정동의 평균 소득은 상위 1퍼센트 이내이며, 대한시의 부자들 중 절반이 살고 있다.

그러나 이들을 제외하고 계산하니 부자구의 평균 소득은 뚝 떨어졌다. 다른 구보다 좋은 상황도 아니다. 생활이 어려워 지원을 받아야 하는 주민들의 수가 다른 구에 비해 오히려 더 많았다. 독거노인이나 소년소녀가장도 다른 구에 비해 더 많았다. 결과적으로, 부자구는 '지원을 받아야 하는 지역'이었다. 김 과장은 손 계장이 지원 배제의 근거로 단순한 소득 평균을 적용한 것이 문제였음을 파악했다.

평균을 토대로 정책을 기획하면 '현장에서 체감할 수 있는 디테일한 정책'을 마련하기는 어렵다. 단순히 생각해보면 평균 주변에 사람들이 많이 몰릴 것 같지만(그림 2-1), 실제로는 상위와 하위에 치우치면서 평균에 해당되는 주민 수는 오히려 적을 수도 있기 때문이다(그림 2-2, 그림 2-3).

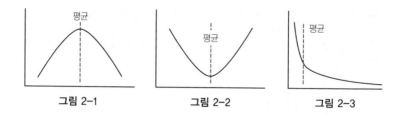

그림 2-1   그림 2-2   그림 2-3

정책을 기획할 때 평균은 함정이 될 가능성이 있다. 따라서 주민이 체감할 수 있는 디테일한 정책을 기획할 때에는 적어도 전체를 3～5개 구간으로 등분한 뒤, 각 구간의 특성을 파악해야 한다. 민감도가 높은 정책을 기획할 때에는 10개 이상으로 구분해야 답이 보인다. 이에 따라 맞춤형으로 마련한 정책은 성공할 가능성이 높다.

데이터와 통계는 정책을 기획할 때 매우 중요하다. 그래서 통계의 속성을 이해하고 분석하는 능력을 갖춘다면 정책 디테일을 확보하는 데 유리하다. 정책담당자가 꼼꼼하게 살펴 바로잡은 수치가 반영된 데이터와 통계는 많은 사람들을 이해시키는 유용한 자료로 활용될 수 있다.

(2) 정보의 가치는 옥석을 가려낸 뒤 드러난다

정보는 넘쳐난다. 그러나 업무와 관련된 의미 있는 정보를 찾기는 어렵다. 따라서 정책담당자는 돌들 사이에서 보석을 골라내듯이 가치 있는 정보를 캐내려고 노력해야 한다.

새로운 일을 추진하다 보면 많은 정보가 들어온다. 의미가 아리송

한 숫자나 단어가 아니라, 구체적이고 설득력 있는 '진짜 정보'다. 하지만 이것은 상황에 따라 정책담당자를 혼란에 빠뜨릴 수 있다.

일상에서도 이와 비슷한 경우를 겪는다. 텔레비전에서 의학 관련 프로그램을 보다 보면 어느 순간부터 불안해진다. 암에 대한 이야기가 나오면 발가락에 난 뾰루지조차 암세포 같다. 당뇨 이야기를 듣다 보면 내 몸 여기저기서 당뇨를 알리는 증상이 보인다. 고혈압의 무서움에 대해 듣다 보면 내가 바로 고혈압 환자다. '나 자신과 관련이 있는 듯한' 구체적이고 설득력 있는 정보를 접하면 혼란스러워지기 마련이며, 그러다 보면 그 정보의 가치를 파악하기가 어렵기 때문이다.

정책 덕에 이익을 보는 사람들은 기존 정책의 내용이 바뀌거나 새로운 정책이 나타나면 불안해한다. 거짓 정보를 진실인양 믿는 사람들도 있다. 주변의 모든 사람들이 진실이라고 했던 정보가 시간이 흐른 후 거짓임이 드러나 큰 충격을 받기도 한다. 정책담당자도 이런 경우에서 예외일 수는 없다.

100퍼센트(명백한) 거짓 정보라면 파악할 수 있지만, 90퍼센트의 진실 속에 10퍼센트의 거짓 정보가 숨어있으면 노련한 정책담당자도 알아차리기 어려울 수 있다.

거짓 정보는 진실의 탈을 쓰고 정책을 왜곡시킬 수 있다. 그러니 정책담당자는 가치 있는 정보를 가려내는 데 필요한 훈련과 경험, 노력을 갖춰야 한다.

1) 사람에 대한 정보

조조 및 손권에 비해 세력이 상당히 열세했던 유비가 참모로 제갈량을 모시기 위해 그의 집을 세 번 찾아갔다는 이야기는 유명하다. 오죽하면 연암 박지원도 〈허생전〉에서 북벌을 도모할 인재를 구하려면 유비처럼 삼고초려三顧草廬를 해야 한다고 주장했겠는가! 이는 뛰어난 역량을 가진 사람과 일하면 정책 디테일을 확보하기가 수월해지기 때문이고, 그로써 정책이 똑똑해지기 때문이다.

능력이 있으며 열성적인 사람과 같이 일하면 즐겁다. 문제가 생기면 최적의 답을 내놓으니 불안감이 적어진다. 새로운 아이디어도 샘솟고, 귀중한 배움도 구할 수 있다. 그러나 사람을 잘못 구하면 일이 무척 어려워진다. 중간에 바꾸기도 어렵다 보니, 인내의 시간을 보내야 한다.

같이 일할 전문가를 찾던 손 계장은 배 박사를 떠올렸다. 누구나 아는 역량 높은 지역개발전문가다. 배 박사와 함께 일을 해본 사람들은 누구나 그를 추천했다. 깊이 있는 지식을 갖추고 현장 중심으로 일하면서 '신뢰'를 쌓았기 때문이다. 그러나 배 박사는 이미 다른 프로젝트에 투입되어 있다. 그래서 손 계장은 지인이 추천한 전문가와 일하기로 했다. 이름을 들어본 적이 없는 사람이지만, 전문가가 아쉬운 상황이었다. 김 과장은 우려했다.

"검증되지 않은 사람인데, 부담스럽지 않나요?"

하지만 손 계장은 뭔 일 있겠느냐는 투다.

"믿을 만한 지인이 추천한 사람입니다. 걱정 마세요."

몇 달이 지났다. 손 계장은 한숨을 내쉰다. 그 전문가는 현장 경험이 없는 완벽한 이론가다. 현장의 상황과 정책 과정을 손 계장이 처음부터 끝까지 가르쳐줘야 했다. 일을 신속하게 진행시켜야 하는 판에, 그 전문가는 종종 비현실적인 이론을 꺼내 들고서 우긴다. 힘 있는 사람들도 많이 아는지 손 계장에게 은근히 압력까지 가한다. 이럴 바에는 손 계장이 그 전문가에게서 정책 현장을 가르쳐주는 데 대한 학습비를 받아야 할 지경이다. 지인이 추천한 사람이라 바꾸기도 그렇다. 시간이 약이라 생각하고 하루하루를 넘기고 있다.

정책을 추진하다 보면 역량 있는 전문가를 찾기가 쉽지 않아서 '검증된 전문가'와 일하고 싶어진다. 그러나 능력이 뛰어난 전문가를 섭외하는 일은 쉽지 않다. 그런 전문가들은 불러주는 곳이 많아서 항상 바쁘기 때문이다. 정책담당자는 이에 대한 대비책으로 역량 있는 전문가를 지속적으로 찾아야 한다.

처음 접하는 전문가가 역량이 있는지를 알아보는 방법이 있다. 작은 용역을 주거나 일을 같이 해보면 된다. 작은 일이지만, 그 과정에서 그 사람의 역량이 드러난다. 일의 완성도에서도 그의 능력을 엿볼 수 있다. 다만, 팀의 분위기를 손상시킬 수 있는 사람이라면 함께 일하는 것을 고민해야 한다. 남들에 비해 차별적으로 뛰어나지 않는 한 참여시키지 않는 편이 좋다. 팀 내에 갈등이 생기면 일을 진척시키기가 어려워지기 때문이다.

정책담당자들이 접하는 어려운 요구 중 하나가 '지역인재'를 등용하라는 말이다. 필자도 역량 있는 지역인재를 우선적으로 등용해야 한다는 점에는 찬성한다. 허나 그 지역인재의 역량은 무엇으로 파악하나? 역량이 떨어져도 특정 지역 출신이면 다 좋은가? 정책은 수십만, 수백만 지역주민들의 삶에 영향을 미친다. 역량이 떨어지는 사람이 정책에 관여하면 지역주민들이 불편을 겪는다. 그러니 세금 내며 정책을 소비하는 주민들의 입장에서 '지역인재'를 바라봐야 한다.

김 과장은 지역인재를 활용하기 위해 노력하고 있다. 하지만 역량 있는 사람이라면 대개 수도권에서 활동하다 보니 대한시 관내에서 찾기가 어렵다. 그래도 김 과장은 포기하지 않고서 다양한 정보를 통해 알아봤고, 결국 그 자신이 지역인재들을 키워야겠다고 마음먹기에 이르렀다. 그래서 적극적이고 긍정적인 자세를 가진 사람들을 선정한 뒤, 강도 높은 훈련을 시작했다. 김 과장은 이들에게 용역을 주고 꼼꼼히 점검했다. 충분하지 않은 시간을 준 뒤 일을 완성하라며 독촉도 했다. 부족한 부분은 집요하게 지적하여 개선시켰다. 현장에 대한 이해도가 부족하다 싶으면 현장 조사에 집중시켰다. 김 과장은 원망도 많이 들었고, 어려움도 있었지만 꿋꿋하게 밀고 나갔다.

몇 년이 지난 후 김 과장이 바라는 역량 있는 인재들이 나타나기 시작했다. 그중 일부는 능력을 인정받아 중앙으로 진출했다. 그런 경우 다소 아쉽기는 했다. 하지만 지역에서 키운 인재가 중앙에서도 인정받았다는 사실에 만족하기로 했다. 언젠가는 그 인재가 자신을 키워준 대한시의 발전을 위해 도움을 줄 테니 말이다. 김 과장은 지역인재란 갑자기 생기는 것이 아니라, 강도 높고 지속적인 훈련의 결과로 탄생한다는 사실을 깨달았다.

해당 분야의 전문가를 잘 모를 때 학회에서 찾아보는 방법도 있다. 학회는 다양한 전문분과로 구성되어 있으며, 각 전문분과에는 최고 수준의 전문가가 주로 참여한다. 이들에 대한 정보를 파악하기는 쉽다. 학회의 사무국에 알아보거나, 직접 학회에 몇 번 참석하면 된다. 그들과 작은 용역을 추진하다 보면 그들 중에서 드러나지 않은 역량 높은 전문가를 찾을 수도 있다.

정책을 만들 때에는 가급적 최고의 인재와 함께 협업해야 한다. 몇 번의 검증을 거치고, 그와 함께 일했던 사람들이 추천한다면 훌륭한 전문가일 가능성이 높다. 뛰어난 전문가가 있다는 입소문이 들린다면 달려가서 알아봐야 한다. 뛰어난 전문가는 정책 디테일을 잡아갈 때 큰 역할을 한다.

생각의 도서관 2-3

사람을 등용할 때에는 목수가 나무를 쓰듯 해야 한다

사람을 등용하는 방법은 목수가 나무를 쓰는 것과도 같다. 작은 것을 억지로 크게 할 수 없으며, 짧은 것을 늘려서 길게 할 수도 없다. 혹시라도 위치를 바꾸려 한다면 재목을 버려야 된다. 임무에 따라 인재를 선발해야 현명하고, 능력에 맞는 직책을 맡아야 충성스럽다.

_ 류성룡 지음, 강현규 엮음, 우리가 미처 몰랐던 서애 류성룡의 진면목- 류성룡의 말, p44, 소울메이트, 2015

2) 올바른 벤치마킹

벤치마킹은 정책을 마련할 때나 제도를 개선할 때 감초 같은 역할을 한다. 벤치마킹을 하기 위해 국내외 사례를 찾다 보면 생각지도 못한 아이디어가 나오기도 하며, 지금 추진 중인 작업의 문제점이 드러나기도 하기 때문이다.

하지만 벤치마킹을 시작할 때 정책담당자는 늘 '왜 그럴까?'라는 질문을 머릿속에 담고 살아야 한다. 그러면 벤치마킹을 할 때 종종 간과되는 문제점이라든가 실패 사례가 보이기 시작한다.

벤치마킹과 관련된 재미난 이야기가 있다. 20세기 초반 당시 세계 최강이던 영국 해군을 벤치마킹하기 바빴던 일본 해군이 영국제 군함을 한 척 구입한 뒤, 그것과 똑같은 군함을 여러 척 만들었다. 그런데 원래 영국 군함을 제작했던 기술자가 일본 해군의 그 최신형 군함들을 살펴보고 실실 웃었다. 그를 안내하던 일본 해군 장교가 이유를 물으니, 그는 이렇게 대답했다고 한다.

"제가 잘못 만들어서 나중에 개선해야겠다고 생각했던 부분까지 고스란히 복제하셨네요."

기실 어느 정책이고 처음부터 성공적으로 추진하기는 어렵다. 지금 잘 진행되거나 국민들로부터 좋은 평을 듣는 정책의 과거를 살펴보면 관계자들이 다양한 문제를 해결하느라 고생한 기록이 나온다. 겉으로는 그럴 듯하나 속에는 고민거리가 가득한 정책도 있다. 정책담당자는 벤치마킹을 할 때 이런 부분을 파악해야 한다. 저 일본 해군의 사례처럼 문제될 부분까지 별 생각 없이 벤치마킹한다면 정책이 어긋난다.

일본은 '1촌 1품 운동'을 1960년대부터 추진해왔다. 이는 농촌마다 한 개의 특산물이나 관광 상품을 개발하자는 정책인데, 민간에서 시작된 것을 정부와 지자체가 정책화시킨 사례다. 그러나 반 세기가 지난 오늘날 일본의 농촌 지역 어디에든 비슷비슷한 특산물과 관광 상품이 있다. 타 지역의 잘 되는 상품을 고스란히 복제했기 때문이다. 소비자의 입장에서 보면 비슷비슷하니 멀리 갈 필요가 없다. 이는 경기 침체가 진행되면서 농촌 지역이 몰락하는 원인이 되었다. 물론 일본 정부는 일부 잘되는 지역들을 집중적으로 부각시키면서 '성공 사례'로 발표하고 있다. 헌데 이런 성공 사례는 전체 중 몇 퍼센트나 될까?

벤치마킹을 하려는 정책담당자는 "잘 되고 있습니다"라고 자랑하는 정책의 어두운 이면을 보는 노력을 게을리해서는 안 된다. 그렇기 때문에 벤치마킹을 할 때에는 이런 질문을 반드시 한 뒤, 만족스러운 답까지 구해야 한다.

① 이 정책을 추진하면서 문제가 되었던 부분은 무엇인가요?
② 그 문제를 어떻게 해결하셨죠?

벤치마킹 대상보다 더 좋은 성과를 내는 경우도 있다. 이는 정책담당자가 품었던 의문과 노력이 종합된 결과다. 그러한 사례를 아래에 이야기로 풀어보겠다.

대한시는 160미터짜리 타워를 건설했다. 처음에는 쓰레기처리장을 위한 굴뚝만 건설하려 했는데, 시민들이 여가 공간으로 활용할 수 있게끔 하려고 타워로 바꾸었다.

대한시 인근의 행복군도 오래 전에 굴뚝을 타워로 바꾸어 건설했다. 높이는 대한시의 절반인 80미터다. 시작은 똑같이 굴뚝이었고, 결론은 타워였다. 다른 점은 행복군이 먼저 추진했고, 대한시가 이를 벤치마킹했다는 점이다.

대한시의 김 과장은 담당인 손 계장에게 이렇게 지시했다.

"행복군의 타워 건설 담당자를 만나면 다양한 질문을 해서 답을 찾으세요. '왜 저 높이까지 올렸을까?'가 질문의 요집입니다."

손 계장은 행복군 측의 답변에서 행복군의 타워가 올라갈 때 있었던 디테일한 사실들을 파악했다. 그 결과를 토대로 대한시는 타워 공사 초기에 완공 시기를 늦춰가며 설계를 변경시켰다. 설계의 기초부터 '굴뚝이 아니라 타워'를 염두하고 건설했더니 행복군의 것보다 두 배 높은 타워를 만들 수 있었다. 이 타워는 곧 대한시의 랜드마크가 되었으니, 그야말로 타산지석他山之石의 묘가 발휘된 셈이었다.

해외의 제도를 우리 형편에 맞춰 대폭 수정하는 경우가 있다. 논리적으로 볼 때에는 유용하지만, 여기에는 전제 조건이 따른다. '상당한 수준의 전문가들'이 있어야 한다는 점이다. 깊이 있는 지식과 경험을 갖춘 정책담당자들도 필요하다. 수년에 걸친 시범 운영도 해봐야 하고, 그 과정에서 발생하리라 예상되는 문제들도 적극적으로 해결해줄 수 있는 시스템도 필요하다. 대부분의 담당자들이 2년 내에 교체되고, "빨리! 빨리!"를 외치는 조직 문화에서는 어려운 일이다.

대한시는 재정 사업의 건전성을 확보하고자 미국식 제도를 벤치마킹하기로 결정했다. 그래서 손 계장은 2002년도 조지 W. 부시 행정부가 마련한 PART(Program Assessment Rating Tool, 재정 사업 자율 평가) 제도를 검토하고 있다. 이 제도는 정책 사업의 재정건전성을 확보하자는 취지에서 만들어졌다.

미국은 부처마다 예산 편성 과정에서의 자율성이 높다. PART는 5년마다 사업이 효율적으로 이루어졌는지를 점검해 예산 배분에 반영한다. 그러다 보면 판단을 유보하는 사업도 있고, 부처에서 작성한 내용을 최대한 가감 없이 수용하기도 한다. 각 부처로서는 평가의 자율성도 상당 부분 확보할 수 있다.

손 계장은 과단성 있는 결정을 했다. 예산의 자율성이 제약되어 있는 대한시의 입장에서 PART 제도를 그대로 들여올 수는 없다. 5년에 한 번씩 사업을 점검해 예산을 배분하는 형태도 마음에 들지 않아서 3년에 한 번 체크하기로 했다. 세금으로 운영되는 정책이니, 가급적 모든 사업을 평가 대상으로 했다.

몇 년이 흘렀다. 사업의 중복과 예산 부족이 계속 문제로 떠오르고 있다. 물론 새로운 정책이 바로 뿌리내리기는 어렵다. 그래도 손 계장은 '대한시식 PART 제도'를 효율적으로 활용할 방법을 찾으려고 새로운 고민을 시작했다.

정책 환경이 변하면서 벤치마킹을 하는 것도 점점 어려워지고 있다. 민주화와 인터넷의 발전으로 사람들이 다양한 생각을 표현하게 되었고, 많은 외국인이 들어와 살면서 다문화사회가 이루어졌기 때문이다. 정보의 투명성도 강화되고 있다.

그러니 벤치마킹도 단순히 다른 나라의 성공한 정책을 따라하는 것이 아닌, '벤치마킹의 대상마저 앞지르는 청출어람^{靑出於藍}의 벤치마킹'을 해야 하기에 이르렀다.

생각의 도서관 2-4

오캄의 빗자루

분자생물학자 시드니 브레너는 '오캄의 빗자루(Occam's Broom)'라는 말을 만들었다. 부정직한 사람들이 어떤 이론을 옹호하기 위해 불편한 진실을 양탄자 밑에 쓸어 넣는다는 뜻이다.

오캄의 빗자루에 현혹되지 않으려면 눈을 부릅떠야 한다. 하지만 일반인들은 이 수법을 알아차리기가 어렵다. 세계적으로 유명한 철학자 토머스 네이글이 《타임스지 문예부록》에서 '올해의 책'으로 추천한 책이 오캄의 빗자루의 좋은 사례다. 그 책도 불편한 진실을 감춘 채 자기 주장만 펼친 책임이 후일 밝혀졌지만, 이미 많은 사람들이 구입한 뒤였다.

정책에 관계된 전문가 중에 오캄의 빗자루를 붙잡고 있는 이가 없을까? 기실 정책담당자가 한 분야에서 오래 근무하다 보면 웬만한 전문가 못지않은 지식과 경험이 쌓인다. 그러면 오캄의 빗자루를 사용한 흔적을 발견할 수 있다.

> 벤치마킹을 하려는 정책을 깊이 있게 들여다보면서 오감의 빗
> 자루가 사용된 흔적이 있는가 찾아보자. 이는 문제를 잉태한 정
> 책이 탄생하는 경우를 예방하는 최선의 방법이다.

(3) 정보의 진실성 확인

인터넷 공간에서부터 동료들과의 커피타임까지, 늘 홍수처럼 밀려
드는 다양한 정보에는'진실된 정보'와 '거짓된 정보'가 섞여있다. 일
부를 과장하여 전부인양 포장된 정보도 있다. 그래서 정책담당자는
'가치 있는 정보'를 골라내 선택해야 한다. 그러나 가치 있는 정보를
분류해내기는 쉽지 않다.

'대한시의 자율성 확보 방안'을 고심 중인 손 계장은 전문가들을 불
러 모았다. 대부분의 전문가들은 지역의 자율성을 최대한 보장해주
는 게 좋다면서 선진국들의 다양한 사례들을 열거했다. 그 주장의
골자는 지역에서 자율적으로 사업 계획을 마련하고 추진함으로써
지역이 발전했다는 내용이다. 허나 일부 전문가들은 이렇게 반론하
기도 했다.

"전문가가 부족한 지역은 그렇게 하는 데 한계가 있을 겁니다."

그러나 그들의 반론은 다수의 논리에 힘을 잃었다.

손 계장은 '지역의 자율성을 최대한 확보하자'는 내용의 보고서를

마련해 김 과장에게 제출했다. 김 과장은 눈살을 찌푸리며 손 계장에게 조심스럽게 말했다.

"이론적으로는 좋군요. 헌데 현장에 대해 생각해보면 석연치 않은 부분이 있어요, 손 계장. 지역 개발 선진국이라는 일본과 미국에 가서 현지 조사를 하고 오세요."

손 계장은 자신이 신뢰하는 전문가들의 의견을 무시하는 것 같은 김 과장의 말 때문에 잠시 혼란스러웠으나, 상사의 지시니 따르기로 했다. 설상가상인가. 김 과장이 한 마디 덧붙인다.

"아 그리고, 출장 가기 전에 사전 조사 후 결과 보고하고 가세요."

손 계장은 쉽게 안 넘어가는 김 과장을 향한 불만을 삭이며 사전 조사에 들어갔다.

손 계장은 일단 인터넷을 열었다. 인터넷 세상에서 일본어는 한글과 별 차이가 없다. 영어도 바로 이해할 수 있다. 번역프로그램이 발전한 덕에 실시간으로 번역되기 때문이다.

손 계장은 조사를 하면서 의문이 생겼다.

일본의 경우 지자체 사업은 의외로 소규모로 추진되었다.

미국은 주 정부가 대규모 프로젝트를 추진하면서 연방 정부와 밀접한 관계를 맺고 있었는데, 손 계장이 보기에 그 관계가 상당히 복잡했다.

일본의 지자체 사업에 관한 의문을 품고 일본에 건너간 손 계장은 일본 지자체의 정책담당자에게서 이런 이야기를 들었다.

"지역은 전문가가 부족해서 주요 사업은 중앙에서 관리합니다. 헌

데 2008년부터 지역의 자율성을 보장해주기 위한 정책을 추진하고
는 있지만, 예산이 적게 드는 사업이 대부분이지요. 소규모 정책 사
업부터 추진시킴으로써 정책담당자의 역량을 키워줘야 하니까요."

손 계장에게는 이런 말이 의외처럼 여겨졌다. 일본의 정책담당자
들은 상당한 전문성을 갖추고 있다고 생각했기 때문이다.

손 계장은 미국으로 건너가 주 정부를 방문했다. 미국의 주 정부의
규모는 한 나라의 정부 같은 수준이다. 세계 100위권 안에 드는 대
학들도 있어서 인재들이 바글거렸다. 허나 이들의 기본적인 시각도
일본 측의 것과 별로 다르지 않았다. 손 계장은 주 정부의 정책담당
자와 이야기를 나누면서 자신의 생각을 굳혔다.

"시나 카운티county(우리나라의 군 정도의 행정 단위)에는 역량 높은
전문가가 많지 않습니다. 많은 예산이 투입되는 정책 사업은 연방
정부나 주 정부가 관할합니다. 카운티는 주로 지역의 유지 · 보수를
담당하지요."

"시나 카운티에서 자체적으로 사업을 개발할 필요가 있으면 어떻
게 하나요?"

"사업이 필요하면 지역에 있는 연방 정부나 주 정부 소속 전문가
들이 지원해줍니다."

짧은 출장 중에 모든 걸 파악하기는 어려웠다. 하지만 손 계장은
자신이 마련한 보고서를 수정 · 보완해야 한다는 사실을 깨달았다.

현지에 오래 머물면서 깊이 있게 조사하는 것이 가장 좋은 벤치마
킹 방법이지만, 그렇게 하기는 현실적으로 쉽지 않다. 그러나 나날

이 발전하는 인터넷 정보 검색 시스템을 활용하면 이를 보완할 수 있다. 헌데 여기에는 몇 가지 장벽이 있다.

첫째, 정보 검색이 어렵다는 선입관이다. 그러나 자기가 알고자 하는 분야의 키워드를 확실히 알아야 했던 예전과 달리, 오늘날에는 대강의 내용을 담은 문장은 물론 이미지로도 검색이 가능하다.

둘째, 영어, 일어, 중국어, 프랑스어, 스페인어, 독일어 등 다양한 언어로 설명된 정보는 해석하기 불가능하다는 생각도 있다. 그러나 요즘에는 포털사이트나 검색엔진에서 외국어를 실시간으로 번역해 준다. 불과 몇 년 전만 하더라도 일본어 이외의 외국어는 번역률이 낮았으나, 이 또한 많이 개선되었다. 이제 더 이상 외국어는 검색의 세계에서 장벽이 아니다. 특정 검색 엔진을 이용하여 '번역'이라는 단추만 누르면 된다.

인터넷 검색은 정보의 옥석을 가릴 수 있는 가장 효과적인 방법이다. 유용한 정보도 경우에 따라 무료로 제공받을 수 있으나, 상당한 수의 고급 정보는 유료로 열람할 수 있다. 아쉽게도 정책 부서에서 이를 위한 비용을 지원해주지 않는 경우가 많다.

정부나 관련 기관이 새로운 정책이나 제도 개선안을 발표하면, 곧 수많은 네티즌들이 이에 대한 해외 자료를 검색하여 반박할 수도 있다. 그러니 정책담당자도 이러한 인터넷 활용 관련 지식을 갖춰야 한다.

(4) 확인해야 하는 서면 정보

보고서만 읽고서 모든 상황을 파악하려는 경우가 있다. 그러나 현장의 복잡함과 다양함을 보고서 한 장에 모두 담기는 불가능하다. 심지어 보고서를 제출한 사람이 보고서 작성 능력이 부족해 읽기 어려운 보고서를 만들면, 보고서를 받은 사람은 내용을 파악하기가 더욱 어려워진다. 그러니 보고를 하는 사람과 받는 사람이 얼굴을 마주봐야한다. 무슨 생각으로 보고서를 마련했는지 확인해야 하고, 질문을 통해 문제점도 파악해야 한다.

손 계장은 지역전문가인 배 박사가 마련한 '대한시 인근 섬 지역의 취약한 생활 여건' 관련 보고서를 받았다. 취약 정도를 판단할 수 있는 상수도설비, 난방, 집의 노후화 정도 등에 대한 자료가 보고서에 담겨있다. 육지와 섬 지역을 비교·분석한 내용도 포함되어있다.

이 정도면 다른 전문가와 만날 필요가 없다고 생각한 손 계장은, 보고서로 알게 된 내용을 토대로 섬 지역 지원 정책을 만들기 시작했다. 손 계장은 섬 지역의 문제 중 물과 에너지 문제를 가장 시급히 해결해야 한다고 판단했다. 그러나 실제로 몇몇 섬들은 각기 다른 시급한 문제들을 가지고 있었다. 정기적인 배편, 접안 시설, 통신 시설, 방파제, 의료 지원, 복지 문제, 행정 서비스 문제 등이 그러했다.

그러나 배 박사는 제한된 용역비만으로 섬들을 일일이 방문하기 어려워 섬에서 육지로 나온 주민들을 주로 인터뷰했다. 그래서 이런 사실들까지 알아낼 수는 없었다. 만약 손 계장이 배 박사를 만나서

"작업을 진행하시면서 어려운 점은 없으셨습니까?"라고 물어봤더라면, 배 박사가 보고서에 쓰지 못한 속내를 확인할 수 있었을 것이다.

결국 손 계장이 마련하는 정책은 반쪽짜리 정책이 될 가능성이 높다. 섬 주민들이 실제로 바라는 부분을 드러내지 못했기 때문이다.

(5) 실마리 찾기

데이터나 통계는 유사한 것들끼리 그룹을 지어 분류하거나, 서로 연계될 수 있는 데이터끼리 묶어보면 새로운 의미가 보인다. 그렇게 하면 이에 대응할 수 있는 정책도 만들 수 있다. 반면에 자료는 열심히 모았는데 이를 해석할 실마리를 찾지 못하면, 이는 의미 없는 노력이 된다.

손 계장은 고속도로 교통사고 방지를 위한 정책을 만들고 있다. 일단 손 계장은 검색 등을 통해서 매년 사고율, 지역별 사고율, 연령별 사고율, 시간대별 사고율에 대한 데이터를 확보했다. 그런데 컴퓨터 화면에 가득한 자료를 보면서 고민만 깊어졌고, 결국 김 과장한테 도움을 청했다.

"데이터(자료)에 의미를 부여해야 해요, 손 계장. 그러니까 이 데이터들이 서로 다른 데이터라 생각하지 말고 연계시켜보는 작업부터 시작해봐요."

손 계장은 매년 사망률과 지역별 사망률을 연계해봤다. 그랬더니 사고율의 증가 수준이 지역별로 다르다는 사실이 보였다. 그래서 다음에는 지역과 연령을 연계해봤다. 지역별로 연령에 따른 사고율이 다르다는 사실을 확인했다. 그러자 김 과장이 웃으면서 물었다.

"손 계장, 이렇게 구분하면 뭔가 보이지 않아요?"

손 계장은 여전히 모르겠다. 그러자 김 과장은 이렇게 지시했다.

"노인 사고율이 가장 적은 지역, 시간대별로 사고율이 높은 지역 등 그룹별로 구분한 후 지역을 다시 조사해보세요."

손 계장이 다시 분석해보니 공통적인 사항이 나타났다. 도로가 심하게 굴곡져 있고 위험 표지판이 없는 지역에서 사고율이 높았다. 데이터와 수치 간 연계를 통해 의미 있는 정보가 드러난 것이다.

이렇듯 실마리를 찾는 방법을 익히려면 일정 기간의 훈련과 경험이 필요하다.

생각의 도서관 2-5

다산 정약용의 생각

문제를 회피하지 마라. 정면으로 돌파하라. 끊임없이 의문을 가지고 탐구해 들어가라. 처음에 우열을 분간할 수 없던 정보들은 이 과정에서 점차 분명한 모습을 드러낸다. 거기서 실마리를 잡아라. 얽힌 실타래도 실마리를 잘 잡으면 술술 풀리게 마련이다. 실마리를 잡지 못한 채 자꾸 들쑤석거리기만 하면 나중에는 아예 걷잡을 수 없게 된다. 핵심을 놓치지 마라.

_ 정민 지음, 다산선생 지식경영법, p35, 김영사, 2006

통계 생산

통계는 모든 정책의 시작점이 될 수 있는 중요한 자료다. 물론 정확한 통계는 디테일한 정책을 마련하기 위한 핵심이다. 그래서 선진국일수록 정확한 통계를 생산하기 위해 노력한다.

정책을 기획하다 보면 필요한 통계가 없거나 부실하여 사용하기 어려울 때가 있다. 이럴 때 통계 생산을 위한 별도의 용역이 필요하다. 용역을 진행하려면 정책 목적에 맞는 통계가 무엇인지를 명확히 해야 한다.

그 다음에는 조사할 표본의 규모를 결정해야 한다. 표본이 많을수록 정확도는 높아지나 비용은 상승하기 마련이다. 그러니 일반적으로 용역비를 감안하여 결정한다.

통계 조사 용역을 맡기면서 바로 정책에 활용할 수 있는 분석 자료를 만들어내게 하면 좋다. 아울러 보고서를 마련할 때 통계 전문가의 도움을 받을 수 있도록 용역 측과 협의하여 보고서 작성 시기를 맞추면 유용하다.

설문 조사를 토대로 마련하는 통계는 설문지의 질문 내용에 따라 결과가 달라진다. 그러니 설문지를 설계할 때 신중을 기해야 한다. 과도한 욕심을 내어 질문 내용을 많이 담으면 설문지 회수율이 낮아진다. 설문 대상들이 외면하기 때문이다. 그러니 정책에 필요한 답을 얻을 수 있도록 질문을 최소한도로 억제해야 한다.

인터넷을 통한 정보 검색

미국 영화 〈긴급명령〉에서는 악당의 젊고 유능한 참모가 콜롬비아의 자기 방에서 미군의 신병기 관련 정보를 인터넷 검색으로 찾아내는 장면이 나온다. 이는 주인공이자 CIA 요원인 해리슨 포드가 CIA의 자료실에서 방대한 양의 서류며 서적 들을 살피면서 동일한 정보를 찾는 장면과 병렬 배치되어 박진감이 넘친다.

이렇듯 인터넷 검색은 편리하면서도 기술과 시간과 끈기가 필요한 작업이다. 정책을 만드는 데 필요한 가치 있는 정보를 단 하루 안에 찾아내기란 무리다. 찾고 있는 정보의 한국어식 표현과 다른 나라의 표현이 다른 경우도 있다. 단어를 다양하게 조합하는 테크닉도 필요하다.

영어권 국가들의 농촌 복지 정책 관련 정보를 찾는다고 해보자. 농촌은 영어로 rural이고, 복지는 welfare다. rural welfare를 포털사이트에서 찾아보면 수많은 관련 사이트들이 나타난다. 그런 사이트들을 일일이 클릭해 홈페이지를 열고서 읽어 내려가다 보면 '복지 정책에 있어서 도시와 농촌의 차이'라는 내용을 발견할 수 있다. 정책담당자에게 의미 있는 정보가 담겼을 가능성이 높다. 그럼 이번에는 도시와 농촌의 에너지 복지 문제에 대해 찾아본다. urban(도시), rural(농촌), welfare(복지), energy(에너지)로 검색해본다.

2. 좋은 콘텐츠는
깊이 있는 아이디어에서 드러난다

정책의 구체적인 기준이 되는 부분이 콘텐츠다. 그래서 정책을 마련할 때 가장 자주 듣는 말 중 하나가 "콘텐츠가 뭔가요?"이다. 정책은 콘텐츠로 설명되고, 콘텐츠로 실행되기 때문이다.

정책담당자들은 대다수 국민들이 공감하며 정책 방향에도 맞는 콘텐츠를 마련하기 위해 아이디어를 찾느라 골몰한다. 훌륭한 아이디어에서 훌륭한 콘텐츠가 생산되고, 문제 있는 아이디어에서 문제 있는 콘텐츠가 생산된다.

(1) 많은 사람들을 공감시킨 아이디어가 정책의 핵심 콘텐츠로 발전한다

아무리 훌륭한 아이디어도 사람들이 공감하지 않으면 정책으로 발전하기 어렵다. 사람들, 특히 국민들이 필요하다는 정책, 원하는 정책, 이해하기 쉬운 정책은 쉽게 공감을 얻는다.

1) 정책 추진 시기의 적절성

'때'를 잘 맞춘 아이디어는 정책으로 구체화되기 쉽다. 그러나 너무 앞서나가는 아이디어는 반발에 부딪칠 가능성이 높다. 사람들이 공감하려 들지 않기 때문이다.

김 과장은 조선 시대 이래 대한시의 특산품인 한약재를 발전시킬 계획을 세우고 있다. 중국에서 물밀듯이 몰려드는 저가 한약재에 대응하기 위해서다.

김 과장은 중국에서 GAP(Good Agricultural Practice, 우수 농산물 관리제) 인증 제도를 시행한다는 사실을 확인했다. 농약과 중금속뿐 아니라 미생물에 의한 위험성까지 다루는 종합 농산물 안전성 관리 제도다. 1990년대 후반부터 다른 나라들도 도입하기 시작했다. 헌데 대한시는 도입하지 않은 제도인데다, 이를 아는 전문가도 없다.

김 과장은 GAP에 대해 인터넷에서 검색하기 시작했다. 곧 국제식품규격위원회(CODEX)가 GAP를 다루고 있음을 확인했다. 또한 식품 선진국들에서는 공공 기관뿐 아니라 민간 차원에서도 GAP를 관리하고 있음도 알게 되었다. 살모넬라나 노로바이러스 같은 미생물이 채소나 과일에 묻어 식중독을 일으킨 사례가 지속적으로 나타났기 때문이다.

김 과장은 자료를 조사하다가 몇 년 전에 박 국장이 GAP를 도입하려고 했던 것을 확인했다. 하지만 그 당시에는 농산물의 잔류 농약과 중금속을 관리하는 일만으로도 벅찼다. 결국 주변 직원들로부터 공감을 이끌어내지 못해 도입에 실패했다. 지금은 농산물의 안전에 대한 시민 의식이 높아진 상황이다. 잔류 농약과 중금속에 대한 관리도 일정 수준 이상 이루어지고 있다.

김 과장이 박 국장을 찾아가 다시 시도해보자고 제의하니, 박 국장의 얼굴에 그늘이 진다.

"김 과장, 의욕은 좋아요. 헌데 내가 예전에 그거 도입하려다 실패한 거 알지요?"

"예, 그렇습니다. '상추 먹고 식중독 걸릴 수 있다니, 그게 무슨 소리요!'라는 타박까지 받으셨다는 얘기도 들었지요. 하지만 이번엔 그때와 다를 겁니다. 식품과학학회가 '지하수를 마신 사람이 식중독균에 감염된 사례가 있다'는 내용을 발표했으니까요."

김 과장의 말대로 이번에는 '공감대'가 형성되었고, 정책으로 구체화되기 시작했다. 박 국장은 크게 기뻐하면서 왜 자신이 과장이던 시절에는 GAP를 도입할 수 없었을까 검토했다. 곧 박 국장은 혀를 찼다. 그때 실패한 이유는 '너무 앞서 나갔기' 때문이다. 김 과장은 '때'를 잘 맞춘 것이다.

간혹 사람들의 공감대가 부족한 상태에서 뚝심 있게 밀고 나가 정책으로 만들려는 경우가 있다. 그러나 공감을 받지 않은 채 만들어지는 정책은 문제를 일으키거나 사라질 가능성이 높다.

2) 공감되는 논리

새로운 정책을 기획할 때에는 사람들이 쉽게 이해하고 공감할 수 있는 논리를 개발하는 일이 중요하다. 공감할 수 있는 내용임에도 논리가 약하면 사람들을 설득하기 어렵다. 기실 새로운 정책에 대해 우려하는 사람들이 많기 때문이다. 이들의 우려를 불식시켜야 한다.

논리는 말과 글을 동시에 갖춰야 한다. 다양한 사람들이 정책을 바라보고 판단하는 과정을 몇 번 거쳐야 되는데, 말로는 일일이 다 설명하기가 어렵기 때문이기도 하다.

GAP 도입이 시기적으로 적절하다는 판단을 내린 김 과장은, 손 계장에게 지시하여 추진하게 했다. 그러나 박 국장 때처럼 다양한 반대 논리에 부딪혔다. 이미 농산물 인증제가 있는데 또 다른 인증제를 도입하면 소비자들이 혼란스러워 할거라는 내용이었다.

김 과장의 생각도 마찬가지다. CODEX에서 마련한 '위생 관리 기준'으로 소비자들을 설득하는 것은 쉽지 않은 일이다. GAP는 미생물 관리에 대한 전문적인 내용이 포함된 정책이다. 이를 쉽게 풀어서 주민들을 설득하는 데 필요한 논리를 마련해야 하는데, 김 과장은 이에 대한 실마리를 잡지 못했다.

어느 날 점심을 함께 먹던 손 계장이 불쑥 제의했다.

"과장님. 숫제 복잡한 내용 같은 건 다 빼버리는 게 어떻겠습니까?"

"바로 그거야!"

김 과장은 먼지가 수북이 쌓인 농산물 처리 시설 사진과, 타국의 식중독 문제 사례를 간단히 정리함으로써 설득을 위한 논리를 단순화시켰다. 곧 이런 문안이 만들어졌다.

'당신의 아이들이 이런 곳에서 관리되는 농산물을 먹습니다. 외국에서는 이미 식중독이 사회적 문제가 되고 있습니다. 계속 이런 농

산물을 우리 아이들이 먹어야 합니까?'

시민들은 이 내용만 보고도 GAP의 필요성을 바로 공감할 수 있다. 이를 본 박 국장이 만족스러워하면서 김 과장에게 충고해주었다.

"김 과장. 이번에 겪어봤듯이 새로운 정책을 사람들에게 이해시키기는 매우 어려워요. 담당자 입장에서야 자세히 설명하고 싶지만, 듣는 사람들은 금방 지치니까요. 설득을 할 때는 논리는 단순화하고, 사진이나 그림, 통계 등을 같이 활용할 수 있으면 더욱 좋아요."

신규 정책을 마련하거나 제도를 개선하려고 할 때에는 그 취지와 중심 아이디어를 정책결정자나 정책대상자에게 설명하는 일이 연속된다. 상대방이 바로 알 수 있도록 '이해하기 쉬운 글'이 필요하게 된다.

'이해하기 쉬운 글'은 예산을 확보하거나 규정을 마련할 때 더욱 중요하다. 예산 부서의 담당자들이 보고서만 읽고서 이해하기가 어렵다면 신규 사업을 추진하기가 힘들어진다. 이들을 설득하지 못한 글로 주민들까지 설득하기는 더욱 어렵다.

설명자료는 설득의 첫 출발점이다. 읽는 사람의 입장에서 글을 쓰지 않는다면 상대를 설득하지 못할 가능성이 높아진다.

손 계장은 예산담당자들을 대상으로 한 설명자료를 만들고 있다. 전문가의 자문을 얻어 마련한 설명자료는 가급적 쉬운 내용으로 이루어져 있다. 손 계장이 이 자료를 제출했더니 김 과장은 다음과 같이 지시했다.

"손 계장, 정책을 처음 접하는 사람들에게 설명하는 자룝니다. 옆 부서에서도 몇 분 초청해 들려드리고 점검해보세요."

손 계장은 바빠서 정신이 없는 판에 의미 없는 일까지 시킨다며 툴툴거렸다. 어쨌거나 지시니까 흉내라도 내야 한다. 손 계장은 옆 부서 동료 세 명을 부른 뒤 자료를 보여줬다. 하지만 그들의 반응은 손 계장에게 너무 충격적이었다.

"무슨 말인지 이해가 되지 않아요."

"설명 좀 해주세요. 그냥은 모르겠네요."

"복잡합니다."

손 계장은 자신이 쉽게 이해한 설명자료를 동료들이 이해하지 못한다는 사실에 놀랐다. 허나 곧 '아차!' 싶었다. 자신은 이미 학습을 통해 내용을 충분히 파악하고 있다는 사실을 깨달은 것이다. 부랴부랴 수정 작업을 했다. 열 번도 넘게 고치고 나서야 중학생도 이해할 수 있는 설명자료가 완성되었다.

신규 정책을 마련할 때에는 주민공청회 등을 열어 주민들의 의견을 물어야 하는 경우도 있다. 헌데 주민들을 대상으로 한 설명자료를 보고서에 익숙한 사람들이 이해할 수 있는 수준으로 만드는 경우가 있다. 주민들 중에 보고서에 익숙한 사람은 거의 없다. 심지어 책이나 신문과도 거리를 두고 사는 이들도 있다. 그러다 보니 이들에게 정책 설명자료는 암호표처럼 느껴질 수도 있다. 주민들이 이해할 수 없는 정책자료로는 제대로 된 주민의견을 파악하기가 어렵다.

추진하려는 정책을 주민들이 공감하게끔 만들려면 적어도 상급자가 이해하는, 관계 기관의 담당자도 이해할 수 있는 글을 써야 한다.

최종적으로는 주민들도 쉽게 이해할 수 있어야 한다. 잘 읽히지 않는 글, 의미를 유추해야 하는 글은 오해를 불러일으킨다. 그래서 신규 정책을 마련하는 정책담당자는 글 쓰는 연습을 할 수 밖에 없다. 이에 대해서는 108쪽의 〈부록 3〉의 팁^{Tip}들을 참조해보자.

(2) 아이디어는 정책 방향에 맞춰야 한다

정책이 추구하는 방향을 명확히 한 뒤에 아이디어를 마련해야 한다. 의미가 있을 것 같은 아이디어라는 생각에 덥석 선정해버리면 정책 방향과는 동떨어진 콘텐츠가 나타날 수 있다.

정책 방향은 아이디어를 마련할 때부터 정책이 완성되는 순간까지 지속적으로 고려해야 한다. 방향성 없는 아이디어와 콘텐츠는 정책을 표류시킬 수 있다.

1) 사람 중심의 정책

디테일한 정책은 '사람 중심의 정책'을 기본 방향으로 삼아야 한다. 그러니까 현장공무원, 전문가, 정책고객(국민/시민)을 모두 고려하면서 정책을 만들어야 한다.

손 계장은 직원들의 정책 역량을 강화하는 교육 프로그램을 개발하고 있다. 일단 김 과장이 '사람 중심의 프로그램'으로 만들라고 지시했기에 손 계장은 기존의 교육 프로그램에 대한 직원들의 생각을 알아봤다. 반응은 다음과 같았다.

"내용이 어렵고 재미없어요."

"정책 역량 강화 같은 머리 아픈 교육은 솔직히 싫습니다."

"그런 교육으로 역량이 강화될 것 같지 않아요."

결국 손 계장은 교육 내용, 교육에 사용된 교재, 교육 방법 모두를 바꿔야 한다는 결론을 내렸다. 우선 관련 전문가를 찾았으나 기존 프로그램과는 거리가 있다 보니 적절한 전문가를 찾기가 쉽지 않았다. 그래도 어렵사리 전문가를 찾아내기는 했으나, 해결해야 할 일이 한두 가지가 아니라는 것을 손 계장은 곧 깨달았다. 일단 교육 프로그램의 상당 부분을 변경해야 한다. 손 계장은 머리를 싸맸다.

'직원들에겐 언제 교육이 필요한가? 적절한 교육 기간은? 교육 효과를 높이려면 뭘 해야 하지? 그래도 어쩌겠어. 계속 사람을 중심으로 해야겠지.'

그런 생각으로 업무를 추진하자 아이디어가 달라지기 시작했다. 손 계장이 생각하는 정책 아이디어에 깊이가 더해져 사람의 행동과 심리까지 고려하게 된 것이다. 즉, 손 계장도 디테일하고 똑똑한 정책의 핵심 방향은 '사람을 중심으로 기획된 정책'임을 깨달은 것이다.

정책 아이디어를 낼 때부터 사람을 생각하면 복잡하고 어려워진다. 게다가 사람을 먼저 생각하는 경우와 그렇지 않은 경우에 드러나는 차이가 크지 않아 보일 수도 있다. 그러나 정책고객인 국민들을 위해 계속 고민하다 보면 깊이 있는 아이디어가 나타날 가능성이 높아진다.

'사람을 생각하는 정책'은 디테일하고 똑똑해질 가능성이 높다. 정책이 실행될 때 '심플'할 것이며, 정책의 내용이 복잡하더라도 정책고객(국민/시민)들에게 편하게 다가설 수 있다. 정책고객에게 혼란을 주고 어려움을 더하는 정책은 디테일이 확보된 정책이라고 할 수 없다.

생각의 도서관 2-6

문화코드

사람은 전통과 문화에 의해 생각과 태도가 달라진다. 이는 "옆 나라에서는 제대로 시행되는데, 우리는 왜 이럴까?"에 답이 될 수 있다. 욱하는 성질의 주유소 사장이 있었다. 여러 번 자신의 성격을 알려주고 경고했지만, 주변의 건달들과 손님들은 계속해서 우롱했다. 어느 날 주유소 사장은 총을 쏘아 한 명을 죽이고 두 명에게 부상을 입혔다. 재판정에 섰다. 배심원들은 그를 유죄로 보지 않았다. 오직 한 명의 배심원만 유죄에 표를 던진 것이다. 그들의 문화코드는 '명예'다. 모욕은 명예를 실추시킨다. 사장의 행동은 실추된 명예를 회복하기 위한 정당한 행위로 간주되었다.

_ 말콤 글래드웰 지음, 노정태 옮김, 아웃라이어, p200, 김영사, 2009

우리에게는 이해하기 어려운 상황이지만, 이는 미국 남부 지역에서 실제로 있었던 사건이라고 한다. 이렇듯 다른 문화권 사람들의 문화코드에 맞춘 기준은 우리가 받아들이기 어렵다. 그러나 한 국가나 지역의 정책고객(국민/시민)은 해당 국가나 지역의 일상에서 생활하고 숨쉬는, 자신들만의 전통과 문화코드에 익숙한 사람들이다.

---

2) 단순하고 명확한 방향

다양하고 복잡한 정책 방향은 혼란과 오해를 초래하여 원래의 목적을 달성할 수 없게 한다. '사공이 많으면 배가 산으로 간다'는 속담이 이를 잘 표현했다.

박 국장이 과장들을 불러 모으더니 올해의 주요 정책 방향에 대해 말하기 시작했다.

"첫 번째는 이렇고, 두 번째는 … 그리고 열 번째는 저렇습니다."

다 좋은 말이다. 박 국장은 마지막으로 정책 방향대로 업무가 추진되면 대한시의 정책이 더 좋아질 거라며 과장들을 독려했다.

사무실로 돌아온 김 과장은 과원들을 소집했다.

"우리 대한시의 정책 방향을 열 개로 잡았습니다. 워낙 다양하고 좋은 방향이라 우리과 업무와 모두 매칭될 수 있겠네요. 그러니 하던 일 열심히 하시고, 나중에 있을 평가를 고려해서 정책 방향과 연결되게 글짓기 잘하세요. 다만, 우리가 해야 할 일의 방향은 '중소기업에 적용되는 규제 중 비합리적인 규제는 철폐한다는 것'입니다. 그러니 집중하고 처리하세요. 이 일은 모든 업무보다 우선입니다."

박 국장은 중요한 사실을 놓쳤다. 정책 방향은 강한 포인트와 집중력을 갖춰야 한다는 점이다. 예를 들어 '중소기업에 적용되는 규제 중 비합리적인 규제는 철폐한다'라는 포인트에 집중한 후 지속적으로 점검하면 목적한 바를 어느 정도 달성할 수 있다. 그러나 모호한 정책 방향들을 나열하면 무엇을 어떻게 해야 할지 종잡기 어렵다.

3) 일관성 확보

전체적인 정책 방향과 다르게 정책을 마련하면 정책고객(국민/시민)들의 정책신뢰도가 저하되는 계기가 될 수 있다. 신뢰가 저하된 정책은 정책고객들의 불만을 초래한다.

대한시는 중소기업에 대한 규제를 완화하는 정책을 펼치고 있다. 가급적 기업편의적으로 정책을 추진하라는 지침도 만들었다. 그중 차량 관련 제도를 개선하는 사업을 담당하고 있는 손 계장은, 현재까지 나타났던 다양한 문제점을 들춰봤다.

차량번호판의 색에 관한 기준 중 모호한 게 눈에 띄었다. 그냥 '검정색을 칠하라'고만 나와있다. 그러나 색은 채도와 조도에 따라 다양하게 보일 수 있다는 사실을 알게 되었다. 검정도 '진회색 같은 검정'부터 '붉은 검정'까지 다양하다. 그러니 검정색에 대한 기준을 마련해야 했다.

손 계장은 기준을 명확히 하여 혼란을 없애자는 생각으로 '오차 범위를 허용하지 말자'는 아이디어를 냈다. 아이디어는 발전하여 대한시의 차량 관련 지침에 반영되었다. 이에 따라 '붉은검정'으로 통일했다. 햇빛이 비치는 각도와 실내조명 등에 의해 동일한 색도 다르게 보일 수 있다는 사실을 무시하고 오차 범위를 엄격히 적용하여 1로 했다.

그러나 일반인의 눈으로는 오차 범위 1부터 3까지는 구별하기가 어렵다. 햇빛과 조명의 각도에 다라서 같은 색도 다르게 보인다. 오히려 오차 범위를 1로 설정하여 중소기업은 더 많은 비용과 노력을 관련 조치를 위해 사용해야만 했다. 같은 색 페인트도 조금만 잘못 칠하면 규정 위반에 해당되기 때문이다. 이는 대한시에서 추진하는 '중소기업 규제 철폐'와는 다른 방향의 일이다. 소비자에게 도움되지 않으면서 생산자만 어렵게 하는 정책이다. 결국 정책 방향을 염두에 두지 않고 아이디어를 마련함으로써 혼란을 초래한 것이다.

일관성 있는 정책 방향은 아이디어를 마련하는 차원뿐만 아니라 조직의 신뢰를 확보하는 차원에서도 중요하다. 그러니 모든 부서원들이 다 함께 정책 방향을 이해하고, 이를 지켜나가야 한다.

김 과장은 새롭게 과를 맡았다. 직원들의 역량은 제각각이다. 그 중 업무 역량이 떨어지는 직원이 있다. 기존 업무도 겨우겨우 풀어나가니 새로운 일을 맡길 수 없다. 계속 닦달하며 훈련을 시키고 싶지만 하루나 이틀만에 해결될 문제는 아니다. 김 과장은 그 직원이 대한시의 기본 정책 방향부터 확실히 숙지하게 했다. 그래서 외부에 나가는 문서는 정책 방향에 어긋나지 않게 되었다. 사소한 정책 혼선을 없앤 것이다.

디테일한 정책을 만드는 데 있어 정책 방향을 맞추는 일은 중요하다. 그렇기 때문에 직원들 간의 지속적인 소통과 교육이 필요하다. 방심하다 보면 어느새 정책 방향을 놓칠 수도 있다. 여기저기서 정책 방향과 틀린 이야기가 나오기 시작하면 정책에 대한 정책고객(국민/시민)들의 신뢰는 떨어진다.

4) 효과성과 전략

새로운 정책을 마련할 때에는 효과성을 제시해야 한다. 경우에 따라 전략까지 요구받기도 한다. 물론 효과성을 구체화하여 제시하는 방법을 '전략'이라고 생각하면 그리 틀린 것은 아니며, 정책의 방향도 보다 더 명확해진다.

그러나 전략을 마련하는 일은 전문성이 요구되는 작업이다. 그래서 정책담당자에게는 부담스러운 작업이다. 기관의 전체적인 정책 방향에 맞춰야 할 뿐만 아니라, 새로운 정책 방향까지 고려해야 하기 때문이다.

손 계장은 전략을 마련하느라 고심하고 있다. 정책 마련을 통하여 달성할 효과는 머릿속에 그려지는데, 이를 전략에 맞춰 틀을 짜 만들기는 어렵다. 참고서를 보니 복잡한 현황 조사와 분석, 논리적 연계가 필요하다고 한다. 김 과장에게 도움을 청했더니, 이런 조언을 구할 수 있었다.

"전략 관리는 비전 설정에서 시작됩니다. 현황을 파악하여 문제점이 보이면 정책을 통해 구현해야 할 미래의 모습, 즉 정책의 효과를 알 수 있지요. 비전은 정책 효과와 밀접하지만, 일반적으로 효과보다 모호하고 큰 개념을 적용시키게 됩니다. 정책 의지를 담는다고 생각하면 되지요."

손 계장은 눈을 반짝이며 다이어리에 열심히 받아 적었다.

"그 다음은 비전을 구체적으로 달성하기 위한 전략 목표를 정해야 합니다. 전략 목표란 구체적인 정책 방향이지요. 정책을 통해 구현할 구체적인 효과가 드러납니다. 전략 목표를 충실히 달성하면 비전이 이루어진다는 개념입니다."

"저, 과장님. 전략 목표에도 모호한 부분이 있는 것 같은데요?"

"맞아요. 손 계장, 전략 목표에도 모호한 부분이 있지요. 그러니 전략 목표를 구체적으로 어떻게 달성할지를 정해야 하지요. 전략 목표를 달성할 수 있는 구체적인 실행 과제(요소)도 필요하고요. 기관에서 추구하는 전략을 고려한다면 신규 정책은 실행 과제에 포함되지만, 신규 정책 하나를 놓고 본다면 콘텐츠가 곧 실행 과제인 겁니다."

"그럼 정책을 위한 전략을 쉽게 마련하는 방법이 있을까요?"

"전략체계도가 포함된 정책보고서는 많으니까, 그런 걸 참고하여 마련하세요. 기존과 다른 전략 체계를 마련하겠다며 고민하지 마시고, 핵심이 되는 방향을 설정하는 데 중점을 두세요."

손 계장은 전략체계도가 들어있을 듯한 정책보고서를 수집한 뒤, 그중에서 이해하기 쉬운 전략 체계를 참고하여 새로운 정책을 위한 전략을 작성하기로 했다.

전략을 마련하는 방법은 다양하다. 그중 상대가 납득하기 쉽고 눈에 잘 들어오는 전략 체계가 유리하다. 어떤 전략 체계를 마련하든 정책의 방향성을 명확히 하고 구체화하는 데 초점을 두어야 한다. 멋진 전략 체계를 만들어보겠다는 의지가 지나치면 현장에서 구현하기 어려운 내용을 포함시킬 수도 있다.

(3) 개인지성과 집단지성으로 나타난 아이디어가
콘텐츠로 발전한다

성공적인 콘텐츠는 다양하고 수준이 높은 아이디어를 기반으로 마련된다. 이를 위해서는 개인과 집단의 아이디어를 가급적 많이 모으고, 좋은 아이디어를 선정하는 일을 진행해야 한다.

아이디어가 나오는 입을 막거나, 아이디어를 낼만한 사람들을 멀리하면 정책은 개발 초기 단계에서 어긋나기 시작한다. 그러면 좋은 콘텐츠가 나타날 확률은 낮아진다.

1) 기준이 되는 개인지성

아이디어는 정책담당자에 따라 차이가 있다. 그래서 업무에 따라 적합한 역량, 지식, 경험을 가진 정책결정자와 정책담당자는 매우 중요하다. 이들이 중심이 되어 마련하는 아이디어는 '똑똑한 정책'으로 실현될 가능성이 높아지기 때문이다.

반면에 많은 이들이 모여 일을 추진해도 제대로 되지 않는 경우가 있다. 잘못된 정보와 지식을 가지고 있거나 경험이 짧은 사람들이 내는 아이디어는, 역량 있는 전문가 한 명의 것보다 못하기 때문이다. 소나무 한 그루를 치료하는 데는 경제학자 100명이 나서는 것보다 식물병리학자 한 명이 나서는 것이 합리적인 것과 마찬가지다.

'공직자는 전문성을 가질 필요가 별로 없다'라는 생각에 유능한 정책담당자를 바꾸는 경우가 있다. 그렇다면 왜 선진국일수록 정책담당자의 전문성을 중시할까? 다음 이야기에서 그 답이 보일 것이다.

대한시의 시장이 바뀌었다. 외부에서 볼 때, 기획 파트에 있는 직원들은 전임 시장 편인 듯하다. 아마 전임 시장이 총애하며 믿던 직원들로 기획 팀을 구성했을 테니 말이다. 새로운 시장은 취임 후 기획 파트의 직원들 중 대부분을 교체했다. 전임 시장에게 충성한 사람들은 필요 없다는 생각에서다. 새로운 시장은 이런 생각도 했다.

'어차피 공직자는 전문성이 없잖아. 그러니 누구를 자리에 앉혀놓아도 문제없을 거야.'

그러나 새로운 시장은 지키고 싶었던 공약들을 제대로 이행할 수 없었다. 아이디어를 내라 했더니 직원들은 허둥댄다. 일부 직원은 시장이 하는 말도 못 알아듣는다. 새로운 기획 파트 직원들이 만들어온 보고서는 무슨 말인지 이해하기가 어렵고, 내용도 부실했다.

바로 이때, 기획실에서 고생하다 새로운 시장 덕에 다른 부서로 옮겨온 김 과장은 오랜만에 여유로운 삶을 되찾았다. 가정도 돌볼 수 있다. 운동도 시작했다. 사실 전임 시장을 지지하지는 않았다. 인정해주고 기회를 주었으니 열심히 일했을 뿐이다.

새로운 시장은 조급해졌다. 시민들의 눈에 띄는 성과가 없다면 다음 선거에서는 시민들의 외면을 받을 수 있다. 고민 끝에 새로운 시장은 김 과장을 불렀다.

시장이 권한 소파에 앉아 커피잔을 들면서 김 과장은 올 것이 왔구나 생각한다.

"김 과장. 아무래도 김 과장만한 사람이 없는 것 같아요. 잘 부탁드리겠소."

새로운 시장이 제갈량을 찾아온 유비처럼 나오니 김 과장도 어쩔 수 없다. 1년간의 편한 삶을 접고 다시 일하러 가는 김 과장의 발걸음은 무겁다.

'정책을 잘 모르는 사람들이 일을 얼마나 헤집어 놓았을까?'

김 과장은 머리가 지끈거리기 시작했다.

리더의 위치에 오르면 눈에 띄는 결과를 얻고 싶어한다. 그러려면 역량이 높은 사람을 발탁하여 정책을 추진시켜야 한다. 그러나 없던 인재가 튀어나오기는 어렵다. 허나 잘 살펴보면 직관력을 발휘하여 집단이 생각하지 못한 정책 아이디어를 제시할 수 있는 개인이 보이기 마련이다. 그런 개인은 복잡해서 풀기 어려운 상황을 분석해 새로운 정책을 마련할 수 있는 실마리를 찾아내기도 한다.

민간 회사의 경우 역량 높고 좋은 성과를 내는 사람에게는 많은 인센티브를 준다. 수익이나 판매량 등 눈에 띄는 성과를 보면 되니 역량 높은 직원을 판별하기가 쉽다. 그러나 정책 분야는 다르다. 눈에 띄는 성과는 몇 년이 지난 후에야 확인할 수 있다.

당장은 열심히 일하는 사람이 잘하는 듯 보이나, 그것만으로 그 사람의 역량이 높은지 낮은지를 판단하기는 어렵다. 그러니 그가 과거에 해왔던 일과 그 결과를 보고서 판단해야 한다. 높은 역량을 가진 개인의 지성은 일에 대한 열정과 학습하는 태도가 오랫동안 누적되면서 이루어진다.

2) 필수적인 집단지성

사람은 자신이 좋아하거나 익숙한 분야 쪽으로 생각이 치우칠 가능성이 있다. 그래서 자신이 배우고 경험하지 않은 새로운 상황은 쉽게 받아들이지 않는다. 경우에 따라 이성적 판단보다는 감성적인 판단을 내리기도 한다. 정책담당자도 마찬가지다.

정책을 추진하다 보면 다양한 사람들과 이해관계가 얽히게 된다. 그래서 정책담당자가 개인 생각에 치중하다 보면 한계가 드러나기 쉽다. 정책담당자는 개인과 집단 간의 생각을 조화시키려고 노력해야 한다. 정책을 기획하고 추진하는 과정에서 집단지성을 이끌어내야 하는 게 이 때문이다.

김 과장은 대한시의 학생들이 마음껏 사용할 수 있는 운동장을 만들기로 했다. 학교 운동장은 학교 관리 문제 때문에 방과 후 사용이 제한되기 때문이다. 처음에는 단순히 운동장만 만들려고 했던 김 과장은, 곧 운동장을 조성할 후보지에 다양한 이해가 얽혀있음을 알았다. 그래서 아이디어를 구하기 위해 체육전문가, 문화전문가, 토목전문가, 지역개발전문가 들을 모셨다.

체육전문가는 청소년들의 행동을 예측하면서 운동장의 크기와 시설에 대한 조언을 했다. 문화전문가는 필요 시 주민들을 위한 전시장이나 공연장으로 활용할 수 있는 아이디어를 내놓았다. 지역개발전문가는 겨울철에 운동장을 주차장으로 활용하는 방안을 제시했다. 인근 스키장 방문객들이 주차 공간이 부족하다고 해서였다. 토목전문가는 이러한 아이디어들을 접목시킬 수 있는 복합공간을 조성하는 것과 기술적인 부분에 대해 이야기했다. 결국 김 과장이 처음에 생각했던 '학생들만을 위한 운동장'은 복합체육문화공간이자 겨울철에는 주차장으로 활용할 수 있는 다목적 공간으로 변신했다.

김 과장은 주민들의 의견을 수렴하는 작업도 시작했다. 문화공간이 있었으면 하던 주민들과, 스키장의 손님들을 위한 주차장 마련 문제 때문에 고민하던 관련 업체 사람들이 만족스러워했다. 김 과장이 정책 목적을 디테일하게 설명하니 이의를 제기하려던 주민들도 긍정적인 답을 보내기 시작했다.

정책담당자들은 정책을 기획할 때 특정한 목적을 달성하기 위해서 해당 분야의 전문가로부터만 자문을 구하곤 한다. 그러나 여건이 허락한다면 다양한 분야의 전문가를 불러 모으는 것이 좋다. 그러면 바로 위 김 과장의 사례처럼 집단지성을 통해서 다양한 아이디어를 얻을 수 있다. 콘텐츠로 만들 수 있는 아이디어도 풍성해진다.

집단지성의 힘을 발휘하려면 관계자들이 평등한 관계하에서 지식을 공유하면서 아이디어를 면밀히 분석해야 한다. 갑을 관계가 형성된 상태, 권위를 앞세우는 분위기에서는 집단지성이 발휘되기 어렵다. 갑이 주장하면 을은 따르기만 하는, 을이 주장하면 갑은 듣는 척하기만 하는 상황에서는 문제가 생긴다.

손 계장은 대한시 항구의 부두를 확장시키려고 한다. 항구에 출입하는 선박이 많아져, 기존의 부두로는 수요를 충당하기 어렵다는 주장이 제기되어서다. 손 계장이 항구를 총괄하는 강 주무관을 찾아가 의견을 구하니, 강 주무관은 속을 털어놓듯이 말했다.

"부두가 협소한 게 아니라, 접안 시설이 노후화되어 선박들이 효율적으로 부두를 이용하지 못하는 겁니다. 접안 시설만 개선하면 지금의 부두로도 배가 얼마나 들어오든 상관없지요."

부두를 확장할 길이와 관련하여 손 계장과 강 주무관의 의견이 엇갈렸다. 결국 손 계장은 박 국장에게 조정을 부탁했다. 박 국장은 이왕 만들려면 제대로 만들어야 한다고 생각했다. 그래서 손 계장이 제안한 내용보다 부두를 더 크게 확장하기로 마음먹었다.

박 국장은 항구관계자, 전문가, 선박주 들을 모았고, 그들로부터 다양한 의견을 구했다. 그리하여 박 국장은 부두를 크게 확장하기보다 노후화된 접안 시설을 개선해야 한다는 결론을 내렸다. 그러나 박 국장은 노후화된 접안 시설을 개선하는 일은 부두를 확장한 다음에 하면 된다고 생각했다. 그래서 자신의 입맛에 맞는 사람들을 위주로 선정하여 의견 수렴을 다시 시작했다. 이때에도 접안 시설에 대한 이야기가 나왔으나, 부두를 확장하자는 의견이 더 많았다. 결과를 정리한 박 국장이 부두 확장을 추진하자, 항구관계자들은 낡고 위험한 접안 시설에 대한 우려를 보냈다.

형식적인 아이디어 수렴과 이미 내용을 결정한 상태에서의 회의는 집단지성과는 거리가 멀다. 다양한 생각들을 모으고, 많은 사람들이 우려하는 부분은 개선하도록 노력해야 집단지성이 제 힘을 발휘한다. 이를 무시하고 새로운 정책을 만들어 추진을 강행하면 현장에서 어려움이 생긴다.

3) 드러내지 말아야 할 설익은 아이디어

아이디어 회의에서는 다양한 아이디어를 적극적으로 제시하고 토론해야 한다. 이는 아이디어를 다듬어 정책 콘텐츠로 발전시킬 좋은 계기이기 때문이다. 이 과정에서 나중에 문제가 될 부분을 최소화할 수도 있다. 그러나 이런 아이디어가 금방이라도 콘텐츠가 될 것처럼 주변에 드러내면 곤란해질 수 있다. 아이디어는 언제든지 변할 수 있기 때문이다.

"저번에 한 말하고 다른 것 같은데?"

"상황이 변했습니다."

"일주일 사이에 상황이 변하나?"

신규 업무를 추진하다 보면 다양한 아이디어가 나타나기 마련이다. 물론 활발한 소통은 좋은 것이다. 허나 수시로 설익은 아이디어를 상사에게 내밀다 보면 신뢰도가 떨어진다.

강 주무관은 바이오디젤이 뜬다는 소식을 들었다. 기름 한 방울 나지 않는 나라에서 식물을 원료로 디젤유를 생산한다는 발상은 매력적이었다. 신규 정책을 마련하려는 욕심에 강 주무관은 바이오디젤에 대한 설익은 아이디어를 회의석상에서 꺼냈다. 그러나 강 주무관은 바이오디젤 원료인 기름콩의 가격과, 이를 바이오디젤로 가공할 때의 비용을 고려하지 않았다. 그래서 바이오디젤 가격이 일반 디젤 가격보다 더 비싸다고 김 과장이 지적하자 얼굴이 빨개진 채 아무 대답도 못 했다. 강 주무관처럼 성급하게 행동하면 신뢰를 잃을 수 있다.

대외적으로도 설익은 아이디어가 발표되면 문제가 커진다. 정책담당자의 말은 개인의 말이 아니라 정부나 지자체의 말이기 때문이다.

손 계장은 오랜만에 친구들과 술자리를 했다. 민간 기업을 다니는 친구가 술이 얼근히 취한 채 혀가 꼬부라진 말로 떠들어대기 시작했다.

"너희들 이 소식 들었냐? 서울부터 대전까지 고속지하철을 건설한다던데?"

이에 다른 친구들이 혀를 차면서 핀잔을 주었다.

"저 녀석 또 저러네."

"지금도 이상한 사이트에서 시간 보내냐?"

허나, 장난기가 발동한 손 계장은 일부러 진지하게 말했다.

"맞아. 서울에서 대전까지 고속지하철을 놓으면 엄청 편리할걸."

술자리가 조용해졌다. 정책담당자가 하는 말이기 때문이다. 나중에 농담이라고 둘러대도, 입 밖으로 한번 나간 말은 되돌리기 어렵다. 자칫 잘못되면 그 파장은 거대해질 수 있다. 손 계장의 친구들은 이 말을 참조하여 철도나 지하철 관련 주식에 투자했다가 큰 손해를 볼 수도 있다.

부처 간 협의나 조정이 필요한 정책이 있다. 민관이 협력해서 추진하는 정책도 있다. 그런 정책들은 자신이 몸 담고 있는 기관에서 결정되었더라도 협의나 조정 과정에서 핵심 사항이 바뀔 가능성이 높다는 점을 기억해야 한다.

손 계장은 대한시의 이웃인 행복군과 협력 사업을 추진하고 있다. 이 사업은 대한시와 행복군의 중간 지점에 대규모 쓰레기매립장을 건설하는 일이다. 대한시는 건설 예정 지역의 주민들로부터 합의를 받아내는 어려운 일을 맡았다. 이 과정에서 당연히 행복군의 참여도 있으리라고 생각한 대한시 측에서는 각 언론사들에 보도자료를 보냈다.

'대한시와 행복군이 연계하여 대규모 쓰레기매립장 건설!'

그러나 행복군은 고민 중이다. 세금이 덜 걷혀 재정 상황이 나쁘기 때문이다. 쓰레기매립장을 건설하면 좋겠지만, 그보다 시급한 일도 많다. 그래서 내부에서는 대한시와의 협력을 중단해야 한다는 의견도 나왔다.

최종 보고서에 나온 내용만이 결론이다. 그 전에 나온 모든 말과 단어 들은 최종 보고서를 만들어가는 과정에서 나온 아이디어일 뿐, 현장에서 작동되는 내용과 큰 차이가 없다고 생각하면 오산이다. 최종 보고서가 완성되지 않은 상태에서 정책담당자가 하는 말 역시 크게 신뢰하기 어렵다. 정책은 담당자 혼자서 만들 수 없기 때문이다.

정책담당자가 보기에는 A가 맞지만, 주변 여건이나 상황에 의해 A가 B로 변하는 상황은 늘 가능하다. 심지어 실무적으로 마련된 최종 보고서가 결재 과정에서 변경될 수도 있다. 그러니 설익은 아이디어는 드러내지 말아야 한다. 정책담당자는 정책으로 채택된 아이디어, 보고서에 포함된 내용, 공식적으로 외부에 알린 내용만 이야기해야 한다.

글쓰기에 어려움을 겪는
정책담당자를 위한 9개의 팁^{Tip}

새로운 정책이라든가 제도 개선 업무, 혹은 정책 사업을 담당하는 사람들 중에는 의외로 보고서를 못 쓰는 사람들이 있다. 이들 중 일부는 정책의 내용에 집중하고 정작 보고서의 형식이나 글에는 관심을 두지 않는다.

필자도 한때 '정책의 내용만 충실하면 되지, 소설가도 아닌 내가 글쓰기까지 잘할 필요가 있나?'라고 생각했다. 그래서 '잘 읽히는 보고서'를 만들자는 고민을 하지 않았다. 결국 나중에 문제를 깨닫고서 잘 읽히는 보고서를 쓰기 위해 노력했지만, 아직까지 그 여파가 남아있다.

글을 못 쓰는 사람이 '잘 읽히는 보고서'를 만들려면 많은 노력과 시간이 필요하다. 보고서를 잘 쓰는 방법을 서술한 책들이 있기는 하지만, 그런 책들로부터 도움을 받기는 생각보다 어렵다. 가장 좋은 방법은 보고서를 잘 쓰는 상사를 모시고 학습하는 방법이다. 이에 더해 본인 스스로의 노력이 있다면 글이 발전한다.

새로운 정책을 마련하는 사람이 '술술 읽히고, 설득력도 있는 보고서'를 쓸 수 있다면, 이는 날개를 얻는 셈이다. 핵심 콘텐츠가 다소 부실해도 글 꾸미기와 쓰기로 그럴듯해 보이는 보고서를 만들 수 있기 때문이다.

그럼 잘 읽히는 글을 위한 기본적인 팁^{Tip}을 소개하겠다.

① 쓴 다음에는 소리내어 읽어라.

소리내어 읽어보는 습관이 중요하다. 읽다가 말이 꼬이는 부분이 나오면, 그 부분은 잘못 쓴 부분이니 수정해야 한다.

상대를 설득하려면 말하듯이 써야 한다.

일반적으로 세 번 이상, 중요한 보고서는 열 번 이상 읽는다.

② 잘 쓴 보고서를 베껴라.

기획실 등 보고서를 잘 쓰는 부서나 기관의 보고서를 베끼는 노력이 필요하다. 잘 쓴 보고서를 옆에 두고 참고하면 적어도 기본적인 보고서는 만들어낼 수 있다.

③ 한 페이지당 최대 20줄이 넘지 않게 하라.

너무 많은 내용을 한 페이지에 몰아넣으면 보고서가 눈에 잘 들어오지 않는다. □에는 가급적 1~2줄, ○은 2~3줄로 써야 된다. 한 페이지 당 20줄이 넘어가면 보는 사람이 신경을 써야 한다.*

---

* 공공 기관의 일반적인 보고서에서 사용하는 기호는 '1, 2, 3' 같은 아라비아숫자 및 □, ○, -, * 등이 있다. 종합보고서 같은 경우에는 'I, II, III, IV' 같은 로마숫자가 더 붙는다. 종합보고서의 경우 제목은 로마숫자, 목차는 1, 경우에 따라 소목차를 1)로 잡을 수 있다. 주요 내용은 □, ○, -, * 등에 넣는다. 글자 폰트의 크기도 이 순서를 따른다. 예를 들어 1(아라비아숫자) 은 16포인트, □는 15 포인트, ○는 15 포인트, -는 14포인트, *는 13포인트로 쓸 수 있다. 이는 보고서의 형태에 따라 다양하게 바뀐다.

④ 줄 간격에 신경을 써야 한다.

　한 페이지 내 □, ○의 줄 간격은 처음부터 끝까지 동일해야 한다. 줄 간격만 동일해도 보고서가 그럴듯해진다.

⑤ 한 줄 내의 단어가 끊기지 않게 하라.

　한 줄 내의 글자가 다음 줄로 가게 되면, 읽다가 눈에 걸린다. 그럴 경우에는 표현을 바꿔주는 등 문장을 줄여준다.

⑥ 보고서는 적어도 세 번 고쳐라.

　일필휘지로 한번에 완성되는 보고서는 없다. 고치는 횟수가 많아질수록 보고서는 읽기 쉬워진다. 스스로 세 번 이상 고친 후에 보고하는 습관을 들이면 어느 순간 글이 늘었다는 사실을 깨닫게 된다.

⑦ 문장은 가급적 짧게 써라.

　이는 가장 어려운 부분이기도 하다. 그러니 핵심적인 단어를 중심으로 짧은 문장을 만들도록 노력해야 한다. 잘 쓴 보고서에서 필요한 낱말을 정리해두면 요긴하다.

⑧ 가장 핵심적인 내용은 앞에 내세워라.

　강조하고 싶은 부분이 바로 눈에 들어오게 하면 이해도가 높아진다. 두괄식으로 핵심을 첫 페이지에 나오게 할 수도 있다. 한 문단에서도 핵심적인 단어를 앞에 둘 수 있다.

예) 사업 추진 시 광역 연계와 통합 발전 제고를 위한 시도 역
할 강화. ⇨ 사업 추진 시 시도 역할 강화로 광역 연계 및
통합 발전 제고.

⑨ **여러 문장을 짧게 써본 후 합쳐라.**

한 줄에 여러 내용을 써야 하는 경우가 있다. 하나씩 짧게 끊어
쓴 후 합치면 내용을 모두 포함한 읽기 쉬운 글이 나온다.

예) 사업 추진을 위해 시도 역할을 강화해야 한다. 광역적으로
연계하고 통합적인 발전을 제고해야 한다. ⇨ 사업 추진 시
시도 역할 강화로, 광역 연계 및 통합 발전 제고.

어느 날 보고서를 읽다가 깜짝 놀랐다. 너무 잘 읽히고, 이해도
바로 되었기 때문이다. 작성한 이에게 비결을 물었다.

"'읽는 사람이 어떤 생각을 할까?'라는 의문을 가지고 보고서를
씁니다. 다 쓴 후에는 읽는 사람의 입장에서 다시 점검하고요. 이
렇게 한 10년을 했더니 보고서를 잘 쓴다는 말을 듣게 되었지요."

아이디어를 발전시키자

완성도 있는 아이디어는 한번에 나타나지 않는다. 처음에는 모호한 아이디어가 단계적으로 발전하여 콘텐츠화할 수 있는 아이디어로 구체화되는 것이다. 그 단계는 다음과 같다.

1단계. 모호하지만 가능할 것 같은 아이디어를 발굴한다.

브레인스토밍이나 무작위적인 아이디어 수집 같은 방법으로 다양한 아이디어를 모은 후, 그중에서 가능성 있는 아이디어들의 후보군을 찾아내는 단계다. 아이디어 후보군이 여러 개라면 유리하다.

2단계. 모호한 아이디어를 검증한다.

정책담당자의 끊임없는 고민이 필요한 단계다. 아이디어 후보군을 바탕으로 전문가 협의, 정보 수집, 현장 검증 등을 통해 실현 가능성을 체크한다. 이 과정에서 분석 대상인 아이디어와 관련된 새로운 아이디어가 발견되기도 한다.

3단계. 아이디어를 더욱 깊이 분석하고 구체화한다.

타인이 이해할 수 있는 수준으로 아이디어를 구체화하는 단계다. 검증된 아이디어를 더욱 깊이 분석하면, 아이디어는 더욱 구체화된다. 아이디어들 사이에도 논리적인 연결점이 나타나고, 단편적인 아이디어에는 살이 붙는다. 이 단계에서는 제3자가 이해할 수 있는 수준의 설명도 가능해진다.

다만, 소프트웨어가 중심인 정책 등 일부의 경우에는 아이디어를 더욱 깊이 분석하여 구체화하더라도 제3자에게 이해시키기 어려울 수 있다.

그러니 전문가들 간의 합의를 기반으로 우선 정책 콘텐츠로 정한 후 디테일하게 파고들어가는 방법을 선택할 수 있다.

3. 정책 콘텐츠는 디테일을 담는 그릇이다

콘텐츠에는 정책을 실현하는 데 필요한 다양한 디테일이 담긴다. 따라서 콘텐츠가 얼마만큼 잘 구성되었는가에 따라 정책의 모습이 달라진다.

(1) 문제를 예방하려면
정책 콘텐츠 점검은 필수적이다

대부분의 정책 콘텐츠는 예전부터 발전해왔을 가능성이 높다. 생소해 보이는 콘텐츠도 다양한 이력을 갖춘 경우가 대부분이다. 그러니 콘텐츠가 어떻게 탄생하여 현재에 이르렀는가를 점검해봐야 한다. 과거에 문제를 일으켰거나, 이미 다른 기관에서 추진하는 콘텐츠도 존재하기 때문이다.

깊이 있게 들여다보면 겉과 속이 다른 콘텐츠도 있다. 그런 경우에는 미리 알고서 선택하면 대응할 수 있으나, 모르고 있으면 당혹스러운 상황과 마주할 수 있다.

국민들에게 필요한 정책 콘텐츠인데도 정책담당자가 빼버리는 경우도 있다. 해당 정책담당자가 지식이 짧아서 빼먹은 경우도 있지만, 감당하기 어렵기 때문일 수도 있다. '문제'라는 지적을 받고 있는 정책 콘텐츠를 무리하게 추진하기도 어렵다. 정책담당자마저 감당하지 못해 혼란을 초래할 수 있기 때문이다. 어쩔 수 없는 상황에서 이런 콘텐츠를 추진하게 되면 어려움이 가중된다.

1) 관련 규정 확인

우선 검토해야 할 부분은 법적 관계다. 관계법이 복잡하게 얽혀있다 보니, 최선의 콘텐츠를 포기하고 차선을 선택하는 경우도 있기 때문이다.

손 계장은 '삶의 질 개선' 정책의 일환으로 생활보호대상자들의 집을 고쳐주는 아이디어를 냈다. 생활보호대상자들이 기본적인 생활을 영위할 수 있도록 노후화된 주택의 안전성을 확보하자는 것이다. 손 계장이 김 과장에게 보고하니, 김 과장은 인상을 찌푸리며 부정적인 말을 한다.

"으음, 그분들이 사는 곳은 대부분 무허가 주택이 아닙니까. 불법 주택에 시의 예산을 들여 지원하기는 어려워요. 게다가 그런 집에서 사는 분들은 대개 전세나 월세로 사는 분들입니다. 집이 오래되어서 그나마 값이 싼 건데, 시에서 집을 고쳐줘보세요. 집주인 입장에서는 세를 올릴 명분이 생기는 셈이지요."

"세를 못 올리게 하면 되잖습니까, 과장님!"

손 계장의 항변에 김 과장은 '이 사람은 뭘 모른다'는 듯한 표정을 지으며 말을 잇는다.

"손 계장. 집주인이 월세를 올리지 못하도록 법적으로 강제하기가 어렵습니다. 집주인 입장에서는 숫제 집을 팔아버리면 그만이니까요. 그러니 쉽게 접근할 수 없습니다."

손 계장은 이 아이디어를 콘텐츠에서 제외시킬 것인가, 아니면 법적 관계를 더 검토한 뒤 대체할 수 있는 새로운 아이디어를 찾아 넣을 것인가를 고민하기 시작했다.

정책 사업 중에는 환경 영향을 평가해야 하거나 사업의 타당성을 조사해야 할 필요가 있는 경우도 있다. 추진하려는 콘텐츠가 이와 관련이 있다면 시작하기 전에 관련 규정부터 파악해야 한다. 예를 들면, 국제회의를 진행할 때 관련 예산 총액이 10억 원이 넘으면 관계 부처와 협의해야 한다. 이런 사실을 모르고 달려들면 일을 두 번 하게 된다.

정책을 추진할 때에는 콘텐츠와 관련된 규정부터 살펴봐야 한다. 뒤늦게 규정 때문에 문제가 생기면 정책 추진이 어려워질 뿐만 아니라, 주변 동료들은 물론 정책고객(국민/시민)들의 신뢰가 추락한다.

2) 관련 예산 확인

겉보기에는 예산이 적게 들어갈 듯한 콘텐츠라도 '세금 먹는 하마'가 될 수 있다. 이런 콘텐츠는 한번 만들고 나면 없애기도 어려워서 재정을 압박한다.

손 계장은 삶의 질 개선 정책의 일환으로 한시적으로 낙후 지역주민들의 건강을 무료로 검사해주고, 특정 질병에 대해서는 치료비의 80퍼센트를 보전해주는 정책 콘텐츠를 개발하기로 했다. 좋은 아이디어라는 칭찬이 여기저기서 들어왔다. 그런데 김 과장은 손 계장에게 재검토를 지시했다. 손 계장이 이유를 물으니, 김 과장은 이렇게 되물었다.

"손 계장, 이게 한시적으로 되겠습니까? 시 재정은 파악했나요?"

손 계장은 이해하지 못한다.

"어차피 한시적으로 지원해주기로 약속한 겁니다, 과장님."

그러자 김 과장은 아직도 모르겠느냐는 표정이다.

"손 계장, 그렇게 약속하고 지원한 사업이라도 결국 지속될 가능성이 높아요. 헌데 재정이 부족하다는 이유로 지원을 끊게 되었다고 합시다. 다음 선거 때 시장님께서 재선하실 수 있을까요?"

다른 기관이나 부처와 연계할 수 있는 정책 사업은 의외로 많다. 그러니 정책 콘텐츠를 별도로 개발하는 대신, 다른 기관이나 부처의 것과 연계하는 방법을 찾으면 정책의 효과를 높일 수 있다. 일부 지자체에서는 각 부처들의 사업을 하나로 모아 활용함으로써 예산을 적게 들이면서 효과를 높이고 있다.

다른 기관에서 추진 중인 유사 콘텐츠를 도입하려는 경우도 있다. 그런 콘텐츠는 내용만 조금 바꿔서 도입할 수 있겠지만, 그렇게 기획된 정책이 똑똑한 정책으로 완성되기는 어렵다. 오히려 중복 사업이라든가, 세금 낭비 사례가 되기 쉽다. 그럴 경우 관계 기관들끼리 갈등마저 생긴다.

이에 관한 아주 좋은 사례가 있다. 태평양 전쟁 당시 일본 육군과 해군은 항공기와 연료유 관련 정책을 따로 세웠다. 즉 해군 항공모함에 탑재되는 제로센 전투기를 육군 항공대(공군)는 도입하지 않고, 육군이 점령한 동남아시아의 유전과 정유공장의 연료유를 해군 군함들은 사용하지 않는다는 식이었다. 결국 자원의 중복 투자와 낭비, 항공기와 연료유 부족 등으로 인한 육군과 해군의 갈등으로 일본의 패망이 앞당겨졌다.

3) 이해관계자 파악

다양한 이해관계자들이 높은 관심을 가지고 있는 정책 콘텐츠는 조심스럽게 추진해야 한다. 관련 단체나 기관의 현황을 파악하고, 그들의 생각도 알아볼 필요가 있다.

손 계장은 대한시 시민들에게 질 좋은 ○○기름을 보급하고 싶어 한다. 그래서 관련 제도를 개선하기 위한 다양한 고민을 한 끝에 관세율을 낮추는 방안을 중앙 정부에 제시하려고 했다. 그러나 이와 관련된 이해타산 문제 때문에 가공업자와 생산업자가 첨예하게 대립하고 있음을 알게 되었다.

만약 ○○기름의 관세율이 낮아지면 수입업자에게는 이득이 된다. ○○기름을 저렴한 가격으로 팔 수 있기 때문이다. 반면에 생산업자는 불안하다. 그렇지 않아도 저가 수입산 때문에 수익은 이미 반으로 줄었다. ○○기름의 가격이 더 낮아지면 생산을 포기해야 할 판이다. 그렇게 되면 우리나라의 ○○기름 생산 기반이 무너질 수도 있다. 만약 고부가가치 제품인 ○○기름을 생산하는 공장들이 문을 닫으면 국가도 손해를 보는 셈이다.

손 계장은 이해타산을 조정하기가 어려워 관계 부처에 질의했다. 곧 답변이 왔지만, 손 계장에게는 실망스러운 내용이었다.

'대한시에서 결정해주면 의견을 반영하겠습니다.'

손 계장의 머릿속이 점점 더 복잡해진다.

'아아, 처음부터 자세히 알아보고 시작해야 했어!'

후회가 밀려왔지만 때는 늦었다.

4) 문제 이력 조사

과거에 실패하여 큰 문제를 일으킨 이력이 있는 정책 콘텐츠는 추진하기가 힘들다. 이와 관련되었던 사람들의 머릿속에 '실패'나 '문제'라는 말이 각인되어 있기 때문이다. 특히 예산 당국과의 협의 과정에서 문제로 떠올랐던 콘텐츠에 대해서는 부정적인 의견이 나오기 쉽다.

손 계장은 주민만족형 문화 정책의 일환으로 대한시의 기존 건물을 리모델링하여 문화회관을 확장하기로 했다. 이렇게 하면 노후화된 건물을 더 효율적으로 사용할 수 있고, 문화회관에 대한 시민들의 접근성도 높아질 것이라고 생각했다.

쇠뿔도 단김에 빼자는 마음으로, 손 계장은 계획을 열심히 마련했다. 곧 손 계장은 사업 추진 필요성에 관한 보고서와 필요예산액에 관한 보고서를 정리하여 예산 관련 부서로 들고 갔다. 그러나 예산

담당자는 일언지하에 거절했다.

"기존 문화회관도 지어만 놓고 활용을 못하는 세금 먹는 하마라며 언론에서 뭇매를 맞고 있지요. 그게 벌써 5년 됐네요."

사실, 손 계장은 다른 부서에서 이 부서로 자리를 옮긴 지 얼마 되지 않았기에 이런 내막을 모르고 있었다. 만약 손 계장이 전임자에게 물어봤으면 단번에 알 수 있는 일이었지만, 혼자 추진하려다 보니 어긋난 것이다.

실패한 정책 사례가 외국에 있는 경우도 있다. 일본의 유바리 시가 대표적이다. 시의 주요 수입원이던 탄광업이 쇠퇴하자 유바리 시 당국은 관광업을 활성화하겠다며 석탄박물관과 테마파크를 지었다. 그러나 시 당국이 기대했던 것과 달리 관광객은 별로 없었고, 결국 그 모든 시설들이 적자 때문에 폐쇄되었다. 현재 유바리 시는 빚을 갚느라 공공 서비스를 거의 모두 중단했고, 시민들은 고통을 받고 있다. 이런 사례들을 인터넷에서 미리 검색하고 검토해두면 같은 실수를 예방할 수 있다.

5) 관련 전문 인력 확인

전문 인력이 얼마만큼 있는지를 살펴봐야 한다. 관련 전문가가 국내에 거의 없어서 확인해볼 수 없는데도 '내용이 좋은 것 같다'는 이유만으로 정책 콘텐츠를 정해버리는 것은 실패로 가는 첫걸음이다.

역량이나 경험이 충분하지 못한 전문가와 협업이라도 하게 된다면 외부로부터 비난을 받기 좋은 정책이 탄생할 가능성도 높아진다.

정보 부족 등으로 인해 전문 인력이 아닌 비전문 인력을 전문가로 착각하여 협업을 하게 되면 문제는 더 커진다.

대한시의 가로수들이 갑자기 이름 모를 병으로 죽기 시작했다. 전문가들에게 알아보니 국내에서 연구가 제대로 이루어지지 않은 병이라고 한다.

손 계장은 특별 대책을 만들기로 했다. 그러나 외국에서 건너온 병이라 관련 전문가가 부족했다. 그래서 이 병이 만연한 나라에서는 어떻게 대응하는지 알아보기 위해 전문가를 파견하고, 방제 작업을 담당할 사람들도 육성하기 시작했다.

김 과장이 중간 점검을 나왔다.

"손 계장, 외래병 전문 기관이 있던데 그쪽과 연계하여 업무를 추진하고 있나요?"

그러자 손 계장은 놀라워하며 되물었다.

"그런 기관이 있었습니까, 과장님? 전 학계에 연락해서 전문가를 선출했는데요."

손 계장은 해외에서 들어온 병해충을 전문적으로 관리하는 기관이 있다는 사실을 몰랐다. 그래서 '나무에서 생긴 병이니, 나무 관련 부서와 연계하자'고 생각하고서 일을 추진하고 있었다. 결국 병에 걸려 죽어가는 나무의 수를 줄일 기회를 놓친 것이다.

정책이 제대로 추진되지 않거나 실패한 사례를 보면 지식이나 경험이 부족한 전문가와 협업한 경우, 또는 국내의 관련 전문가의 층이 얇아 능력 있는 전문가를 확보하지 못한 상태에서 추진된 경우들이 보인다. 중요한 콘텐츠에 관한 것이라면 외국의 전문가를 초빙하는 것도 고려해볼 일이다. 고액의 인건비 때문에 외국 전문가를 활용하기가 어려우면, 우리 쪽에서 전문가를 육성할 수 있도록 시범 운영 기간 같은 시간이라도 확보해야 한다.

6) 개인 간 또는 기관 간의 약속

독일의 전래 동화인 〈피리 부는 남자〉는 유명하다. 독일 하멜른 시에 창궐하던 쥐들을 피리소리로 소탕해준 남자가 있었다. 그는 하멜른 시 당국이 약속한 보수를 지급하지 않자 피리소리로 아이들을 꾀어 데리고 잠적해버렸다. 하멜른 시 당국과 시민들은 피리 부는 남자와의 약속을 일방적으로 깬 것을 후회했지만, 이미 늦었다.

약속은 중요하다. 개인 간에도, 그리고 관련 기관들 간에도 다양한 약속이 있다. "우리 측에서 콘텐츠를 이렇게 추진하면, 상대편은 이와 연계하여 관련 콘텐츠를 추진하겠다"라는 선약을 할 수도 있다. 상대편은 이 약속을 믿고 관련 콘텐츠를 사업화하여 추진하려는데, 우리 측에서 약속 이행에 필요한 콘텐츠를 보류하거나, 관련 사업을 바꿔버리면 곤란해진다. 이는 상호 간의 갈등으로 이어진다.

법을 위반하는 것이 아니라는 이유로 협의된 사항을 헌신짝 내던지듯 하면 안 된다. 이는 신뢰의 문제이기 때문이다. 그러나 현실에서는 주민들의 반대 같은 다양한 이유로 협약이 이행되지 않을 수 있다. 정책담당자로서는 최선의 노력을 다하는 것 말고는 선택지가 없다. 어려운 일이다.

결론을 말하자면, 문제가 있었던 콘텐츠라도 꼭 필요한 경우가 있다고 하겠다. 심지어 그런 사실을 알면서도 선택해야 하는 상황도 있기 마련이다. 그래서 이를 보완하는 콘텐츠를 덧붙이기도 하고, 미비한 관련 규정을 개선할 수도 있다. 그러나 이런 사실을 모르고 도입하면 문제가 발생할 가능성은 높아진다. 아는 것이 병이라지만, 콘텐츠를 모르면 정말 병이 생긴다.

(2) 디테일을 확보하려면
콘텐츠의 5대 분야를 점검·분석해야 한다

정책 디테일을 확보하려면 필수적으로 포함해야 하는 콘텐츠 분야가 있다. 사람, 하드웨어, 소프트웨어, 시스템, 그리고 홍보 등 다섯 가지가 그것이다. 이 중에서 어느 하나라도 부실하면 정책이 제대로 추진되기 어렵다. 시작할 때부터 디테일이 확보되지 않기 때문이다.

사람	하드웨어	소프트웨어	시스템	홍보
검사전문가, 분석전문가, 운영자, 정책고객 등	인증 기관, 실험 설비	GAP 교육 프로그램, GAP 관리 지침 등	인증 절차, 운영 조직 등	농업인, 소비자, 홍보 수단 등

표 2-1. 우수 농산물 관리제(GAP) (국립 농산물 품질 관리원)

1) 사람

현장에서 누가 정책을 추진하고 자문해줄 수 있는지, 운영자는 어떻게 선정할지를 최우선적으로 고민해야 한다. 그런데 정책을 마련하다 보면 하드웨어와 소프트웨어는 고려하면서 사람을 빼는 경우가 있다. 적절한 사람을 확보하지 않은 상태에서 정책을 추진하면 바라던 성과가 나타나지 않는다. 현장에서 혼란을 초래할 가능성도 높아진다.

손 계장은 대한시에서 급격히 늘어나는 다문화가정에 대한 고민에 빠졌다. 인종과 문화의 다양성을 경험하지 못한 시민들의 우려와, 그로 인한 사회적 갈등이 심각해졌기 때문이다. 손 계장은 타국 문화를 이해하는 데 도움을 줄 센터를 짓고, 관련 교육 프로그램도 마련하기로 계획했다.

그러나 이를 담당할 사람이 없다. 총괄적으로 정책을 지원할 전문가가 부족하다. 이 프로그램을 현장에서 능숙하게 운영할 사람도 찾기 어렵다. '육성하면 된다'지만 시간이 많이 걸린다. 다른 부분들은 바로 시작할 수 있는데, 적절한 사람이 없다 보니 당장 어떻게 해야 할지 난감해졌다. 결국 김 과장과 상의해보기로 했다.

"손 계장. 전문가에 관한 고민을 알겠습니다. 헌데 실상 가장 중요한 부분은 정책대상자에요. 다문화가정과, 이를 우려하는 시민들에 대한 고민을 더 깊이 해보세요. 이를 바탕으로 전문가에 대해 고민하면 의외로 실마리를 잡을 수 있지요. 일정 부분 대체할 수 있는 인력을 찾아낼 수도 있을 거예요. 그리고, 전문가가 양성될 동안 운영을 최소화할 수 있는 방안을 강구해보세요. 제대로 된 전문 인력 없이 운영되면 정책의 효과는 크게 떨어지고, 주민의 세금으로 도움되지 않는 인력을 고용하는 결과만 초래합니다."

새로운 정책을 추진하다 보면 가장 고민되는 부분은 사람이다. 처음에는 이에 관한 고민이 적을 수 있으나, 정책이 진행되면서 사람이 문제라는 사실을 절감하게 된다. 제대로 된 사람 없이 추진되는 정책은 김 과장 말대로 예산만 낭비하는 결과를 초래할 수 있다.

2) 하드웨어

정책을 추진하려면 사람들이 일할 장소, 서비스를 전달할 교통수단, 정책을 구현할 설비 등이 필요하다. 하드웨어는 정책의 성과를 눈으로 볼 수 있게 해주기에 정책담당자에게는 가장 익숙한 부분이다. 하드웨어를 잘 활용하면 예산에 관한 설명을 하기도 상대적으로 쉽다. 그러나 하드웨어만 고려해서 정책을 추진하면 좋지 않은 결과가 나타날 수 있다. 경우에 따라 하드웨어 자체를 폐기해야 할 수도 있다.

손 계장은 대한시 시민들의 소득을 증대시키기 위하여 관광단지를 육성하는 정책을 추진하기로 했다. 이는 손 계장이 지난번 휴가 때 해외 여행을 하면서 멋진 경험을 해서이기도 하다. 그 지역주민들의 얼굴에는 풍요로움에 따른 만족감이 서려있었다.

그 사람들을, 그 미소들을 떠올리며 손 계장은 보고서를 작성해나 갔다. 생소한 개념은 이해시키고, 난관이 생기면 헤쳐나가자고 마음을 먹었다. 그리하여 어디에 내놔도 손색없는 체험 시설을 지을 수 있는 예산을 확보했다.

손 계장은 전면이 유리로 되어 번쩍거리는 체험 시설을 짓기 시작했다. 대한시 시민들은 근사하게 지어지는 그 시설을 보며 희망에 부풀어 올랐다. 방송국과 신문사들, 파워블로거들을 통한 대대적인 홍보가 이루어지고 있으니, 체험 시설이 완공되면 관광객들이 구름처럼 몰려들 것이라는 희망에 부풀었다.

체험 시설이 완공된 뒤 관광객들이 오기는 했다. 그러나 바로 그 체험 시설을 제외하면 어디서나 볼 수 있는 산과 개천, 특색 없는 음식뿐이고, 서비스도 매끄럽지 못하다는 평이 인터넷상에서 돌았다. 해외 여행 덕에 수준이 높아진 관광객들의 기대 수준에 미치지 못했던 것이다. 하드웨어에 집중하다 보니, 운영프로그램(소프트웨어), 운영자(사람), 조직(시스템)이 약했던 것이다.

이러다가는 일본 유바리 시의 사례처럼 되리라는 절망감에 안절부절 못한 손 계장은, 외부의 운영프로그램 관련 전문가를 급히 불렀다. 주민들과 함께 대책 마련 조직도 구성했다. 그나마 워낙 잘 지은 시설이라 관광객 수는 어느 정도 유지된다는 점을 위안거리 삼았다.

허나 운영비 면에서 문제가 발생했다. 유리로 지은 시설은 열과 관련하여 비효율적이었다. 여름에는 에어컨을 최대한 가동해야 했고, 겨울에는 보일러를 최대한 틀어야 했다. 예산을 담당하는 부서에서 들어오는 항의에 손 계장은 머리를 싸맸다. 결국 수익금의 대부분이 유지관리비로 소요되면서 인건비를 주지 못하는 지경에 이르렀다.

처음부터 '콘텐츠의 5대 분야'를 고려하여 사업을 추진했다면 안 일어났을 일이다.

SOC(Social Overhead capital, 민간 투자 사회간접자본)나 관광단지 등은 하드웨어 관련 예산이 많이 필요한 사업이다. 상대적으로 소프트웨어, 사람, 시스템에 들어가는 예산은 줄어들 수 밖에 없다. 정책 담당자가 눈에 보이는 성과(하드웨어)에만 집착해 예산을 책정하느라 '콘텐츠의 5대 분야'를 고려하지 않는다면 이 이야기의 손 계장이나 실제의 유바리 시 당국처럼 어려운 상황에 처하게 된다.

3) 소프트웨어

일반적으로 생각하는 정책의 내용 중 '하드웨어와 사람을 뺀 부분'이 소프트웨어라고 생각하면 큰 무리가 없다. 즉, 정책을 추진하는 데 필요한 구체적인 프로그램, 도면, 책, 그리고 상품의 부가가치를 높이거나 원활히 작동시키기 위한 콘텐츠가 바로 소프트웨어다.

소프트웨어 중심의 정책은 눈에 바로 보이지 않는다. 관련 전문가라야 그러한 정책의 성과를 파악할 수 있으며, 이 경우에도 성과를 측정하는 데 오래 걸리곤 한다.

손 계장은 교육 프로그램을 만드느라 여념이 없다. 즉, 교육에 필요한 소프트웨어를 제작하는 것이다. 사람들이 이해하기 쉽고 활용도가 높은 교육 프로그램을 만들려는 손 계장은 다양한 전문가들을 만났다. 또한 수많은 정보와 자료를 분석하고, 효과성을 알아보기 위해 시범 운영도 했다. 그렇게 함으로써 손 계장은 만족스러운 교육 프로그램을 만들었다.

손 계장은 시범 운영이 성공적으로 완료되었다는 보고를 올린 뒤, 본격적인 시행을 위해 보도자료를 작성했다. 그러나 막상 추진하려 하니 문제가 나타났다. 교육 프로그램을 만드는 데만 열중하여 수강 신청 절차와 관리, 수강생의 접근성을 고려한 교육 장소, 비용에 대해서는 신경을 적게 쓴 것이다. 이미 시행 일정 등을 내외에 알린 상황인지라, 손 계장은 부랴부랴 부족한 부분을 메워나갔다. 그리하여 졸속 운영 시스템과 하드웨어가 만들어졌다. 불만이 여기저기서 터져 나왔다. 언론은 교육 내용 자체보다 이 교육 프로그램이 얼마나 비효율적이고 불편한가에 초점을 맞춰 보도하기 시작했다.

사람들은 지붕의 소재가 함석판, 나무, 기와 등 다양하고 가격도 천차만별이라는 사실은 안다. 이는 자기 눈으로 직접 확인할 수 있다. 그렇다면 통계를 계산하는 데 필요한 소프트웨어의 가격이 적게는 10만 원부터 비싼 건 수천만 원인 경우도 있다고 하면 바로 받아들일까? 그나마 널리 알려진 소프트웨어에 대해서라면 납득시킬 수 있다. 그러나 특정 분야에서 맞춤형으로 마련하는 소프트웨어에 대해서는 왜 그것이 필요한지 이해시키기 어렵다.

하지만 소프트웨어는 개발자의 역량에 따라 품질이 현격히 달라진다. 수준 높은 개발자를 활용하기 위해서는 그만큼 비용이 더 많이 발생한다. 그런데도 결국 예산을 담당하는 부서로부터 이런 질문을 받기 마련이다.

"교재용 소프트웨어 하나 만드는데 왜 비용이 그렇게 많이 들어요? 저번의 유사한 소프트웨어보다 20퍼센트 더 비싸잖아요."

소프트웨어를 하드웨어로 보자면 이 질문은 이렇게도 볼 수 있다. "박물관을 왜 에너지절약형으로 지어요? 예전 방식대로 지으면 더 저렴하게 지을 수 있잖아요."

소프트웨어는 손에 직접 잡히지도, 눈에 바로 띄지도 않으면서 품질의 차이가 매우 크다. 그래서 소프트웨어 중심의 정책은 하드웨어 중심의 정책보다 완성하기 어려운 경우가 종종 있다.

4) 시스템

조직의 운영 체계, 규칙, 절차(프로세스), 지침 등과 관련된 콘텐츠다. 시스템은 사람과 하드웨어, 소프트웨어를 엮어서 정책이 실제로 운영되게 한다. 그래서 정책이 효율적으로 추진되도록 하려면 상황에 따라 이에 부합되는 시스템을 마련할 필요가 있다.

손 계장은 효율적으로 업무를 관리해주는 시스템에 관심이 많다. 직원의 역량, 정책의 품질, 서비스 수준을 동시에 높일 수 있다면 좋겠다. 시스템을 개선하려는 생각에서 손 계장은 조직을 진단하여 업무 절차를 효율화하고, 성과를 관리함으로써 일 중심의 조직으로 만드는 방법을 학습하기 시작했다. 그런 뒤 업무 절차 효율화, 성과관리, 전략 관리, 자원 관리, 정책 품질 관리를 모두 엮어낸 시스템을 구상했다. 정책담당자의 의견도 수렴했다. 그리하여 새로운 시스템이 어렵고 일일이 대응하는 데 많은 시간과 노력이 요구된다는 불만이 드러났다. 손 계장은 이번에도 김 과장에게서 조언을 구했다.

"시스템은 사람의 행동을 규제하는 힘이 있어요. 과도하면 사람들이 반발할 수 있지요. 이런 이유로 과도한 시간과 노력을 요구하는 시스템을 만들어버리면 오래가기 어려운 겁니다."

"그렇다면 현재 운영 중인 정책 품질 관리 제도를 기준으로 다시 고민해봐야겠군요."

손 계장은 김 과장의 조언을 되새기면서 정책담당자에게 도움이 되면서도 노력을 최소화할 수 있는 시스템을 개발하기로 했다. 시스템의 자동화도 최대한 고려했다.

새로운 정책을 마련할 때, 기존에 검증된 시스템을 활용하는 방법을 우선적으로 고려할 필요가 있다. 과거에는 없던 새로운 시스템을 구축하려고 하면 일이 복잡하고 어려워지기 때문이다. 새로운 시스템을 만들려고 할 경우 이에 맞는 관리자를 양성해야 하며, 자동화된 시스템에도 별도의 하드웨어와 소프트웨어가 필요하다.

시스템은 사람의 행동과 생각을 구속한다. 일하는 절차와 내용을 규제하기 때문이다. 기존의 틀을 깨기 싫어하는 이들로부터 저항도 받을 수 있다. 따라서 실무자가 얼마만큼 수용 가능한가를 고려하면서 시스템을 개발해야 한다. 정책에 따라 다르겠지만, 단기간에 새로운 시스템을 정착시키겠다는 생각은 무리다.

5) 홍보

새로운 정책은 초기부터 주변 사람들에게 알릴 필요가 있다. 정책을 이해하고 지지하는 이들이 많아지면 여러모로 도움을 받을 수 있기 때문이다.

상대방이 자료를 이해하지 못하겠다는 의견을 내놓았다고 해보자. 이는 자료를 이해하기 쉽게 바꾸는 계기가 될 수 있다. 심지어 자료를 만드는 과정에서 미처 생각하지도 못한 아이디어도 얻을 수 있다.

신규 정책이나 개선된 제도에 관한 내용이 현장까지 전파되려면 상당한 시일이 소요된다. 처음부터 홍보를 염두에 두고 일을 추진하면 정책을 빨리 전파할 수 있다. 그렇게 되면 그 정책이 필요했던 주민들이 혜택을 공평하게 받을 수 있는 기회가 늘어난다.

김 과장은 취약 지역을 개선하기 위한 정책을 추진하고 있다. 취약 지역을 개선하는 정책은 다양한 콘텐츠로 구성된다. 우선 취약 지역의 사람들의 생각을 변화시켜야 한다. 건축물이나 장비 같은 하드웨어만 지원하면 다시 취약해질 수 있기 때문이다.

그래서 김 과장은 주민들 스스로 자신들의 생활 여건을 개선하기 위한 아이디어를 내게 하고 이를 사업에 반영했다. 김 과장이 예상했던 대로 사람들의 놀람, 변화, '해보겠다'는 의지가 나타났다. 그래서 김 과장은 이를 사례로 만들기 위해 이 취약 지역이 변화하는 모습을 기록에 담아보기로 했다. 그랬더니 주민들과 구청장 간의 MOU(양해각서) 체결, 봉사단체들의 활동, 시장과 민간단체와의 나눔협약식 등 다양한 이야깃거리들이 보였다. 김 과장은 그중 가장 적절하다고 생각한 소재와 볼거리를 고르고 정리한 뒤 홍보했다.

이로써 취약 지역에 거주하는 주민들은 김 과장이 추진하는 정책에 대해 구체적으로 알게 되었다. 이는 김 과장의 정책 사업에 대해

"쓸 데 없는 짓 한다"면서 툴툴거리던 몇몇 주민들마저 "우리 삶의 질을 높이고, 미래를 위한 새로운 희망을 가꿀 수 있는 계기를 주었다"며 고마워하는 상황으로 이어졌다. 또한 김 과장의 정책에 대해 언론사들이 취재하러 오는 등 사회적 관심이 높아졌다. 그래서 이 지역보다 더 취약한 지역에서도 정책 사업을 하자고 신청하기에 이르렀다. 이렇듯 김 과장이 바라는 정책은 홍보에 의해 수월하게 전파되었다.

홍보를 잘못하면 정책을 잘 추진하고도 이를 드러내지 못해 곤란한 상황에 처하기도 한다.

손 계장은 느긋하다. 최근에 추진한 상수도 사업이 잘 되었기 때문이다. 비용도 절약하고, 주민들의 만족도도 높았다. 하지만 손 계장은 이 사업에 관한 홍보를 상수도 사업을 실시하면서 딱 한 번 했다. 하반기가 저물어갈 때, 성과관리 부서에서 손 계장 팀의 홍보실적을 확인하겠다는 연락이 왔다. 그동안 홍보에 대해서는 일절 생각하지 않았던 손 계장은 큰 부담을 느끼기 시작했다. 결국 직원들을 닦달하기에 이르렀다.

"아는 언론인 없나요? 홍보거리는요?"

결국 직원들과 함께 보도자료를 급박하게 마련한 뒤 배포했다. 하지만, 대부분의 신문사들로부터 외면을 당했다. 성과관리 부서에서 타박을 받고 돌아온 손 계장은 투덜거린다.

"주민들이 만족하면 되지, 불필요한 홍보를 왜 하는지 모르겠어."

홍보에 대해서는 생각해보지도 않고 신규 정책이나 제도 개선을 추진하다가 나중에 허겁지겁 홍보에 대해 알아보는 경우가 있다. 운이 없는 경우 상황이 안 좋게 변하여 정책에 대한 오해마저 발생한다.

처음부터 핵심 콘텐츠에 홍보를 포함시키는 습관이 중요하다. 정책과 홍보는 '바늘과 실'의 관계다.

6) 콘텐츠 점검

'필수 콘텐츠를 처음부터 점검하고 분석하여 마련한 정책'과 '그렇지 않은 정책'의 결과는 다르다. '디테일을 살린 정책'이 완성될지가 이로써 결정되기 때문이다. 필수 콘텐츠를 점검하는 작업에는 〈그림 2-4〉를 활용할 수 있다.

사람, 하드웨어, 소프트웨어, 시스템, 그리고 홍보 등 다섯 가지 필수 콘텐츠가 모두 고려된 정책은, 일단 디테일을 확보할 수 있는 틀을 갖추게 된다. 물론 정책에 따라 다섯 가지 필수 콘텐츠 중 일부

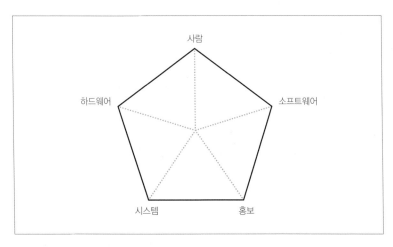

그림 2-4. 정책의 핵심인 다섯 가지 필수 콘텐츠

만 보완하는 경우도 있다. 기존의 하드웨어와 시스템을 그대로 사용해도 되거나, 소프트웨어는 변경하지 않고 하드웨어만 바꾸는 경우 등이 그러하다. 이럴 경우 상대적으로 정책을 마련하기가 쉬우며, 정책담당자도 정책을 완성하는 데 집중할 수 있다. 다섯 가지 필수 콘텐츠를 모두 고민하면서 새로 만들어야 하는 정책은 대부분의 경우 난이도도 높으니, 이를 반드시 염두에 두어야 한다.

손 계장은 필수 콘텐츠를 모두 포함시킨 보고서를 마련했다. 기본 보고서에 들어갈 내용을 빠짐없이 포함시켰다며 뿌듯해한 손 계장은, 김 과장에게 한번 검토해달라고 요청했다.

김 과장은 보고서를 검토하면서 의문이 나는 사항을 지적했다.

"손 계장. 내용은 모두 완성되었네요. 헌데 다섯 가지 필수 콘텐츠 중에서 현재 가장 부실한 콘텐츠가 뭡니까?"

손 계장은 당황했다. 콘텐츠를 채워 넣는데 급급해서 어느 부분이 부실한지 점검하지 않았던 것이다. 김 과장이 혀를 차며 조언한다.

"손 계장. 현장에서 부족한 부분이 무엇인지에 대한 인식 없이 정책을 추진하면 말이지요, 취약한 부분을 보완하기 어려울 수 있어요. 당장 검토하기 어렵다면 현장 상황을 지속적으로 점검하면서 알아보도록 하세요."

각 콘텐츠별 수준을 분석하면 어느 부분을 중점적으로 보완해야 할지 가늠할 수 있다. 콘텐츠별 수준은 현재 정책 현장의 상황을 의미한다. 이는 벤치마킹 대상과의 비교, 전문가 검토, 현장 조사 등으로 판별할 수 있다.

〈그림 2-5〉를 보면 소프트웨어는 다른 분야에 비하여 상대적으로 잘 이루어져 있으나, 하드웨어는 약하다. 사람과 시스템도 충분하지는 않다. 반면에 홍보는 잘되고 있다. 정책고객(국민/시민)들은 홍보만 믿고 이 정책을 찾았다가 부실한 하드웨어와 전문가, 미흡한 운영 때문에 실망할 수 있다.

이에 대한 분석을 위해 용역을 할 수 있으면 좋겠지만, 현실적으로 어렵다. 이를 해석해낼 전문가가 그리 많지 않고, 어느 분야가 상대적으로 약한지에 대한 판단은 모호할 수 있기 때문이다. 경우에 따라 용역 결과가 정책담당자와 전문가 간의 논의 결과보다 못할 수도 있다.

이럴 때에는 전문가 회의를 추진하거나, 담당자들의 경험과 지식을 토대로 추정하는 방법이 보다 더 현실적이다. 분석이 다소 정교하지는 않아도 상대적으로 집중하거나 보완해야 할 콘텐츠 분야를

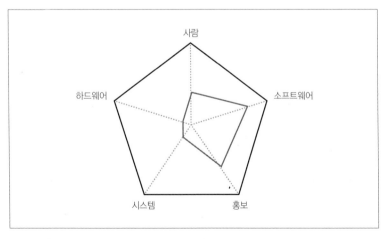

그림 2-5. 소프트웨어에 치우친 상태

알아내면 일단은 성공이다. 이어서 정책담당자 자신이 해결할 수 있는 분야와 그렇지 못한 분야로 나누어야 한다.

정책담당자 한 명이 다섯 가지 필수 분야(콘텐츠)에 대한 경험과 지식을 모두 갖추기는 어렵다. 그러니 자신의 강한 분야와 약한 분야를 스스로 점검하면서 콘텐츠의 전체적인 조화를 고려해야 한다. 부족한 분야에 대해서는 관련 분야의 전문가나 동료의 도움을 받거나 용역을 추진해야 한다.

허나 기본 보고서를 빨리 마련해야 하는 상황에서는 자신의 약한 부분을 보완할 시간적 여유가 부족하다. 이럴 때에는 자신이 강한 부분을 중심으로 기본 보고서를 마련하는 전술이 필요하다. 자신이 없는 부분은 이후의 세부 추진 계획 등을 통해 수정·보완하면 된다. 초기에 과도한 욕심을 부려 잘 모르는 분야를 강조하면 나중에 보완하기가 어렵다. 기본 보고서에 필수적으로 담아야 할 콘텐츠에 대한 자신이 없다면, 전문가와의 협의를 통해 가장 무난한 방향을 잡는 방법도 생각할 수 있다.

하드웨어(그림 2-6)를 보자. 스스로 판단할 때 관련 경험과 지식이 충분하면 A 영역에 속한다. 경험은 충분하나 지식이 떨어지면 B 영역에 속한다. 지식은 있으나 경험이 부족하면 C 영역에 속한다. 경험과 지식 둘 다 부족하면 D 영역에 속한다.

선택한 콘텐츠가 A 영역에 있다면 정책담당자가 충분히 풀어나갈 수 있다.

B 영역에 있다면 풍부한 경험을 바탕으로 해결할 수는 있지만, 관

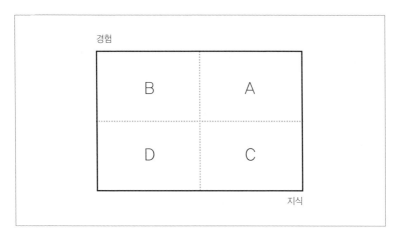

그림 2-6. 하드웨어

련 지식을 보완해야 한다.

C 영역과 D 영역에 있다면 보다 더 신중해져야 한다. 지식만 있고 경험이 부족하면 현장에서 발생하는 문제에 대처하기 어렵기 때문이다. 오히려 지식이 방해물이 될 수도 있다. 책에서 배운 내용과 현장과는 괴리가 있기 때문이다. 이럴 때에는 경험 많은 선배, 상사의 도움이 필요하다.

D 영역에 있다면 신중한 대응이 필요하다. 경험과 지식이 없기 때문에 역량 있는 전문가의 도움이 필수적이다. D 영역에 있는 정책담당자는 다섯 가지 필수 콘텐츠(분야)를 우선적으로 학습해야 한다. 정책담당자가 지식과 경험이 전무하면 정책을 제대로 추진할 수 없기 때문이다. 그러니 D 영역에 있는 정책담당자는 우선적으로 기본 상황 파악 같은 학습을 해야 한다.

7) 콘텐츠별 세부 추진 계획

콘텐츠는 디테일을 담아내는 그릇이다. 그러니 정책을 본격적으로 구체화하기 전에 디테일에 대해 보다 깊이 있는 분석과 조사가 필요하다. 이를 위해서 기본 계획서상의 콘텐츠를 별도로 분리하여 세부 실행 계획서를 만드는 작업이 요구될 수 있다.

사람, 하드웨어, 시스템, 소프트웨어, 홍보에 대해 별도의 세부 실행 계획서를 작성하면 내용이 보다 더 깊어지고, 기본 계획서를 마련할 때에는 생각하지 못했던 부분들도 드러난다.

손 계장은 지역 공간 조성 기본 계획을 마련하면서 콘텐츠의 다섯 개 분야에 대한 분석을 마무리했다. 그 결과 소프트웨어가 가장 취약한 것으로 드러났다(그림 2-7). 손 계장이 보완할 방법을 물으니 김 과장은 이런 답을 주었다.

"손 계장, 소프트웨어를 별도로 해서 세부 계획을 마련하세요. 내

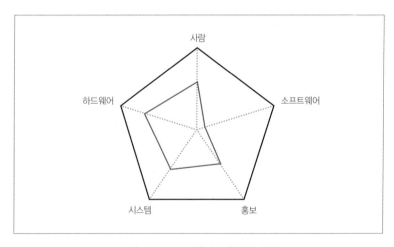

그림 2-7. 소프트웨어가 취약한 상태

가 전문가 한 분을 추천해드리겠습니다."

손 계장은 소프트웨어를 분석하면서 이를 지원할 전문가가 생각보다 많이 부족하다는 사실도 알게 되었다. 자칫 필요한 전문가가 부족한 상황에서 정책을 추진할 뻔했던 것이다. 이와 더불어 하드웨어와 소프트웨어를 원활히 연계하는 시스템도 효율적으로 작동되지 않는다는 사실도 파악했다. 〈그림 2-8〉에서 보듯이 하드웨어와 소프트웨어가 따로 놀고 있었던 것이다.

그러니까 처음 분석 결과와 달리, 정책 현장은 하드웨어와 홍보만 기형적으로 발전한 것이다. 그래서 손 계장은 '지역 공간 조성을 위한 시스템 고도화 계획'과 '지역 인적 자원 육성 세부 계획'을 별도로 마련하기로 했다.

손 계장처럼 콘텐츠의 5대 분야를 분석하고, 별도로 깊게 파고들다 보면 이전에는 파악하지 못했던 부분도 보게 된다. 그렇게 하면

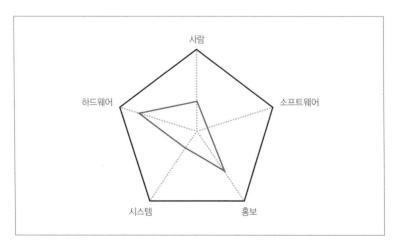

그림 2-8. 하드웨어와 홍보만 기형적으로 발전한 상태

디테일을 담는 정책 콘텐츠를 더욱 정교하게 완성할 수 있다. 물론 부족한 부분과 문제될 것 같은 부분에 대해서는 집중적으로 파고들어가는 지속적인 노력이 필요하다. 그 결과물은 세부 계획, 매뉴얼, 지침 등 다양한 형태로 나타난다.

생각의 도서관 2-8
초기값

도모노 노리오 교수의 《행동경제학》(지형, 2007년)에는, 컴퓨터 사용자는 컴퓨터를 활용하면서 컴퓨터 업체가 설정한 초기값을 그대로 받아들이는 경우가 많다고 한다. 물론, 컴퓨터뿐만 아니라 다른 분야에서도 초기값은 유용하게 활용된다.

미국 펜실베이니아 주는 보험료의 초기값을 '비싼 쪽'으로 설정함으로써 고객이 문제 제기를 하지 않으면 자동으로 가입되도록 했다. 1992년, 펜실베이니아 주의 보험가입자들 중 75퍼센트는 비싼 보험을 선택했다.

오스트리아에서의 장기 기증도 이와 유사했다. 초기값을 설정할 때 '장기 기증을 안 하겠다'는 의사를 표명하지 않으면 자동적으로 '장기 기증을 한다'로 설정한 것이다. 그래서 장기 기증자가 많다. 이런 사례들을 보면 정책을 만들 때 초기값을 고민하게 된다.

에릭 존슨과 대니얼 골드슈타인은 "초기값은 세 가지 부분에 대해 사람들에게 영향을 준다"고 했다. 그 세 가지 부분은 다음과 같다.

① 초기값에 대해서는 '권유'로 생각한다. 즉, '따르면 좋을 것이 다'라고 생각한다.

② 초기값을 따른다면 별도로 고민할 필요가 없다. 다른 방식을 선택하려면 그와 관련된 고민을 해야 하는 등 시간과 노력이 필요하다.

③ 초기값을 포기할 경우 발생할 수 있는 손실을 우려할 수 있다. 사람들은 이 손실을 회피하고 싶어하는 편이다.

정책 마련 시 초기값을 설정한다고 가정해보자. 정책 디테일을 확보하기 위하여 콘텐츠의 5대 분야를 분석하고, 콘텐츠 이력을 점검하도록 초기값을 설정하면 정책이 보다 더 디테일하고 똑똑하게 실행되지 않을까?

(3) 실현 가능성과 시급성을 점검할 필요가 있다

제안된 모든 콘텐츠를 정책화할 수는 없다. 논리적으로는 타당하지만, 현실에서 추진하기가 어려운 콘텐츠들이 있기 때문이다. 그러니 정책을 추진할 때에는 '실현(추진) 가능한지?' 그리고 '시급한지?'

점검해봐야 한다.

〈그림 2-9〉와 같이 도표를 그리고, 콘텐츠들을 A, B, C, D 영역에 배치하면 콘텐츠들이 추진 가능한지, 얼마나 시급한지 가늠할 수 있다. 시급하면서 추진 가능한 콘텐츠는 정책으로 추진하는데 큰 문제가 없다. 그러나 다른 영역에 배치된 콘텐츠에 대해서는 고려할 필요가 있다.

콘텐츠의 시급성은 '이 정책이 주민들에게 얼마나 필요한가?'를 고려하는 것이다. 만약 그 정책이 대다수 주민들의 삶의 질과 직결된다면 '매우 필요'하다. 이때 정책담당자의 주관적 판단에 의한 오류를 최소화하려면 개인지성과 집단지성을 같이 활용하여 시급한 정도를 가늠하는 방법이 유용하다.

콘텐츠의 가능성은 '이 정책이 실제로 실현 가능한가?'를 판단하는 것이다. 예산, 규정, 대내외적 환경을 종합적으로 고려해야 한다.

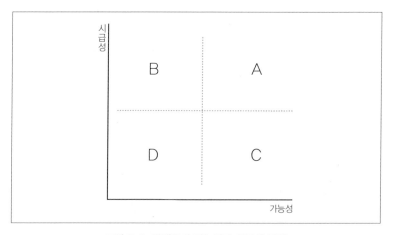

그림 2-9. 콘텐츠의 가능성과 시급성 점검

이 과정에서 예산이나 규정은 분명히 드러나므로 일정 수준 이상의 객관성을 확보할 수 있으나, 환경에 대한 부분에는 주관성이 개입된다. 그러니 환경에 대한 부분을 고려할 때에는 집단지성을 활용하여 주관성의 개입을 최소화해야 한다.

1) A 영역

A 영역에 해당하는 콘텐츠는 추진해야 한다. 주민들을 위해 시급한 콘텐츠이며, 어느 정도 노력을 통해 실현할 수도 있다.

대한시는 '주민 삶의 질 개선' 정책을 추진하고 있다. 이를 위해 다양한 아이디어를 모아 콘텐츠를 만들고 있다. 한 예로 지하수를 식수로 이용하는 마을은, 지하수가 오염되어 더 이상 사용이 곤란하다. 이 마을 주민들에게 가장 시급한 과제는 깨끗한 물을 공급받는 것이다. 상수도관 설치 비용이 지자체 예산 범위에서 충당 가능하다. 주민들이 반대할 이유도 없다. 시급하면서 실행 가능성이 높다. '주민 삶의 질 개선' 정책에서 상수도관 설치는 가치 있는 정책 콘텐츠다.

2) B 영역

B 영역에 해당하는 콘텐츠는 가치는 있으나 노력이 많이 필요한 콘텐츠다. 다른 정책을 추진하는 것을 포기해서라도 예산과 인력을 집중할 필요가 있는지 고민해야 하는 콘텐츠인 것이다.

대한시는 쓰레기매립장을 더 이상 사용하기 어렵다. 그래서 옆에 있는 행복군의 쓰레기매립장을 사용하려 했으나 거절당했다. 행복군 역시 쓰레기 처리 때문에 골머리를 앓고 있어서다.

쓰레기매립장을 새롭게 마련해야 하지만, 이 또한 쉽지 않다. 쓰레기매립장은 주민 혐오 시설이다. 필요성은 인정하지만, 사람들은 자기 동네에 쓰레기매립장이 들어서는 것을 원치 않는다.

이 문제를 해결하려면 많은 예산과 노력이 필요하다. 주민들과의 협상이라든가 그에 따른 보상 문제는 어려운 일이다. 정책담당자의 입장에서 보면 기피하고 싶은 업무다. 그러나 언젠가는 해결해야 하는 과제다.

3) C 영역

C 영역에 해당하는 콘텐츠는 시급하지는 않으나, 실적을 내는 데는 유리한 콘텐츠다.

강 주무관은 실적을 쉽기 내기 위해 '보도블록 교체'에 관심을 가진다. 당장 시급하지는 않지만, 예산 집행이 수월한 사업이기 때문이다. 보도블록을 멋진 대리석으로 교체하면 주민들도 좋아할 것 같다. 복잡하고 시행하기 어려운 다른 과제에 비해 마음에도 든다. 성과가 바로 눈에 보이기 때문에 보고하기도 편하다. 그래서 강 주무관은 회의에서 보도블록을 교체해야 한다고 강력하게 주장하기로 마음먹었다.

C 영역의 콘텐츠는 예산이 충분할 때 검토할 수 있다. 예산이 부족한데 C 영역의 콘텐츠를 선택하면, 정작 주민들에게 필요한 정책

을 포기하게 된다.

4) D 영역

D 영역은 시급하지도 않고, 실현 가능성도 낮다. 그러나 D 영역의 콘텐츠를 발굴함으로써 사업이 추진될 수도 있다. D 영역으로는 지나치게 이론에 의존한 정책을 추진하는 경우, 비공식적인 경로를 통해 개인의 생각을 반영시키는 경우, 현황을 잘못 파악한 경우 등을 들 수 있다. 그러면 D 영역과 관련된 콘텐츠에 대해 고민해보자.

손 계장은 '주민 삶의 질 개선' 정책의 일환으로 시를 한 바퀴 도는 모노레일을 구상했다. 사람들의 눈에 잘 띄고, 시민들에게 편리함을 줄 수 있기에 그럴 듯해 보인다. 전문가와 상의해보니 공해를 절감시킬 수 있는 친환경적인 사업이라고 한다.

헌데 대한시의 교통 상황은 시민들이 불편하다고 느낄 정도는 아니다. 하지만 손 계장은 대한시 한가운데 설치될 모노레일이 대한시의 명소가 되고, 그 덕에 관광객도 늘면서 일자리가 늘어날 거라고 본다.

물론 시 재정 형편상 모노레일 건설은 어렵다. 그래서 다른 사람들은 비효율적이고 추진이 어렵다고 말한다. 하지만 손 계장이 보기에 이는 미래를 내다보지 못했기에 하는 말이다. 결국 손 계장은 사업을 무리하게 시행했다. 그러나 시 재정 여건이 좋지 않아 시작부터 사업이 삐걱거렸다.

정책 현장에서 A, B, C, D 영역의 선택이 의외로 어려운 경우가 있다. 그 기준이 모호할 수 있기 때문이다. 다만, 가장 합리적으로 콘텐츠를 선정하는 노력이 필요하다.

(4) 콘텐츠별 업무량 파악은 정책 추진 과정에서 효율성을 높인다

콘텐츠별 업무량은 저마다 다르다. 이에 대한 이해 없이 정책을 추진하면 과부하가 걸릴 수 있다. 신속히 처리해야 할 콘텐츠에 지나치게 많은 시간과 노력을 투입하면, 깊이 있는 검토를 해야 할 콘텐츠를 감당하기가 어려워진다.

1) 콘텐츠의 실행 과제를 고려

각 콘텐츠마다 실행을 위한 과제들이 있다. 이들은 예산이나 규정 관련 협상이나 조정 등으로 진행된다. 하나의 콘텐츠를 위한 예산을 확보하고, 관련 규정을 고치며, 협상까지 해야 하거나, 다른 콘텐츠와 연계시켜야 할 때도 있다. 따라서 콘텐츠를 세분하여 어떤 일거리가 나타나는지 알아야 한다.

김 과장은 대한시의 일자리 창출 차원에서 지역 축제를 계획하고 있다. 많은 시민들이 즐기고, 관광객도 몰려들어 소득도 창출할 수 있는 축제여야 한다. 그래서 열심히 궁리한 끝에 콘텐츠를 뽑았다.

그 콘텐츠에 따라 축제장을 조성하고, 프로그램도 만들어야 한다. 이를 운영할 사람도 뽑아야 하고, 축제를 운영할 조직도 구성해야 한다. 물론 홍보도 중요하다.

김 과장은 일의 난이도를 개략적으로 파악한 후 사무관들에게 일을 분배했다. 축제장 조성과 프로그램 구성은 손 계장이, 운영할 사람과 조직은 강 주무관이 맡았다.

손 계장이 축제장을 조성하려고 해보니 장소를 확보해야 하고, 교통 통제 및 안내, 디자인, 공연대 관련 시설들을 마련해야 하며, 식수대와 화장실, 응급구호대, 판매대도 설치해야 하고, 주민들과 협의도해야 했다.

축제의 프로그램은 대한시의 홍보와 밀접한 관련이 있었다. 이에 맞춰 축제용 마스코트도 만들어야 하고, 축제의 이름도 지어야 하며, 이에 맞는 스토리텔링도 해야 한다. 물론 확정된 스토리텔링에 맞춰 다양한 볼거리와 먹거리도 마련해야 한다. 전문 지식이 필요한 공연에 대해서도 알아보다 보니 손 계장은 머리가 지끈거려서 두통약을 밥 대신 먹는 판이다.

강 주무관이 담당하는 인력 중 상당수는 프로그램 운영과 관련이 있다. 그래서 손 계장이 구체적인 프로그램과 관련 정보를 주면 그때서야 일이 가능하다. 강 주무관이 맡은 운영 조직은 바로 만들 수 있다. 전문 업체를 섭외하면 일은 더 쉬워진다. 그러나 일이 진행될수록 손 계장의 일이 많아지다 보니 손 계장의 입이 튀어나오기 시작했다.

결국 매일 퇴근도 못한 채 일과 씨름하는 손 계장을 보면서 김 과장은 업무 분장을 다시 하기가 어렵기에 많이 미안하다. 그래서 박 국장을 만나 털어놓으니, 박 국장은 이렇게 조언한다.

"특정인에게 일이 몰리면 실수를 할 가능성이 높아지지. 과중한 스트레스에 정신이 몽롱해지면 판단력이 흐려지니까. 자네가 힘들더라도 업무 분장을 다시 하는 게 좋겠군."

2) 콘텐츠 업무량 파악

정책 추진을 위한 기본 보고서를 작성할 때, 핵심적인 콘텐츠가 어떻게 실행되는가에 대한 사전 검토가 필요하다. 〈그림 2-10〉처럼 콘텐츠 새끼치기를 해보면 이에 대해 개략적으로 감을 잡을 수 있으며, 업무 분장과 시간 관리에도 도움이 된다. 아울러 특정 콘텐츠의 실행 과제가 너무 많아지면 이를 재구분하여 업무 분장을 다시 할 수도 있다. 〈그림 2-10〉에 콘텐츠의 이름을 넣고 소요되는 시간이나 기간을 삽입할 수 있다.

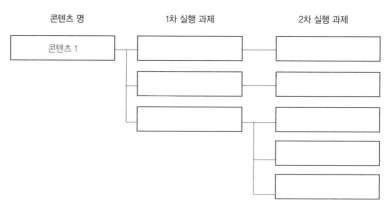

그림 2-10. 콘텐츠 업무량 파악

손 계장이 담당한 핵심 콘텐츠인 축제 프로그램을 예로 들겠다.

1차 실행 과제는 ① 축제의 이름 및 로고 제작(1월~5월), ② 공연 프로그램(6월~12월), ③ 체험 프로그램(6월~12월), ④ 먹거리(6월 ~12월), ⑤ 안내·홍보물 제작(11월~12월) 등으로 나눌 수 있다.

축제의 이름 및 로고 제작에 들어가면 다음과 같은 2차 실행 과제가 필요하다. ① 공모 내용(1월), ② 공모 절차(1월), ③ 심사단 구성(4월), ④ 당선작 포상(5월), ⑤ 홍보 연계(5월), ⑥ 전문가 용역(6월) 등이다. 아울러 공모작은 그대로 사용하기 어려울 수 있음을 고려하여, 다양한 형태의 마스코트와 로고로 공모작을 디자인하는 데 도움을 줄 전문가도 필요하다.

축제 프로그램이라는 콘텐츠 하나에 숨어 있는 일거리는 이토록 상당하다. 위와 같이 축제 프로그램이라는 콘텐츠에서 축제의 이름 및 로고 제작, 공연 및 체험 프로그램을 별도의 콘텐츠로 세분화할 수도 있다. 먹거리에 휴식과 안전을 포함시켜 콘텐츠로 재구성할 수도 있다. 그래서 콘텐츠에 숨어있는 일거리를 하나씩 점검하다 보면 보고서의 내용이 달라진다.

결국 손에 잡히는 보고서를 작성할 수 있으며, 업무 지원을 위한 조직과 인력을 산정하는 데에도 유리하다. 동시에 콘텐츠별 소요 기간을 예측할 수 있어, 업무 분장도 고려할 수 있다.

상사에게 해결해주어야 할 숙제들을 보여줌으로써 난이도가 낮은 일에 노력을 쏟는 경우를 줄일 수도 있다. 난이도가 낮은 콘텐츠에 매진하다가 시간을 허비하면 높은 난이도의 콘텐츠는 시간이 부족해서 추진하기 어려워진다. 정책담당자의 감으로 업무량을 추정하는 것과, 콘텐츠를 분석하여 업무량을 산정하는 것은 다르다.

(5) 성과목표와 성과지표는 신중히 선정해야 한다

성과목표와 성과지표는 정책이라는 돛단배의 방향타 같은 역할을 한다. 즉, 정책이 제대로 추진되는지를 측정하는 수단이다. 그래서 정책의 전략을 마련하거나 효과를 제시할 때 성과목표와 성과지표가 가늠자 역할을 한다.

성과목표와 성과지표를 잘 관리하면 정책이 올바른 길로 가지만, 그와 반대라면 정책은 잘못된 길로 빠져든다. 그러니 확실한 판단이 서지 않으면 정책 방향에 영향을 덜 끼칠 방법을 택하는 것이 좋다.

2000년대 들어서 정부가 정책을 추진할 때 예전의 경우와 가장 많이 달라진 점은 성과목표와 성과지표에 대한 관리를 강화했다는 점이다. 이는 정책을 추진함으로써 달성해야 할 목표는 뚜렷하게 보일 수 있으나, 성과지표를 마련하기는 쉽지 않기 때문이다.

1) 정책의 전략을 가늠하는 성과관리

새로운 정책이라든가 제도 개선을 추진할 때 전략이 요구되는 경우가 있다. 성과관리는 전략의 방향, 즉 '콘텐츠를 구체적으로 구현하기 위한 가늠자'의 역할을 한다. 그렇기 때문에 성과에 대한 고민 없이 전략을 말하기는 어렵다.

손 계장은 대한시 시민들이 문화 시설 부족 때문에 불만스러워한다는 조사 결과를 보고, 새로운 문화 정책을 마련하고 있다. 일단 정책의 아이디어와 방향도 마련했고, 구체적으로 실행할 콘텐츠까지 선정했다. 아울러 김 과장의 조언에 따라 디테일까지 확보하기 위해 노력했다. 스스로가 대견스럽게 느껴진 손 계장은 정책 추진을 위한 전략 체계를 마련하여 보고했다. 그러나 관련 부서의 과장으로부터 이런 답변이 돌아왔다.

"손 계장, 전략과 성과관리의 관계가 모호하네요. 전략 목표는 성과목표와 관련이 있습니다. 전략 목표를 구체적으로 실행하는 과제는 성과지표와 연계되고요."

짜증이 난 손 계장은 김 과장을 찾아갔다. 헌데 김 과장의 주장도 결국 똑같았다.

"그 과장님 말씀이 맞아요, 손 계장. 성과목표와 성과지표는 전략과 연계되어야 합니다. 전략이 성과관리와 동떨어져 있다면 곤란하거든요."

2) 문제를 잉태하는 잘못된 성과지표

잘못된 성과관리는 정책을 왜곡시킨다. 오히려 성과관리를 하지 않을 때보다 못한 결과가 나타나기도 한다.

손 계장은 대한시 시립 병원의 사망률이 높다는 민원이 지속적으로 제기된다는 보고를 받았다. 그래서 이를 개선하기로 마음먹고 새로운 의료 정책을 만들기로 했다. 이는 시립 병원의 의료 수준을 높임으로써 시민들이 안심하고 병원을 이용할 수 있도록 하는 방안이다.

손 계장은 환자사망률을 병원의 성과지표로 마련했다. 일반 병원의 평균사망률보다 높은 병원은 별도로 관리하고, 필요하다면 병원장도 교체한다는 고강도 정책이다. 이를 위해 교육과 냉정한 피드백이 지속되었다. 그러자 어느 때부터 사망률이 낮아졌다. 시립 병원의 사망률이 일반 병원의 사망률보다 더 떨어진 것이다. 손 계장은 자신이 마련한 성과지표가 제대로 작동되고 있다고 판단했다.

헌데 어느 날부터 또 다른 민원이 밀려들기 시작했다. 시립 병원에서 중환자를 받지 않으려 한다는 것이다. 그래서 병원에 제때 입원하지 못해서 사망하는 환자의 수가 늘어났다. 전체적인 사망률이 개선되기는커녕 오히려 증가하는 추세가 되었다.

'이런! 성과지표를 바꿔야 한단 말인가? 헌데 이와 연계된 성과관리와 피드백 관련 지침 내용을 모두 바꾸려면 시간이 필요한데!'

결국 손 계장이 설정한 성과지표는 대한시 주민들이 고통을 받는 결과만 초래했다.

이렇듯 성과지표가 부정적인 영향을 끼칠 수 있다는 점을 반드시 고려해야 한다. 만약 부정적인 영향을 가늠하기 어렵다면 시범 사업으로 운영함으로써 상황을 지켜본 후 결정해야 한다.

3) 유연성이 필요한 성과지표

평균적인 상황을 고려하여 마련한 성과지표는 특수한 상황에 맞지 않아 문제를 일으킬 수 있다. 그래서 다양한 정책 현장을 고려함으로써 융통성을 확보해야 하며, 모든 상황에 단번에 적용하려는 욕심은 버려야 한다.

박 국장은 인력 배치 때문에 골머리를 썩고 있다. 민원 수요는 날로 늘어나는데, 직원 수는 제자리걸음이다. 언론에서는 공무원 수를 줄이라고 성화다. 위에서는 인원을 최대한 활용하라는 지시가 우박처럼 떨어진다.

박 국장은 책을 뒤적이고, 전문가들과도 만나봤다. '1 더하기 1은 2더라' 같은 딱 떨어지는 답은 없다. 어느 정도 문제는 있을 수 있지만, 일단은 성과지표를 마련하여 결정하기로 했다. 박 국장은 손 계장에게 지시를 내렸다.

손 계장은 '1일 평균 민원 30건 당 직원 수'를 성과지표로 결정했다. 그에 따라 성과지표를 충분히 달성하는 조직과 그렇지 않은 조직을 구분하여 인력을 조정하는 방안을 마련했다. 이를 성과급과도 연계시켰다. 그러나 김 과장은 보고서를 검토하더니 전면적으로 재검토하라고 했다.

"손 계장, 평균을 기준으로 성과지표를 마련하셨죠? 헌데요, 섬이 많은 지역에는 전체 가구 수를 고려하여 공무원을 한 명 파견하는 게 낫습니다. 섬 지역은 가구 수라야 50가구 남짓하니까요. 그런데 50가구가 있는 섬에서 1일 평균 민원 30건을 달성하려면 한 집에서 민원을 적어도 3일에 두 번씩 넣어야 해요. 가능하겠어요? 산촌 지역도 그렇고요. 산골짜기에 흩어진 가구들을 일일이 방문하다 보면 하루에 한 건 달성도 어려울 수 있어요."

'아차!'하는 마음을 표정으로도 드러내면서 손 계장은 역시 김 과장에게 보여주기를 잘했다 싶었다. 고맙게도 김 과장의 조언은 그게 끝이 아니었다.

"도시와 농촌도 다릅니다. 도시야 밀집되어 있어서 민원인이 방문하거나 담당자가 현장 조사를 하기가 쉽지요. 허나 농촌은 다르지 않습니까? 그러니 이를 고려한 융통성 있는 성과지표를 마련하세요."

김 과장의 사무실을 나오면서 손 계장은 머리가 아팠다.

이렇듯 평균을 고려하여 마련한 성과지표는 정책을 왜곡할 우려가 있다. 정책 현장의 다양성을 고려하지 못하기 때문이다. 그렇다고 해서 모든 상황을 고려한 성과지표를 만들기는 매우 어렵다. 그러니 일정 수준 이상 납득되는 합의점을 현장에서 찾아야 한다.

4) 사람의 한계를 고려한 성과목표

성과관리를 할 때에는 사람의 한계를 고려해야 한다. 수십 명이 달려들어도 달성하기 어려운 성과를 한 명에게 맡기면 정책이 제대로 완성되기가 어렵다.

대한시에서는 '식품 안전성 관리 강화'라는 성과목표를 마련하기로 했다. 이에 대해 전문가들은 식중독에 걸린 사람 수를 줄이면 될 거라는 의견을 내놓았다. 박 국장은 이 아이디어가 합리적이라고 생각하여, 담당자인 손 계장에게 관련 정책을 개발하라고 지시했다.

손 계장은 식품 안전 관련 전문가인 배 박사와 함께 고민에 들어갔다. 식중독에 걸리지 않게 하려면 식품을 위생적으로 관리하면 된다. 그래서 이를 위한 콘텐츠를 찾기 시작했다.

일단 식품의 생산 과정, 유통 과정, 가공 과정이 중요하다. 식당과 가정에서의 위생 관리도 필요하다. 개인도 청결한 생활 습관을 가져야 한다. 그리하여 손 계장은 '식중독에 걸린 사람 수를 줄이자'는 성과지표를 달성하는 데는 어마어마한 일들이 뒤따른다는 사실을 깨달았다. 손 계장은 밤새 고민한 후 김 과장에게 조언을 구했다.

김 과장은 손 계장의 이야기를 들으면서 기가 막혔다.

'허, 이런 식으로 업무를 추진하다 보면 일이 꼬리에 꼬리를 물고 나타나겠군. 그러면 4차선 도로에서 2차선 도로로 차들이 몰리듯이 일이 몰릴게 분명해!'

별도의 조직을 구성하여 추진하자는 보고를 손 계장이 올릴 수도 있다. 하지만, 대한시의 사정을 감안하면 최소한의 인력이 배정될 가능성이 높다. 부족한 인원들만으로 일하다 보면 정책 추진이 늦춰질 것이며, 결국 정책이 안착되기 전에 식중독이 발생하면 언론의 질타를 당할 게 분명하다. 아마 이런 기사가 포털사이트 홈페이지의 뉴스캐스트를 장식하겠지.

'대한시, 식중독을 줄이기는커녕 부실한 대책으로 일관!'

그러면 일하고도 욕먹는 상황이 아닌가! 김 과장은 손 계장이 담당하는 일의 문제점을 토로하기 위해 박 국장을 찾아갔다.

"국장님, 손 계장의 업무를 검토해보니 업무량이 너무 많더군요. 관련 부서와 연계되는 대규모 TF(task force, 특별 팀)를 마련하시든가, 정책을 포기하셔야 합니다."

결국 박 국장은 업무량을 고려하여 성과목표를 줄이기로 했다.

과도하고 달성하기 어려운 성과목표를 설정하고, 이에 부합되는 인적 자원이나 예산 지원은 하지 않고서 성과를 달성하라며 압력을 넣게 되면 똑똑한 정책이 나오기 어렵다. 담당자는 기회만 있다면 다른 부서로 옮기고 싶어할 것이며, 조직 내에서 새로운 일을 하려는 사람도 줄어들 것이다. 그러니까 조직이 사람의 역량을 넘는 업무를 지속시키는 분위기라면, 제대로 된 정책을 마련하기 어렵다.

만약 어려운 지시를 내렸는데도 정책을 뚝딱 만들어냈다면, 오히려 그 정책을 더욱 세심히 살펴봐야 한다.

5) 단계적으로 발전하는 성과목표

정책의 성과는 '단계적으로 발전하도록' 설계해야 한다. 짧은 시간에 목표로 하는 성과가 달성되리라고 기대하면 정책에서 디테일이 실종된다. 초등학생에게 대학교 수업을 따라가라고 하는 것과 마찬가지이기 때문이다.

손 계장은 대한시의 축제를 개선시키기로 했다. 많은 주민들이 즐겨야 할 축제의 행사와 프로그램 들이 돈벌이에 맞춰지면서 본래의 취지가 퇴색했기 때문이다. 그래서 손 계장은 축제 지원을 위한 기준을 바꾸었다. 주민들이 얼마나 참여하는지, 축제에서 주민들의 역할이 무엇인지, 주민들이 얼마나 즐기는지 파악하는 업무를 더욱 제대로 관리하기로 했다. 지원 단계도 3단계로 나누었다. 주민들이 축제에 참여하는 단계, 축제를 좀 더 알차게 진행하는 단계, 외부인들에게 내보이는 단계로 말이다.

김 과장은 개선된 기준을 보면서 손 계장에게 충고했다.

"손 계장, 수고했어요. 다만, 처음부터 바라던 바가 모두 이루어질 거라고 기대하지는 마세요. 현재가 50이고, 목표가 100이라면 초기년도에는 60~70 수준까지 끌어올리세요. 바라는 목표에 근접한 성과가 나타나려면 10년이 넘게 걸릴 수가 있지요. 정책은 사람의 생각을 바꾸는 일이라 그만큼 많은 시간이 걸립니다. 처음부터 100으로 끌어올리려고 하면 사람들이 움직이지 않거든요."

"그럼 올해는 초기년도니까, 현재보다 60~70 수준으로 올리기 위한 핵심 포인트를 고민해보겠습니다, 과장님."

"그래요, 손 계장. 그렇게 평가하는 방법을 검토해보세요."

취지가 아무리 좋고 디테일하게 마련한 정책이라도 현장에 적용하는 데는 시일이 소요된다. 그 시일이란 정책고객(국민/시민)들의 생각이 바뀌는 시간, 시스템이 정비되기 위한 시간이다. 한번에 모든 것을 해결하려 들면, 현장에서는 그것을 받아들이기가 어렵다. 물론 그렇게 해서 정책이 잘못되면 디테일은 실종된다.

6) 오랜 시간이 필요한 성과결과

공공 분야는 성과를 측정하기 어렵다. 정책의 결과가 나타나려면 오랜 기간이 필요하기 때문이다. 그렇다고 해서 성과결과를 토대로 성과지표를 마련하면 제대로 된 측정을 하기가 어렵다. 그것이 실제 정책의 효과 때문인지도 파악하기 어렵다. 미국의 PART(Program

Assessment Rating Tool, 재정 사업 자율 평가 제도)가 오바마 행정부에 들면서 프로세스 관리를 더욱 강화하도록 보완된 이유도 이와 같은 맥락 때문이다. 아무리 정책의 성과를 드러내어 관리하고 싶어도 마땅한 수단이 없기 때문이다. 초반에 잘되었다고 생각한 정책이 실패로 막을 내릴 수도 있다. 반면에 눈에 띄지 않는 정책이 중요한 정책으로 대두될 수도 있다.

하드웨어 중심의 정책이라면 수치로 계산할 수 있는 성과지표를 마련할 수 있다. 그러나 소프트웨어 중심의 정책이라면 성과지표를 마련하기가 어려워진다. 성과결과를 조사하고 측정하는 일이 쉽지 않기 때문이다. 다양한 이해관계자가 얽힌 정책이라면 성과의 진실성까지 고민해야 한다.

콘텐츠를 마련한 뒤 이에 부합하는 성과지표를 마련하기도 한다. 하지만, 반대로 성과목표와 이에 부합하는 지표를 마련하고 정책을 발굴하는 경우도 있다. 어느 경우든 성과결과가 바로 나타나지는 않는다. SOC 등 눈에 보이는 하드웨어 중심의 정책이라도 실생활에 미치는 영향을 파악하려면 많은 시간이 필요하다. 따라서, 성과지표는 단기성과, 중기성과, 장기성과로 나누어야 한다.

헌데 어느 시점부터를 중기성과로, 혹은 장기 성과로 구분해야 하는지가 다소 모호하다. 필자가 관여한 신규 정책을 생각해보면, 10년이 지나도 성과를 달성하기가 어려운 정책이 있는가 하면, 시행한 지 5년도 안 되었는데 가시적인 성과가 나타난 경우도 있다. 그러니 본인이 이해할 수 있고, 달성할 수도 있는 성과지표 설정은 중요하다.

성과지표에 대한 개념이 부족하다면 전문가의 도움을 받아야 한다. 일단 정해진 성과지표를 필요에 따라 바꿀 수 있는 융통성도 필요하다. 한 예로, 혁신도시 건설 정책은 10년 전에 시작되었으나, 그것이 지역 균형 발전에 미치는 영향을 파악하는 데는 아직도 한계가 있다. 정책의 결과와 성과가 나타나려면 오랜 시일이 걸리기 때문이다. 성과를 급히 챙기면 체할 수도 있다. 성과관리는 프로세스와 결합시켜 신중하게 해야 한다.

성과관리 중 가장 경계해야 할 부분은 기자마자 "걸으라"고, 걷자마자 "뛰라"고, 뛰자마자 "날아다니라"고 요구하는 경우다. 달성될 때까지 기다려야 하는 성과를 급하게 요구하면 어떤 성과가 제출될지 짐작할 수 있다. 물론 그렇게 되면 똑똑한 정책은 물 건너 간다.

7) 드러내야 하는 단기성과

몇 년간 정책을 추진했는데도 성과를 드러내지 못하면 문제가 생긴다. 그러니 정책이 추구하는 성과결과와 다소 차이가 있더라도, 적어도 1년 단위로 성과를 제시해야 한다. 필요에 따라 반기별 성과 제시도 필요하다.

손 계장은 의료 서비스가 취약한 지역을 위해 의료 서비스를 강화하는 정책을 추진하고 있다. 도시는 좁은 공간에서 많은 사람들이 모여 산다는 특성상 적정한 예산으로 의료 서비스를 제공할 수 있다. 그러나 오지에는 넓은 지역에 소수의 사람들이 살고 있다. 그러니 병원을 차려도 환자는 하루에 몇 명에 불과하다. 그런 곳에는 민간 의료인이 병원을 개업할 수가 없다.

손 계장은 깊이 있는 의료 정책을 마련함으로써 취약 지역의 의료 서비스를 5개년 동안 차근차근 강화하기로 했다. 그런 마음가짐으로 정책을 마련하면서 홍보를 한 뒤 계속 일만 했다. 이런 손 계장을 어느 날 김 과장이 불렀다.

"손 계장, 정책을 시행한 지 1년이 다 되어가지 않나요?"

"예, 과장님. 열심히 진행하고 있습니다."

"헌데 성과에 대한 이야기가 없네요?"

그러자 손 계장은 어이가 없다는 표정을 지으며 되물었다.

"과장님, 목표로 하는 성과가 나타나지 않았는데 어떻게 성과를 말합니까?"

그러자 김 과장은 이럴 줄 알았다는 표정을 지으며 조언해주었다.

"손 계장, 정책을 추진하라면서 세금을 낸 주민들을 생각해야지요. 주민들은 일이 어떻게 진척되는지 알고 싶어 합니다. 자기가 낸 세금이 어떻게 쓰이는지 알고 싶은 거지요. 그러니 1년간 해온 일 중 의미 있는 결과를 찾아내서 성과 보고를 해보세요."

손 계장은 시범 사업의 결과와 만족도를 조사하여 성과로 발표하기로 했다.

어느 나라의 정책담당자이든 자신이 추진하는 정책의 진행 상황을 알릴 수 있는 단기성과에 대해 고민한다. 필자도 미국에 있을 때 연방 정부와 주 정부가 연계한 'Small Farm Program(소농장 프로그램)'에서 자원봉사를 했었다.

미국인들도 중소농에 대한 성과를 알기 위해서는 몇 년이 걸린다는 사실은 알고 있다. 그러나 스트레스가 쌓이더라도 1년 단위의 단기성과를 마련하고 있다. 최종적인 성과라고 보기 어렵더라도, '올해 몇 명을 어떻게 지원했다'라는 결과를 제시하는 식이다.

국민들은 정상적으로 추진되는지를 파악할 수 없는 정책에 세금을 무한정 지원해주지 않는다. 그러니 정책 목표와 연계된 '드러낼 수 있는 의미 있는 작은 성과'라도 찾아내어 국민들에게 알려야 한다.

보고서 만들기

새로운 정책이나 제도 개선을 추진하다 보면 다양한 형태의 보고서를 마련해야 한다. 일상적인 업무에 비해 적어도 두 배 이상 마련해야 한다고 보면 된다. 기관에서 관심을 가지는 정책에 대해서는 더 많은 보고서를 마련해야 할 때도 있다.

신규 정책이나 제도 개선에 참고할 만한 보고서는 기관 내에 많이 있다. 그런데 기관마다 보고서 양식이 조금씩 달라서 어떤 보고서를 특정하여 예시로 들기가 곤란하다. 그래서 여기서는 신규 정책이나 제도 개선을 위한 보고서를 중심으로 설명하겠다.

보고서를 생산해야 하는 경우는 다음과 같이 크게 세 가지다.

① 정책을 구상하는 단계에서는 제도 도입 및 개선 방안에 대한 검토, 법령/지침 등을 개정, 예산에 대한 설명, 기본 계획 또는 종합보고 형태의 보고서를 생산한다.

② 정책 집행 · 평가 단계에서는 세부 추진 계획, 상황 보고, 행사 보고, 추진 실적, 홍보, 평가, 국회 · 감사에 대한 대응 등을 위한 보고서를 생산해야 한다.

③ 이외에도 해당 정책에 관심을 가지고 있는 내 · 외부 기관에

서 다양한 형태의 보고서를 요구한다.

보고서(기본 계획, 종합 계획, 세부 추진 계획) 작성 요령은 다음과 같다.

① 차례를 개략적으로 결정하고, 한 페이지에서 두 페이지 정도로 요약한 보고서를 생산한다. 바로 이 요약 보고서를 통해 주요 내용에 대해 미리 상급자와 논의할 수 있다. 또한 보고서를 읽는 사람들을 설득하기 위한 논리도 점검할 수 있다. 기본 보고서 차례의 사례는 다음과 같다.

예) 현황 / 필요성 / 비전 또는 추진 전략 / 기대 효과 / 주요 추진 과제 / 세부 추진 계획 / 향후 계획(일정)

② 보고서의 신뢰성을 확보해야 한다. 수치가 틀리거나 사실 관계가 불명확한 내용, 오타 등이 있으면 보고 과정 중에 신뢰를 잃을 수 있다. 이는 신규 정책이나 제도 개선을 추진하는 담당자에게는 치명적일 수도 있다.

③ 자신이 쓴 보고서는 열 번 이상 읽고 점검해야 한다. 일반적인 보고서는 세 번 정도 읽고 점검하면 되지만, 주요 보고서는 열 번 이상 읽어야 한다. 가급적 저녁에 마무리한 뒤 다음 날 읽어보는 게 좋다. 소리 내어 읽다보면 논리적인 면에서 걸리거나, 글 전개가 어색한 부분이 보인다.

한 장짜리 보고서가 필요한 경우도 있다. 임정섭 기자가 저서 《심플, 세상에 단 하나뿐인 글쓰기 공식》(다산초당, 2015년)에 소개한 아래의 다섯 가지 로직을 가급적 포함하여 내용을 요약·정리하면 상대를 설득할 때 유용하다.

① 왜? - 이 정책을 추진해야 하는 이유가 명확해야 한다.

② 현황 - 상황 및 환경을 분석한 내용을 제시해야 하며, 통계 수치나 사례 등을 들어야 한다.

③ 핵심 아이디어 - 정책을 추진하려면 상대가 납득할 수 있는 핵심 내용을 담아야 한다.

④ 어떻게? - 어떤 방법과 전략으로 추진할지를 밝혀야 한다.

⑤ 효과 - 이 정책을 추진함으로써 얻을 수 있는 효과를 설득력 있게 제시해야 한다.

다섯 가지 로직의 순서는 보고서의 형태에 따라 달라질 수 있다. 하지만, 상대를 설득하려면 모두 포함해야 한다. 하나라도 부실하면 상대방을 설득하기 어렵다.

제 3 장
디테일의 구체화 그리고 정책 프로세스

디테일을 담을 그릇인 콘텐츠가 마련되면, 디테일을 구체화하는 작업이 연속된다. 이 과정은 정책 프로세스를 통해 실현된다. 이번 장에는 필자가 가장 중요하다고 생각하는 프로세스의 이해, 홍보, 시범 운영에 대한 정책 팁^{Tip}을 담았다.

정책 콘텐츠가 정책의 첫 단추라면, 디테일을 구체화하는 과정은 나머지 단추를 채우는 작업이다. 그래서 정책 콘텐츠가 선정된 뒤에는 업무가 폭발적으로 전개된다. 생각하지 못했던 일들도 연속적으로 벌어진다.

기본 보고서에 한 단락으로 덧붙여진 내용이 확대되면서 별도의 세부 추진 계획이 마련되기도 한다. 정책이 세상으로 모습을 드러내고 실행되기까지 프로세스를 기준으로 디테일을 다듬는 과정이 연속된다.

이번 장을 이해하려면 정책 경험이 필요하다. 경험이 부족하다면 이해할 수 있는 범위부터 정책에 적용시켜보고, 역량 있는 사람의 도움을 받아 배워나가야 한다. 정책 프로세스는 워낙 다양한데다 상황에 따라 변화하는 경향이 있다. 그래서 필자도 신규 정책이나 사업을 추진할 때 그 전에는 접해보지 못했던 새로운 프로세스를 경험하게 된다.

따라서 여기서 제시한 내용을 참고로 삼으면서 응용하고, 부족한 부분을 찾아내는 노력이 필요하다.

1. 정책은 프로세스를 이해함으로써 구체화되기 시작한다

정책을 만들어가는 프로세스는 일상적인 업무 프로세스와 유사해 보이지만 내면을 들여다보면 차이가 나는 부분이 있다. 그래서 무심 코 해오던 프로세스대로 하면 문제가 발생할 수도 있다.

(1) 디테일은 프로세스를 이해하는 만큼 달라진다

프로세스를 이해하지 못하고 업무를 추진하면 정책이 어긋난 길로 접어들 가능성이 높아진다. 그렇게 되면 같은 일을 두 번, 세 번 반 복하거나 담당자들 사이에서 불필요한 갈등이 발생한다. 당연히 정 책 디테일 확보가 어려워지며, 상황이 나빠지면 의도했던 바와는 다 르게 정책이 전개될 수 있다.

프로세스는 '콘텐츠의 특성에 따라 개별적으로 적용되는 프로세스' 와, '예산이나 규정 등을 공통적으로 적용할 수 있는 프로세스'로 구 분할 수 있다. 그리고 이를 통합적으로 관리하는 협업 프로세스를 마련하면 업무를 효율적으로 추진할 수 있다.

1) 프로세스를 끼고 일해야 잡는 타이밍

"중요한 타이밍이었는데 왜 놓쳐!"

"정신 차려!"

이런 말들을 업무 중에 듣게 되는 경우가 있다. 물론 여유 있는 상황이면 밥 시간 챙기듯 타이밍을 잡을 수 있다. 그러나 새로운 정책을 마련하는 일을 하다 보면 시간에 쫓기는 일이 허다하게 생긴다. 매일 야근하고 휴일을 반납해도 시간은 부족하다. 일이 첩첩이 쌓이고 피곤이 가중되면 집중력이 떨어져지면서 적절한 타이밍을 놓치는 경우도 생긴다. 그러면 일은 더욱 어려워지고, 경우에 따라 함께 일하고 있는 동료들과 갈등을 빚기도 한다. 방법이 없는 건 아니다. 프로세스를 옆에 꼭 끼고 일하는 습관을 들이면 타이밍을 놓치지 않을 수 있다. 불필요한 갈등도 미연에 방지할 수 있다.

손 계장은 결혼이주여성들이 대한시에 성공적으로 정착하도록 돕기 위한 정책을 마련하고 있다. 손 계장은 정책 업무가 처음인지라 신중에 신중을 기했다. 헌데 막상 시작해보니 일이 우박처럼 쏟아져 들어왔고, 현장에서는 다양한 요구가 빗발쳤다. 심지어 이 정책에 관심이 있는 상급 기관에서 손 계장에게 자료를 요구하기 시작했다. 그때그때 처리해야 하는 일 때문에 바쁜데도 말이다. 그러다 보니 매일 야근에, 휴일마저 사라졌다. 손 계장은 피로가 쌓여 정신이 몽롱해지고 판단력이 흐려지기 시작했다.

박 국장의 요청에 따라 김 과장은 손 계장이 놓칠 수 있는 예산·규정 관련 일정을 체크하고 있다. 헌데 상황이 이렇다 보니 김 과장도 피로가 누적되기 시작했다. 이런 상황에서 갑자기 전화가 왔다. 항의전화였다. 관련 기관과 협의하지 못한 상태에서 예산 관련 부서와 협의를 진행했기 때문이다. 정신이 없을 만큼 바쁜 상황에서 이런 전화를 받았다 보니 김 과장은 감정까지 상했다. 김 과장은 손 계장을 불렀다.

"손 계장! 주요 업무에 대한 대응 좀 잘해주세요! 지금 손 계장만 힘든 게 아니란 말입니다! 강 주무관한테도 정책 프로세스를 명확히 한 후 타이밍을 놓치지 않게 일정 관리하라고 지시해주세요!"

이 모든 일이 몸과 마음이 지쳤기 때문이라는 사실을 파악한 손 계장은 강 주무관과 함께 퇴근 후 시청 근처 찜질방에 갔다. 서너 시간 동안 땀을 흘리고 목욕을 한 뒤 에너지드링크를 마시면서 두 사람은 이 상황을 어떻게 해결할 것인가를 논의했다.

"아무래도 프로세스를 제대로 챙기지 못한 게 아닐까요, 계장님?"

"그래, 강 주무관. 타이밍을 놓치기 시작한 게 그것 때문일지도 모르겠어."

이후 프로세스를 챙기기 시작하면서 타이밍을 놓치는 일은 눈에 띄게 줄어들었다.

정책을 오랫동안 추진해본 사람들이 공통적으로 중시하는 부분이 바로 프로세스다. 그만큼 중요하다는 뜻이다. 정책 경험이 부족하다고 생각되면 프로세스에 더욱 신경을 써야 한다.

2) 특정 분야에 적용되는 프로세스

각 정책에 따른 전문성이 있고, 이에 따른 별도의 프로세스도 있다. 신규 정책을 추진하거나 제도를 개선할 때에는 특화된 프로세스를 마련해야 하는 경우도 있다. 허나, 그런 프로세스는 일상적으로 경험한 프로세스와는 다르고, 검증도 되지 않았기 때문에 신중을 기해야 한다.

손 계장은 대한시 취약 지역의 주민들을 위해 주거 환경을 개선해 주기 위한 정책을 마련하고 있다. 일단 전문가인 배 박사와 함께 현장 조사에 나섰다. 주민들의 요구 사항은 비슷했다. 집 앞의 좁은 도로나 폐가도 문제지만, 우선 자기 집부터 고쳐달라고 했다. 100년은 되어 보이는 오래된 집부터, 엊그제 지은 집까지 다양하다. 집마다 손볼 곳이 각각 다르다. 손 계장은 주민들이 느끼고 있는 불편함을 우선적으로 개선해주는 프로세스를 생각했다. 그래서 조사 결과를 자료로 삼아 앞으로의 대책을 마련하기 위한 회의를 개최했다. 손 계장과 배 박사는 주택 보수 문제 때문에 의견이 엇갈렸다. 손 계장은 주민들이 가장 바라는 집 고치기부터 시작하자고 주장했다.

배 박사는 이에 반대했다. 개인 주택에 관한 일은 주민의 동의를 받기가 쉽지 않을 거라는 이유를 들었다. 손 계장은 주민의 입장에서 생각하지 않는 배 박사에게 실망하여 그를 팀에서 배제시켰다. 그런 다음 열심히 노력한 끝에 사업비를 확보한 뒤, 바로 개인 주택 개량 사업에 들어갔다. 손 계장은 여름에 비 샐 걱정, 겨울에 추위 걱정 없이 살게 될 주민들을 생각하면서 만면에 미소를 머금었다.

사업이 개시된 지 1년이 지났다. 주택 상황에 따라 지원액에 차이가 있어 주민들 간에 갈등이 생기기 시작했다. 무허가주택에 관한 문제도 대두되었다. 집주인 그리고 전세나 월세를 사는 임대인의 생각도 달랐다. 주민들 간에 합의가 이루어지지 않았다. 심지어 손 계장은 부하직원을 통해 이런 괴소문까지 들었다.

"이웃 사람이 자기보다 훨씬 더 많이 지원 받았다는 얘기를 들었다고 하더라고요."

손 계장은 주민들을 만나 여러 번 설득을 시도했지만 쉽지 않았다. 사업 2년차에 접어들었다. 주민들 간의 불신의 골은 깊어지고 있다. 손 계장은 낙담했다. 주민들이 원하는 대로 집 고치기부터 시작했는데, 끝은 보이지 않는다. 지원액이라든가 집주인과 임대인 간의 합의에 관한 문제를 해소시켜주지 못했기 때문이다. 결국 사업은 좌초될 위기에 놓였다. 이 순간 손 계장은 배 박사의 말을 떠올렸다.

"개인재산이 관련되면 주민들 간에 대립이 일어날 수 있습니다. 이해관계라는 게 그렇게 무서운 거라고요, 계장님. 그러니 마을회관 정비처럼 공익 사업부터 추진하면서 주민들을 화합시켜나가는 게 현실적입니다."

손 계장은 과거로 돌아가 다시 시작하고 싶다.

배 박사의 말대로 개인 주택 개량 사업은 도로 정비와 마을회관 구조 변경 등 주민들과의 합의가 쉬운 부분부터 이룬 다음에 했어야 했다. 주민들의 합의를 이끌어내기 위한 훈련도 집중적으로 해야 했다. 즉, 가장 적절한 프로세스는 '주민들의 합의를 이끌어내기 위한 훈련 및 그에 관한 역량을 강화하는 교육 ⇨ 주민 의사 결정 ⇨ 마을 회관 정비와 같은 공익 사업 추진 ⇨ 주민 공동체 활성화 ⇨ 개인 주택을 개량하기 위한 주민 합의 유도 ⇨ 주민들의 합의가 이루어진 지역부터 주택 개량 실시'를 하는 것이었다. 특히, 주택 개량에는 1년 이상의 시간이 필요하다는 점을 생각하면서 추진하는 게 바람직했다.

이와 같이 '생각해보니 될 듯했던' 프로세스가 막상 현장에서는 작동하지 않을 수도 있다. 위 이야기의 손 계장처럼 전문가와 함께 현장 조사를 했더라도 경험과 지식이 부족하다면 잘못된 프로세스를 마련하기도 한다. 담당자가 경험이 부족하다면 반드시 전문가나 동료의 도움을 받아야 한다. 그렇게 해서 새롭게 마련된 프로세스도 대부분 추진 과정에서 계속 보완되기 마련이다. 그러나 물론 초기 설계가 크게 잘못된 채 시작되었다면 보완도 어렵다.

유사한 형태의 사업을 벤치마킹하는 것도 프로세스 마련에 도움이 된다.

마지막으로, 프로세스를 구상하면서 가장 유념해야 할 부분은 사람이다. 사람(예를 들면 정책고객)이 정책에 대해 어떻게 행동하고 받아들일지를 고민하면서 프로세스를 마련하면 일정 수준 이상의 효과적인 프로세스를 설계할 수 있다.

3) 공통적으로 적용되는 프로세스

일상적으로 경험할 수 있는 프로세스는 예산, 규정, 모니터링 등이다. 콘텐츠에 따라 예산이나 규정이 필요한 경우, 모니터링이 필요한 경우, 이 모든 게 다 필요한 경우 등 프로세스는 다양하다. 기본적인 프로세스는 동일하지만, 담당자의 이해도와 노력에 따라 결과는 달라진다.

경험 많은 담당자도 실수하는 경우가 있다. 사람에 따라 강한 프로세스와 약한 프로세스가 있기 때문이다. 관련된 경험이 있다면 문제가 적겠으나, 부족하면 어려움을 겪을 수 있다. 그래서 경험하지 못한 프로세스는 세심하게 점검해야 한다.

일단 프로세스를 진행하면서 우선해야 할 일은 담당 부서와 담당자를 알아두는 것이다. 궁금한 사항은 물어볼 수 있고, 친분이 생기면 그쪽에서 알아서 챙겨주기도 한다. 다음 내용은 주요 프로세스 네 개의 진행 사례들이다.

① 예산 프로세스

기존 사업과 신규 사업의 예산 프로세스는 겉보기에는 차이가 없으나, 난이도에서 큰 차이가 있다.

기존 사업은 준비된 설명자료가 있고, 정책에 대한 홍보도 이루어져 있어 공감대도 이미 형성되어 있다.

신규 사업을 추진할 경우 현안 사항 등 사회적으로 이미 알려진 경우를 제외하고, 미리 공감대를 형성하기가 쉽지 않다. 그래서 예산담당자가 바로 이해할 수 있는 자료를 마련해야 한다. 한두 장짜리 설명자료를 만들고, 거기에 사진이나 그림을 넣으면 도움이 된다.

예산담당자로부터 처음에 거절당했다고 실망할 필요는 없다. 원래 신규 사업의 난이도는 '낙타가 바늘구멍 들어가는 것과 같은' 수준이다.

손 계장은 오지 마을을 위한 복지 혜택을 강화하는 정책을 마련하고 있다. 일단 관련된 신규 사업을 마련한 손 계장은 예산 담당 부서로 찾아갔다. 손 계장의 설명을 들은 예산담당자는 손 계장에게 취조하듯 물어보기 시작했다. 그 순간 손 계장은 예산담당자의 생각이 부정적이라는 느낌을 받았다. 결국 1차 심의에 반영되지 않았다.

손 계장은 허탈했으나, 곧 아직 기회가 남아있다고 판단했다. 그래서 꾸준히 찾아가 설명했다. 예산담당자는 손 계장이 설명하는 내용에 대한 이해도가 높아질수록 세밀한 부분에 대해서까지 질문했다. 결국 손 계장이 드러내기 싫었던 문제점들까지 집어가면서 신규 예산 반영이 어렵다는 말을 했다.

손 계장의 스트레스는 더해갔다. 2차 심의에서도 예산이 올려지지 않았기 때문이다. 소식을 듣자마자 화까지 치밀어 올랐다. 김 과장을 찾아가 상의하니, 김 과장이 자신과 같이 가서 사정해보자고 했다.

"시범 운영을 할 수 있는 예산이라도 주실 수 없겠습니까?"

김 과장의 충고에 따라 애써 웃는 얼굴을 만들고서 손 계장이 제의했다.

예산담당자는 손 계장의 마지막 밑천까지 들어날 정도로 집요하게 질문해댔다. 다른 사업과 중복되지는 않는지, 예산은 효율적으로 쓰일지 등 질문의 내용은 아주 다양했다. 그 후 어느 날, 손 계장은 신규 예산안이 통과되었다는 소식을 들었다. 손 계장은 크게 기뻐하면서 예산담당자를 찾아갔다. 예산담당자는 웃으며 손 계장에게 다음과 같이 말했다.

"스트레스 많이 받으셨죠? 사실, 신규 사업을 추진할 때는 예산 심의장에서 집요하게 질문받지요. 시간이 많이 주어지지 않기에 효과적으로 대응해야 하고요. 저 같은 예산담당자가 예산심의장에 신규 사업안을 들고 갔다는 뜻은 통과시켜보겠다는 의지의 표현입니다. 그래서 모든 상황을 알아야 하니 자료 요구도 많이 했고, 민감한 부분까지도 파악해두려 한 겁니다. 좋은 정책으로 안착시켜주세요."

손 계장은 그제야 '왜 그리 지독하게 질문했나' 이해할 수 있었다.

정책담당자는 예산담당자를 자주 찾아가서 신규 정책 사업에 대해 충분히 납득하도록 설명해주어야 한다. 예산담당자는 신규 정책 사업을 지원해줄 사람이기 때문이다. 그러니 '파트너'로 생각해야 한다. 아울러 예산담당자는 예산 심의장에서 정책담당자를 대변해 심의관들의 날카로운 질문에 대응해주는 사람이다.

예산 심의는 한 번에 끝나지 않으며, 두세 번의 기회가 공식적으로 더 제공된다. 비공식적인 기회도 주어진다. 경우에 따라 마지막 자투리 예산을 분배받을 수 있다.

신규 정책 예산은 새롭게 사업비를 확보하는 식으로 마련할 수도 있지만, 현재 운영되고 있는 홍보비나 용역비를 전용하여 활용할 수도 있다. 관련 부서와 담당자의 연락처를 알아내고, 어떤 방법으로 협조를 얻어 사업비를 확보할 수 있는가도 알아내야 한다. 하반기가 되면 그 해에 사용되지 않은 예산이 대략적으로 나타난다. 이때 예산 전용 등을 통해 이를 활용하는 방안을 강구할 필요도 있다. 새로운 정책을 시작하는 순간부터 담당자는 돈을 꾸러 다니는 사람이 되기 십상이다. 그러나 사업비와 운영비 없이 신규 정책은 추진되기 어렵다.

국가의 예산 프로세스를 살펴보면, 신규 정책 사업의 경우 가능한 그해 3월까지 그림을 제시해야 한다. 또한 예산 담당 부처와 협의하는 6월이 오기 전까지는 예산담당자가 충분히 이해할 수 있는 수준까지 설명자료를 마련해야 한다. 정부 예산이 국회로 넘어가고 나서도 필요하다면 의원실을 찾아가 설명을 하고, 당에 소속된 전문위원과 협의를 해야 하기 때문이다. 아래의 〈표 3-1〉을 참조하여 신규 예산 프로세스를 숙지해두자.

○ 기관 내 공감대 형성

○ 기본 계획서(보고서) 마련

    – 신규 사업화할 콘텐츠 결정

○ 사업 추진 방안 마련 시작

    – 예산안 편성 지침 및 기금 운용 계획안 작성 지침 검토(기재부)

○ 사업 추진 방안 확정(3~4월)

    – 신규 사업 작성 양식을 토대로 마련하되, 다만 설득 등을 위한 참고자료는 별도 작성

    – 세부 사업 내용, 단위 사업비, 전체 사업비 등 결정

- 신규 사업의 경우 현장 점검에 예산이 소요되므로 운영비 확보를 위해 노력, 운영비는 사업 안착 정도에 따라 추후 조정(신규 예산 확보도 어렵지만, 여기에 운영비를 포함시키는 일은 더욱 어려움)
※운영비가 확보되지 않은 경우에는 현장 점검과 제도 보완이 어려워 시범 운영 중 정책 디테일 확보가 쉽지 않음. 차선책으로 용역을 고려함
- 이외 사업 설명자료 마련(국내외 예시자료, 사진자료, 통계 등을 첨부로 포함)
- 설득력 있는 사업 설명 논리 개발에 집중

○ 기관 내 사업비 조정(5월)
- 설득이 어려운 부분을 중심으로 사업 설명 논리 및 자료 지속 보완

○ 예산 부처와 협의 및 보완(6~8월)
- 신규 사업은 반영되지 않을 가능성이 높으니 최선의 노력 필요
- 일반적으로 제출한 사업 규모, 예산액 등이 조정됨
  예산 부처와 협의 실패 시 대응 방안 검토(정책 지속 여부 결정이 중요, 계속 추진하자고 결정되면 신규 사업화를 1년 연기하고, 용역비 등을 활용하여 시뮬레이션을 할 수도 있음, 기관상 등의 도움을 통해서도 예산 일부를 확보할 수 있으니, 이에 대한 노력도 병행)

○ 신규 사업 반영 시 의회 대응 준비(9~12월)
- 정치적으로 민감할 수 있는 부분은 미리 대응 준비(관련 사업에 관심이 많은 의원에게 설명, 반대 의견을 가진 의원 설득)
- 예산 부처와 협의 시 미흡했던 부분에 대응

○ 신규 사업(시범 사업) 준비(9~12월)
- 예산 확보가 가능할 것으로 판단되면 신규 사업 준비 본격화 (현장담당자 설명회, 설명자료집 배포, 지침에 대한 의견 수렴 등)

- 일반적으로 신규 사업은 준비에 시간이 더 요구되므로 추진 시기가 계속 사업에 비해 늦춰질 가능성이 높음. 이를 최대한 방지하기 위해서 사전 준비 기간 확보에 노력할 필요가 있음

○ 신규 사업 추진(차기년도)

- 초기년도에는 집중적인 모니터링, 컨설팅, 제도 개선을 위한 기간이 필요하므로 가급적 빠른 시기에 사업을 추진하는 것이 유리
- 신규 사업 3차년도까지는 시범 운영 기간이라고 판단하고 제도 개선에 집중함

표 3-1. 신규 사업 예산 프로세스

② 규정 프로세스

규정 프로세스는 법률, 시행령, 시행규칙, 고시, 조례 등으로 구분할 수 있다. 그리고 정책담당자가 조심해야 하는 부분은 겉으로 보이는 프로세스가 아니라, 기관 내에서의 협의 및 외부 기관과의 협의이다. 기관 간에 규정이 중복되거나 상충되지 않으면 정해진 프로세스에 따라 법률을 마련하면 된다. 즉, 규정 프로세스는 변호사 등의 도움을 받아 법체계를 완성한 후 법제처를 거쳐 국회에서 결정되는 프로세스다.

법제처는 법의 형식과 규제 등을 심사한다. 지자체의 조례 같은 경우는 지방의회를 거쳐 결정된다. 그러나 기관들 간에 의견이 다르면 이러한 작업이 어려워진다. 정부에서의 입법이나 의원에 의한 입법도 크게 다르지 않다. 일반적으로 문제를 제기한 기관에서 계속 반

대 의견을 내면 정책을 법에 담아내기 어렵다.

손 계장은 대한시의 사회적 기업들을 육성하기 위한 규정을 마련했다. 대한시의 사회적 기업 운영 관련 기준이 모호하기 때문이었다. 손 계장은 다양한 의견들을 수렴하고, 공청회도 거쳐 규정(안)을 마련했다. 관련 기관의 규정도 봤는데, 크게 문제될 것 같지는 않았다. 그래도 혹시나 하는 마음에 관련 기관에 의견을 조회했다.

얼마 뒤 고용 관련 부서로부터 이의가 제기되었다. 자신들의 규정과 일부 중복된다는 주장이었다. 그러나 손 계장이 제출한 규정(안)에서 '중복된다'는 부분을 빼면 팥소 빠진 찐빵처럼 되니 곤란하다. 만약 손 계장이 관련 규정을 미리 세밀하게 살펴봤더라면 안 일어났을 문제다. 그리하여 길고도 어려운 협의가 시작되었다.

규정들 간에 해석상 논란이 생기는 경우가 있다. 법적으로 볼 때 융통성 있게 처리할 수 있는 부분도 기관들 간의 생각 차이로 반대를 하는 경우도 있다. 헌데 이런 경우 법제처에서 정리되기는 쉽지 않다. 협의가 이루어지지 않고 몇 년을 끌다 보면, 정책담당자가 의도했던 핵심 내용을 뺀 규정으로 변할 수 있다. 그러면 나중에 후회하게 된다. 불완전한 규정은 마련하지 않는 편이 좋을 수 있기 때문이다.

법률은 시행령, 시행규칙, 시행지침에 어떤 내용을 포함시킬지를 충분히 고민한 뒤 마련해야 한다. 현장에 적용되는 지침 내용에 대한 검토가 부족한 상태에서 법률을 마련하면, 상위법이 필요한 내용을 받쳐주지 않을 수도 있다. 규제나 벌칙이 필요한 상황이더라도 근거법에 관련 조항이 없으면 지침에 담을 수 없다. 그렇게 되면 법률을 재개정해야 한다. 일을 두 번 하는 셈이다.

지침은 시범 운영을 한 후에 결정하는 게 바람직하다. 신규 정책의 경우, 처음부터 관련 지침을 마련하여 현장에 적용하면 문제점이 바로 드러난다. 경우에 따라 심각해질 수도 있다.

빠른 시일 내에 근거법을 마련해야 하는 경우도 있다. 그런 경우에는 지침에 포함될 내용을 최대한 고려한 후, 이를 포괄적으로 지원할 수 있는 융통성 있는 조항을 마련하기 위해 노력해야 한다. 예를 들어 '-한다'라는 강제적인 규정을 '-할 수 있다'로 바꿔 여지를 남긴다면 융통성을 확보할 수 있다.

예산과 관련된 규정을 '한다'로 마무리하면 곤란한 상황이 벌어질 수 있다. 정부의 재정 형편에 따라 사업이 될 수도 안 될 수도 있기 때문이다. 법에는 '예산을 확보한 뒤 관련 사업을 추진해야 한다'는 의무규정이 있는데, 정작 예산이 반영되지 않았는데도 추진한다면 이는 불법을 초래하는 셈이다.

'디테일한 정책 내용을 시행령이나 시행규칙에 담을 것인가?'는 고민해야 할 문제다. '법률에서 시행령이나 시행규칙에 담도록 강제하는가?'도 살펴봐야 한다. 예측하기 어려운 신규 정책이나 제도 개선을 추진하는 경우에는 상황에 따라 상대적으로 변경이 수월한 고시가 유리하다.

규정 마련과 함께 이와 관련된 하드웨어와 소프트웨어도 같이 변경해야 하는 경우도 있다. 예를 들어 기존의 전산 시스템을 같이 정

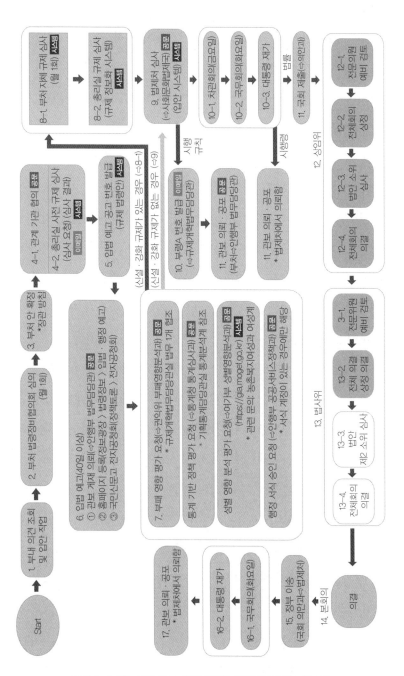

그림 3-1. 한눈으로 보는 법제 과정(농림공직자 업무 매뉴얼)

비해야 하는데, 전산 시스템 정비 시간을 충분히 확보하지 않고 법을 시행시키면 현장에서 큰 혼란이 발생할 수 있다. 그러니 신규 정책이나 제도 개선 시에는 관련된 주변(하드웨어, 소프트웨어, 사람, 시스템, 홍보)을 모두 살펴보면서 규정을 마련해야 한다.

③ 모니터링 등 성과관리 프로세스

새로운 정책이나 제도 개선 사업은 많은 이들의 관심을 받기 마련이다. 사방에서 진행 상황을 체크하겠다며 달려들기도 한다. 정책담당자 입장에서 보면 새로운 정책이 잘 진행되는가를 지속적으로 관찰해야 한다는 면은 수긍하지만, 한 가지 정책을 가지고 다양한 기관에서 평가하겠다고 달려들면 반갑지만은 않다. 일하는 사람은 한 명이고 평가하는 사람은 여러 명인 상황을 경험할 가능성이 높다.

신규 정책이나 제도 개선 사업은 한번에 잘 되는 경우가 드물다. 그러니 현장에서 나타나는 문제점을 계속 찾고 보완하면서 완성해 나가야 한다. 이를 위한 프로세스가 '모니터링 등 성과관리 프로세스'다. 이름에서 보듯이, 모니터링 결과를 통해 제도를 개선하는 작업, 즉 피드백 부분도 포함된다. 이 과정에서 모니터링, 성과 측정, 피드백은 한몸을 이룬다. 사업 준비 단계에서 모니터링에 대해 가볍게 생각해버리면 나중에 어려운 상황에 봉착할 수도 있다. 허나, 모니터링은 의외로 비용이 많이 든다. 또한 신규 정책을 추진할 경우에는 관련 전문가를 확보하는 것도 쉽지 않을 수 있다.

손 계장은 대한시에서 시범적으로 운영하는 재능기부 프로젝트를 모니터링하기로 했다. 보고서에도 '모니터링을 하겠다'고 적었다. 이 모니터링을 올해에 두 번 해야 한다. 모니터링 대상은 약 100개 마을이다. 필요한 경우 자문을 해줄 전문가 두 명도 동반하기로 했다.

손 계장은 지원 부서를 찾아가 운영비를 협조해달라고 부탁한 뒤 비용을 산출했다. 1개 마을에 찾아가는 교통비가 대략 10만 원 정도였다. 식대까지 합치니 25만 원이 나왔다. 숙박비는 1인당 5만 원으로 잡았다. 먹고, 자고, 움직이는데 40만 원이 필요하다는 뜻이다. 전문가 자문비는 하루당 50만 원이다. 약 30일간 일정이니 4,500만 원이다. 모니터링을 2회 할 때 필요한 총비용은 9천만 원이다. 관계자 워크숍에 대해서까지 고민해보니 1억 원이 넘게 필요하다. 3천만 원 이상의 경비가 필요한 경우에는 미리 지원 부서와 협의를 해야 한다.

손 계장은 난감했다. 상반기와 하반기 등 총 2회에 걸쳐 모니터링을 한다고 했는데, 비용 문제 때문에 벽에 부딪친 것이다. 신규 사업비를 확보할 때 모니터링 비용도 포함시켰어야 했다. 차라리 출장 형식으로 혼자서 다닐까도 생각해봤다. 그러나 머릿속으로 생각하는 모니터링과 실제 세밀하게 계획을 세워서 하는 모니터링은 다르다.

정책 사업의 성과관리는 기재부에서 요구하는 '재정 사업 자율 평가 항목'을 고려하여 사업 특성에 맞는 별도의 성과관리 계획을 마련한 뒤 추진해야 한다. 어차피 '재정사업 자율평가표'는 작성해야 하므로, 이에 맞는 자료를 모니터 등 성과관리 시 확보해야 나중에 편해진다.

'재정 사업 자율 평가'는 재정 건전성 확보를 위해 미국의 'PART 제도'를 벤치마킹하여 마련된 제도로, 자율 평가 측면보다는 성과관리 측면이 강한 제도다. 잘못 대응하면 정책 디테일 확보를 어렵게 하는 결과를 통보받을 수 있으니 조심해야 한다. 평가하는 사람은 정책담당자가 추진하고 있는 정책을 잘 모르는 사람이라서 선입관도 있을 수도 있다. 그러니 설명과 설득을 잘 해야 된다.

④ 의전 프로세스

신규 정책이나 제도 개선 사업을 추진하다 보면 의전이 필요한 상황이 종종 벌어진다. 특히, 외부에서 높은 관심을 보이는 신규 정책을 담당하는 정책담당자는 수시로 관련 행사나 간담회를 개최할 수도 있다. 그러니 일이 어려워지는 상황을 예방하기 위해서라도 정책담당자는 기본적인 의전에 대해 알아두어야 한다. 경우에 따라 전문가의 도움도 받아야 한다.

의전 프로세스는 다양하다. 대부분의 의전은 현장에서 총괄하면서 조정하는 사람을 결정해야 한다. 이와 더불어 분야별로 담당자를 일일이 지정해두고 비상연락체계를 구축해야 만일의 사태를 대비할 수 있다. 의전 프로세스를 총괄하는 담당자는 가급적 자기 자리를 지키고 있다가 문제가 생기면 즉각 달려가 대응해야 한다.

단계	평가 항목	평가 지표	배점	
			일반 재정	정보화
계획 (20점)	사업 계획의 적정성 (10)	1-1. 사업 목적이 명확하고 성과목표 달성에 부합하는가?	2.00	2.00
		1-2. 다른 사업과 불필요하게 유사·중복되지 않는가?	3.00	3.00
		1-3. 사업 내용이 적정하고 추진 방식이 효율적인가?	5.00	5.00
		소 계	10.00	10.00
	성과 계획의 적정성 (10)	2-1. 성과지표가 사업 목적과 명확한 연계성을 가지고 있는가?	5.00	5.00
		2-2. 성과지표의 목표치가 구체적이고 합리적으로 설정되었는가?	5.00	5.00
		소 계	10.00	10.00
관리 (30)	사업 관리의 적정성 (30)	3-1. 예산이 계획대로 집행되도록 노력하였는가?	15.00	12.00
		3-2. 모니터링 체계를 운영하여 문제점을 개선하고 있는가?	10.00	5.00
		3-3. 사업 목적을 달성하는데 있어 효율성을 제고하였는가?	5.00	5.00
		3-정보화 ①. 정보 시스템을 적정하게 운영 및 관리하고 있는가?	–	8.00
		3-정보화 ②. 공정 거래 질서 확립을 위해 노력하였는가?	–	가점 (+3)
		소 계	30.00	30.00
성과/ 환류 (50)	성과 달성 및 사업 평가 결과의 환류 (50)	4-1. 계획된 성과지표의 목표치를 달성하였는가?	30.00	30.00
		4-2. 사업 평가 결과, 사업이 효과적으로 수행되고 있는가?	10.00	10.00
		4-3. 평가 결과 및 외부 지적 사항을 사업 구조 개선에 환류하였는가?	10.00	10.00
		소 계	50.00	50.00
계		100		

표 3-2. 재정사업 자율평가표(2011년)

의전 행사

1. 행사 준비
- 외부 인사 섭외
- 사회자 등 행사 요원 선정
- 행사 준비 작업단 구성
- 보도자료를 통해 행사 개최 홍보

2. 초청
- 행사장의 수용 범위를 감안한 초청 인사 명단 작성
- 초청장 및 유인물 준비
- 입장증, 주차증, 안내문 등 유인물 제작
- 안내문 작성
- 초청장은 10일 전에 도착할 수 있도록 발송

3. 행사장 준비
- 단상은 내부 시설을 최대한 활용
- 초청 인사는 비표 색깔로 구분
- 옥외 행사의 경우 우천 대비, 행사 현판 등 설치, 의료 사고 등 대비

4. 부대 행사 준비
- 현장 시찰은 시설물의 주요 부분에 한정
- 다과회장 준비는 전문 업체에 의뢰
- 기념탑, 현수막, 기념식수 등을 필요에 따라 선정

5. 행사 준비 사항 최종 점검
- 홍보, 행사장, 행사 시나리오, 리허설 등

6. 행사 진행
- 행사의 성격에 따라 진행

표 3-3. 의전 행사 준비 과정(농림공직자 업무 매뉴얼)

간담회

1. 사전 계획 수립
   - 간담회 일정 협의
   - 간담회 장소 및 메뉴 선택

2. 초청장 발송
   - 초청자 주소 확인, 초청장 인쇄 및 발송

3. 참석자 확인
   - 사전 참석자 확인, 필요 시 대참자 확인

4. 업무 보고 등 준비
   - 업무 보고와 별도로 필요 시 기념품 마련

5. 간담회장 준비
   - 현수막 제작 및 부착, 좌석 배치, 기념촬영장 준비 등

6. 영접
   - 준비 요원 배치 및 안내, 영접

7. 본행사
   - 주요 사항 보고, 경우에 따라 다과 및 만찬

8. 기념촬영 및 폐회

표 3-4. 간담회 준비 과정

MOU

1. 체결 대상 기관과 MOU 문안 마련
   - 초안 마련 후 최종안 마련까지 1~3개월 소요

2. MOU 체결식 시간 조정
   - 비서관실과 긴밀한 공조 필요(사전 보고, 경우에 따라 시간 확정 후 보고)

3. MOU 체결에 맞춰 보도자료 작성 등 홍보 추진
   - 홍보관실과 협조
   - 상대 기관과 홍보 사항 사전 협의

4. MOU 체결에 필요한 사항 준비
   - 인사말씀, 배너, 탁자보, 필기구, MOU 문안 및 케이스, 꽃, 마이크 등
   - 상대 기관에 필요한 사항 등 사전 협의
     ※ 운영 지원과 등 장소 담당 부서와 사전 협의

5. MOU 체결 시 사회자, 보조원 등 지정

6. 행사장 조성 (체결식 2~3시간 전부터 시작)
   - 조성시 기자석, 카메라 위치 등 고려

7. 마무리
   - MOU 행사가 끝난 후 꼭 MOU 체결 문서를 우선적으로 확보한 뒤 행사장 정리

표 3-5. MOU 준비 과정

히말라야 등반하기

해발 7천 미터가 넘는 히말라야를 등반하려면 많은 준비가 필요하다. 등산화부터 텐트까지 일상적인 등산에 쓰는 것과는 다른 것들을 마련해야 한다. 히말라야에 본격적으로 오르려면 등산로 체크도 필수적이다. 가장 위험한 길로 갈 수도 있기 때문이다.

높이 올라갈수록 산소가 부족해지기 때문에 고산지대 마을들을 거치도록 길을 잡아야 한다. 비상 사태에 대비해야 하고, 환경에 적응하기 위해 며칠 쉬어야 할 수도 있기 때문이다.

그렇다고 마을에서 마냥 시간을 보낼 수는 없다. 등산이 가능한 시기가 지나면 변덕스럽고 위험한 날씨 때문에 등산을 포기해야 하기 때문이다.

마지막으로 정상을 정복하기 위한 등반경로와 타이밍을 더욱 세밀히 체크한 뒤 한 걸음씩 옮겨야 한다. 어긋난 길로 접어들면 크게 다치거나 목숨을 잃을 수도 있다.

(2) 목표점을 설정해야 추진력이 생긴다

신규 정책이나 제도 개선 사업은 단기적인 목표점을 마련하면서 추진해야 한다. 다양한 선택을 요구받는 상황에서 모든 일을 꼼꼼하게 고민하다 보면 시간을 관리하기가 어려워지기 때문이다. 이때 정해진 단기 목표점이 있으면 큰 도움이 된다. 디테일에 신경을 써야 하지만, 시간을 지나치게 소비하면 추진력을 잃을 수 있기 때문이다. 아울러 일이 제대로 진척되지 않는데 따른 심리적 · 외부적 압력도 가중될 수 있다.

목표점은 프로세스를 토대로 분기별, 반기별, 연간별로 나누어 달성해야 하는 목표다. 그러니 명확하고 심플하게 설정해야 한다.

목표점은 정책담당자와 상사가 협의하여 마련해야 효율적으로 추진할 수 있다.

1) 비효율을 피하게 하는 목표점 찍기

목표점은 신규 정책 추진 시 중요한 업무의 완료시간을 정하여 찍은 점이다. 일상적인 업무에서는 비효율을 어느 정도 감수하면서 시간을 보낼 수 있겠지만, 신규 정책을 추진하거나 제도를 개선할 때에는 시간 관리의 실패는 정책의 동력을 잃는 결과를 초래할 수 있다. 그래서 핵심적인 사항을 정한 뒤 그것을 언제까지 달성하겠다는 '목표점 찍기'를 하면서 일을 추진해야 업무를 효율적으로 완료하기 위한 노력을 할 수 있다. 또한 목표점은 시간 관리와 더불어 집중해서 해결해야 하는 단기 목표를 명확히 해주는 장점이 있다. 목표점을 찍고 이를 달성해나가다 보면 어느덧 일이 마무리되었다는 느낌이 들 것이다.

대한시에서는 국제회의를 개최하기로 했다. 박 국장은 손 계장에게 이 일을 맡겼다. 그러나 영어에 자신이 없고, 행사라고는 진행해 본 적 없는 손 계장은 걱정이 이만저만 아니다. '잘해야 본전이 행사' 라는 말까지 들었더니 머릿속이 노랗다.

'실수라도 해서 찍히면 큰일나는 일만 남겠지?'

일단 지시가 떨어졌으니 할 수 없다. 국제회의에는 윗자리에 계신 다양한 분들이 초청될 예정인데, 그런 분들의 '눈높이'를 어떻게 맞춰야 할까? 손 계장은 실무진을 구성했다.

손 계장은 국제회의가 크게 회의 준비, 의전, 홍보로 이루어진다는 사실을 파악했다. 그래서 프로세스 매뉴얼을 마련하기로 결정했다. 손 계장은 모든 경우의 수를 꼼꼼히 체크해나갔다.

허나 손 계장과 함께 일을 진행하라는 지시를 받은 김 과장은 손 계장의 결정을 보면서 걱정하기 시작했다. 현장에서 일어날 일을 모두 예상하여 프로세스 매뉴얼을 마련하는 것은 불가능하다는 사실을 김 과장은 잘 알기 때문이다. 역시나 시간이 지날수록 손 계장은 스트레스에 시달렸다. 처음 해보는 일인데다, 도움을 구할 사람도 변변치 않은 판에 매뉴얼 마련은 너무나 어려웠기 때문이다.

반면에 김 과장은 가장 중요한 일이 무엇인지를 체크하면서 목표점을 찍기 시작했다. 김 과장은 행사에 경험이 많은 전문가를 구했다. 그러면서 국제회의를 회의 준비, 의전, 홍보로 구성했다.

손 계장은 매뉴얼 마련에 몰두하면서 김 과장의 지시를 설렁설렁 넘겼다. 프로세스 매뉴얼을 확실하게 만들지 못한 판에 일을 진척시키기가 어려웠기 때문이다. 김 과장은 손 계장에게 매뉴얼 작업은 적당히 하고 실무에 집중하라고 했다. 하지만 손 계장은 여전히 매뉴얼 만들기에 몰두했다.

김 과장은 일을 진척시키지 못하는 손 계장에게 신경을 쓰지 않기로 했다. 잘 모르는 분야는 전문가에게 맡기는 게 속 편하다고 생각해서였다. 그래서 손 계장의 일을 나누어 전문가들에게 분배했다. 그러면서 혹시라도 문제점이 발생하면 수습하는 역할에 충실했다.

업무량이 폭주했다. 손 계장은 어렵사리 마련한 '매뉴얼'을 김 과장에게 보고했다. 그러나 빠르게 진행되는 상황과 맞지 않는 부분이 많았다. 결국 손 계장이 마련한 매뉴얼은 얼마 뒤 캐비닛 깊숙한 곳으로 들어갔다.

김 과장은 자기 역할을 명확히 하면서 과단성 있게 밀고나갔다. 그럼으로써 목표점을 달성하려고 노력했다. 사소한 부분은 지나치고, 디테일하게 들어가야 할 부분은 며칠 밤을 세워서든 해결해나갔다. 그런 김 과장을 보면서 손 계장은 매뉴얼을 만드는 데 시간을 허비한 자신을 탓했다.

목표점은 이렇듯 업무 추진의 효율성과도 밀접한 관계가 있다. 정책이 추구하는 목표는 같지만, 도달하는 방법은 손 계장과 김 과장의 경우처럼 제각각이 될 수 있다.

2) '선택'과 '집중'이 필요한 목표점 선정

목표점 찍기를 최대한 많이 하려는 욕심은 버려야 한다. 프로세스의 모든 단계를 목표점화해버리는 것은 일상적인 프로세스 관리와 별반 다르지 않기 때문이다. 그렇게 하면 목표점을 설정할 이유가 없다.

목표점의 가장 중요한 역할은 정책 동력 확보에 중요한 타이밍을 잃지 않게 해주는 것이다. 예를 들면, 일을 하다 보면 타이밍이 정교성보다 더 중요한 경우가 있다. 추후에 보완하더라도 시간을 지켜야 하는 상황이 나타나기도 한다. 이럴 때에는 목표점 찍기를 한 뒤, 그 목표점만 보고 달려가는 노력과 둔감함이 필요하다. 일하며 생기는 소소한 변수들을 모두 챙기려 하면 꼭 해야 할 일을 못하거나 대충 넘어가기 때문이다.

손 계장은 지난번에 했던 실수를 반복하지 않기로 마음먹었다. 그래서 김 과장처럼 목표점을 찍고 밀어 붙이기로 마음먹었다. 마침 문화커뮤니티센터를 짓는 일이 떨어졌다. 시간도 넉넉했다. 준비 기간도 1년이나 되었다. 예산이나 규정처럼 공통적으로 적용되는 프로세스의 시점도 분명하다. 그래서 손 계장은 문화커뮤니티센터에 적용되는 개별 프로세스의 중요한 포인트를 잡음으로써 목표점을 설정하기로 했다.

문화와 관련된 분야는 다양하다. 서양화, 동양화, 민화, 고전음악, 전통음악, 밴드, 도자기, 금속공예, 한지공예, 책 읽기, 글쓰기, 서예 등이 있다. 손 계장은 모든 분야의 전문가들을 만나기에는 시간이 넉넉하지 않다고 판단했다. 그렇다고 해서 특정 분야의 전문가만 만난다면 다른 분야의 전문가들에게서 싫은 소리를 들을 수도 있다.

손 계장은 고심하기 시작했다. 이들의 협조를 끌어내어 개략적인 프로그램을 생각해내야 하는데, 선택하기가 쉽지 않다. 그래서 전부 다 만나고 다니기로 마음먹고, 이들을 모두 불러 회합을 벌였다. 손 계장이 문화커뮤니티센터를 짓는 취지를 말하니, 서로 자기분야가 주민들에게 도움이 될 거라며 너도나도 프로그램을 담당하겠다고 한다. 손 계장은 그들 모두가 프로그램을 짜는 데 필요하다고 판단했다. 그래서 그들이 주장하는 주요 부분에 목표점을 전부 다 찍었다.

문화커뮤니티센터는 프로그램만으로 운영될 수 없다. 하드웨어인 센터 건물도 필요하다. 그러니 건축에 필요한 예산도 뽑아내야 한다. 센터의 규모에 따라 3개 내외의 예산(안)이 필요하다 보니, 손 계장은 정작 프로그램을 고민하는 데 신경 쓸 겨를이 없다. 허나 프로그램이 나와야 문화커뮤니티센터의 규모를 제대로 예측할 수 있고, 그래야 예산 대응이 쉽다. 그런 점을 지적받은 손 계장은 프로그램 관련 협의와 하드웨어 관한 협의를 동시에 진행시켰다.

손 계장이 전문가와 만나고 올 때마다 문화커뮤니티센터의 건축규모나 관련 내용이 수시로 바뀌었다. 처음에 핵심 포인트를 중심으로 마련했던 목표점은 어느새 손 계장의 머릿속을 떠났다. 그러다 보니 예전에 저질렀던 것과 비슷한 실수를 손 계장은 또 벌이고 있었다. 그런 와중에 1년이 지나가고 있었다.

손 계장은 문득 후회했다. 먼저 주민들의 의견을 수렴해 호응도가 높은 분야를 선택한 뒤 그것에 집중했더라면 어땠을까? 그랬더라면 일이 더 빠르고 쉬웠으리라는 생각이 들었다. 결국 손 계장은 사업을 1년 미뤄야 한다는 보고서를 올리기로 했다.

손 계장의 실수에서 보듯이, 목표점 찍기를 할 때에는 '선택'과 '집중'이 중요하다. 또한 마련한 프로세스가 비효율적이거나 맞지 않다면 제대로 된 목표점을 찍을 수 없다. 목표점을 달성하면서 관련 프로세스가 비효율적이다 싶으면 과감히 바꾸는 것도 고려해야 한다

신규 정책의 프로세스는 처음에 생각한 바와 다르게 변하는 경우가 종종 생긴다. 오히려 처음 마련한 프로세스가 '법전'인양 융통성 없이 운용하면 더 큰 문제가 발생할 수 있다.

정책을 추진하다 보면 모든 일이 다 중요할 것처럼 보이며, 일에 따라 소요되는 집중도나 시간도 제각각 다르다. 그러니 목표점을 설정하고 일을 하다 보면 가벼운 일은 가볍게 하고, 무거운 일은 집중해서 하는 습관이 생긴다. 자신이 할 수 없는 일은 과감히 다른 사람에게 맡길 수도 있다.

3) 감초처럼 드러내는 목표점

밖으로 드러내지 않고 일을 하다 보면, 일을 하는데도 '안 한다'는 오해를 받을 수 있다. 많은 사람들이 관심을 가지는 신규 업무를 추진할 때에는 더 그렇다. 이를 방지하려면 밖으로 드러내야 하는 부분을 목표점에 포함시키면 된다.

손 계장은 자기가 추진 중인 업무를 드러내지 않는다. 자신의 업무에 대해 많은 사람들이 알게 되면 귀찮아진다고 보기 때문이다. 지금 손 계장이 담당하는 업무는 문화 시설이 부족한 지역에서 문화

생활을 활성화시키는 정책을 추진하는 것이다.

손 계장은 업무를 원활하게 추진하기 위하여 목표점을 찍었다. 1/4분기에는 전문가들과 함께 아이디어를 발굴하고, 2/4분기에는 현장 적용이 가능한지를 점검하며, 3/4분기에는 기본(안)을 마련하는 것이다. 또한 이와는 별도로 해외사례를 조사하는 등 벤치마킹도 곁들였다.

어느 날 박 국장이 불렀다.

"손 계장, 요새 무슨 일 하나?"

"예, 국장님. 전문가들과 함께 아이디어 발굴을 추진 중입니다."

몇 달이 지났다. 박 국장이 또 불렀다.

"손 계장, 요새는 일이 어떻게 돌아가나?"

"예, 국장님. 연초에 보고 드린 바대로 일정에 맞춰 진행 중 입니다. 그리고 요즘은 현장을 돌아다니고 있는데요. 다음 달에 보고서를 마련해 제출하겠습니다."

"그래? 알았어요. 열심히 해요, 손 계장."

그렇게 대답하면서도 박 국장은 불안했다. 손 계장이 일을 하는 것처럼 보이지만, 눈에 보이는 그 무엇이 없기 때문이다.

'드러내는 목표점'은 박 국장 같은 상사의 눈에 맞춘 목표점이다. 손 계장이 드러내는 목표점을 추구하려고 한다면, 전문가 회의를 할 때 박 국장을 동반시키면 된다. 시장을 모시고 언론인들을 동반한 현장 방문을 기획할 수도 있다. 관계 기관과 협의한 데 따른 결과를 박 국장에게 제출할 수도 있다. 필요에 따라 언론사들에 보낼 보도

자료 작성도 고려해야 한다. 포털사이트에 대한시 대표 블로그나 카페(커뮤니티)를 만들거나, 소셜네트워크(SNS)를 이용하여 네티즌들에게 홍보할 수도 있다. 즉, 손 계장은 '약간의 수고'로 업무의 집중도를 높이면서 상사의 불안까지 해소할 수 있다. 일하는 티도 난다.

정책의 민감도에 따라 다르겠지만, 신규 정책이나 제도 개선을 추진할 경우 적어도 분기별 1회 이상 일을 드러내야 한다. 콘텐츠의 프로세스에 중요한 목표점을 찍고, 이와 연계하여 일을 드러내는 목표점을 같이 마련해야 '고생한다'는 말을 윗분들에게서 듣는다.

예를 들어 '1/4분기에는 전문가들과 함께 아이디어를 발굴하면서 국장의 주재하에 전문가 회의를 2회 개최한다. 2/4분기에는 현장 적용 가능성을 점검하면서 주요 현장을 시장님과 함께 방문한다. 3/4분기에는 기본안을 마련하면서 언론사들에 보도자료를 배포한다' 같은 드러나는 목표점을 마련할 필요가 있다.

손 계장이 앞서 설정한 목표점과 이를 비교해보면 일의 차이는 크지 않다. 하지만 업무에 대한 외부의 평가는 이에 따라서 크게 달라진다.

4) 피해야 하는 무리한 목표점

조급함은 무리한 목표점을 세우게 한다. 그러다 보면 기초 부분에 부은 콘크리트가 굳기 전에 건물을 올리는 것과 같은 문제가 발생한다. 정책이 부실해지는 것이다.

6개월 뒤에 자리를 옮길 예정인 손 계장은, 자신이 짓는 걸 담당했던 새 문화커뮤니티센터에서 운영할 프로그램까지 맡았다. 지금 손 계장은 강 주무관이 가지고 온 문화커뮤니티센터 관련 보고서를 점검하고 있다. 보고서에는 핵심적으로 해야 할 일들이 자세히 적혀있다. 이들은 주요 목표점으로 정할 만하다. 손 계장은 자신이 이 사업을 담당하는 동안 성과를 내고 싶다. 자신이 하던 사업을 후임자가 완성한 뒤 자신의 성과인 양 자랑하는 것은 싫다.

"강 주무관, 복잡하게 하지 말고, 개략적인 방향만 제시하고서 추진합시다."

강 주무관은 손 계장과 생각이 달랐다. 그래서 주민들과 많은 대화를 하고, 관련 전문가들의 의견도 들었다. 관련 프로그램을 학습하고, 주변 지자체의 사업들도 벤치마킹하려고 했다. 그러다 보니 사업을 단기간에 마무리하기가 어렵다. 프로그램 개발에만 몇 개월이 소요될 상황이다. 현장에 적용하고 보완하기까지 하면 1년은 족히 걸린다.

그러나 손 계장은 프로그램 개발을 2개월로 단축하고, 주민들을 모아서 실제로 운영에 들어가는 시점은 4개월째로 설정하기로 했다. 강 주무관은 반발했다.

"계장님, 문화커뮤니티센터의 핵심은 프로그램입니다. 좀 더 자세히 검토하고 시작하는 게 어떨까요?"

손 계장은 짜증이 나기 시작했다. 자리를 옮기기 전까지 어느 정도 성과를 내야 하기 때문이다.

"강 주무관, 당신이 문화커뮤니티센터 사업을 추진해봤나? 자네는 국민들이 낸 세금을 낭비하려고 작심한 거야? 잘 모르겠으면 나중에 상황 보면서 유연하게 대처하면 돼. 이렇게 자세히 해놓으면 어쩔 거냐고!"

결국 손 계장의 바람대로 손 계장이 자리를 옮기기 전에 문화커뮤니티센터가 가동되었다. 그러나 얼마 뒤부터 이용객들이 부실한 프로그램에 대해 불만을 제기했다. 손 계장은 다음과 같이 후임자 핑계를 댔다.

"저는 열심히 만들었습니다. 문화커뮤니티센터 운영은 신규 업무니까 계속 보완하면 되고요. 헌데 후임자가 일을 제대로 못하네요."

목표점을 밀고 나가는 것은 신규 업무 추진 때 중요하다. 그러나 업무마다 기본적인 소요시간이 있다. 이를 무시하고 사업을 무리하게 추진하면 문제가 생겨 똑똑한 정책을 마련할 수 없게 된다. 그러니 업무를 완료하는 데 필요한 적절한 시간을 고려해야 한다.

(3) 목표점 달성을 위해서는 전술이 요구된다

목표점을 선정했으면 이를 달성해야 한다. 그리고 목표점 하나를 달성했으면 다음 목표를 달성하기 위해 노력해야 한다. 이렇듯 목표점들을 '실행'이라는 선으로 연결하다 보면 정책이 완성된다. 결국 정책은 잘 선정된 목표점과, 이를 효율적으로 달성하는 실행의 과정을 통해 모습을 드러낸다.

정책담당자는 목표점에 가장 효율적으로 도달하기를 원한다. 위의 비유대로라면 '직선'으로 이으려고 노력한다. 그러나 현장에서 목표점을 달성할 수 있게 해주는 가장 효율적인 방법은 정책담당자가 생각하는 것과 다를 수 있다.

〈그림 3-2〉에서 A점과 B점을 잇는 가장 짧은 선은 직선이다. 첫 번째 목표점인 A를 달성하면, 다음 목표점인 B를 향한 가장 짧은 선으로 직선을 생각할 수 있다. 그러나 물리적으로 볼 때 직선보다 곡선이 더 빠르다. 공을 A에서 굴려보면, 처음에는 가파른 곳에서 가속이 붙은 뒤 남은 운동에너지로 B점을 통과하게 된다. 직선에서 구를 때보다 떨어질 것처럼 아슬아슬하게 더 빨리 내려오고, 그 속도를 계속 유지하기 때문에 더 빠르다. 상식적으로 '아니다!'라고 생각할 수 있지만, 이는 자연의 법칙이다. 정책을 추진할 때에도 이와 유사한 상황이 벌어진다.

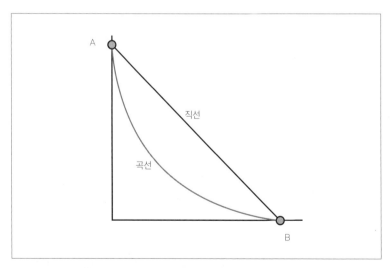

그림 3-2. 목표점 B에 도착하는 더 빠른 코스는 곡선이다.

1) 전술에 의해 차이가 생기는 목표 달성

목표점을 향한 실행은 전술을 기반으로 한다. 그 전술은 융통성이 있고 효율적이어야 한다. 전술을 기반으로 실행하다 보면 비슷한 노력으로 큰 효과를 보거나, 시간을 단축할 수도 있다.

대한시에서는 시민회관을 새로 지었다. 이를 기념하기 위해 회관 설립 취지에 맞는 로고를 만들라는 지시가 손 계장에게 내려왔다. 손 계장은 로고를 가장 빨리 마련할 방법을 택했다. 전문가와 계약하여 모든 일을 맡긴 것이다. 손 계장은 얼마 뒤 전문가가 메일로 보낸 다양한 디자인 시안들 중 마음에 드는 디자인 시안 세 개를 골랐다.

손 계장은 김 과장에게 보여주기 전에 다양한 응용사례를 만들었다. 버스, 옷, 깃발 등에 로고가 새겨져 있는 모습이었다. 손 계장은 혹시나 하는 마음에 이 로고가 다른 로고를 카피한 것인지도 확인시켰다. 이 모든 작업은 필요한 모든 요소들을 완벽하게 갖춘 뒤 단번에 결재를 올려 추진하기 위해서다.

김 과장은 디자인 시안들을 물끄러미 보더니 재검토를 지시했다. 결국 손 계장은 김 과장이 마음에 든다고 할 때까지 동일한 과정을 반복했다. 간신히 통과한 뒤, 박 국장에게 보고했다. 헌데 박 국장이 마음에 들지 않는다고 했다. 이번에도 전 과정과 동일한 과정을 반복했다. 결국 시장의 결제를 받을 때까지 6개월이 훌쩍 지나갔다.

손 계장은 '디자인은 사람의 기호에 따라 호불호가 갈린다'는 사실을 파악하지 못한 채 일을 추진했다.

그럼 시민회관의 설립 취지에 맞는 디자인은 어떻게 찾아야 하나?

시민들이 참여할 수 있는 '시민회관 로고 공모'가 대표적인 방법이다. 손 계장은 이렇게 공모된 디자인 중 지적재산권 관련 문제가 있을 듯한 디자인을 제외한 뒤, 시민심사단으로 하여금 두세 개를 선정하게 한 뒤 대상, 금상, 장려상 등을 주면 된다. 마지막으로, 바로 그 '수상작'들을 시장에게 제출한 뒤 그중에서 선택하게 했어야 한다. 그랬더라면 손 계장은 열심히 일했다는 칭찬도 받고, 동시에 시민들을 대상으로 홍보 효과도 누렸을 것이다. 물론 목표점을 달성하되, 보다 더 짧은 시간을 들여 큰 효과를 볼 가능성도 높다.

'가장 효율적이며 최선'이라고 생각한 방법이 의외로 비효율적일 수 있다는 사실도 알아야 한다. 특히 신규 업무를 추진할 때에는 예측 불가능한 현안이 갑자기 튀어나오기도 한다. 그래서 하나의 목표점을 달성한 뒤 다른 목표점을 향하여 전진할 때, '가장 효과적인 전술이 뭘까?'라는 고민을 하면서 업무를 추진해야 한다.

2) 생각을 미리 예단하면 낭패

주민들의 실생활과 연계되는 정책의 목표점은 사람들의 생각에 따라 바뀔 수 있다. 합리적인 마인드에 따라 '사람들이 이렇게 행동할 거다'라고 섣불리 추측하고 업무를 추진하면 목표점이 홀연히 사라진다. 실행 방법이 현장의 상황과 맞지 않았기 때문에 목표점이 사라진 것이다.

손 계장은 대한시의 복지센터 인근에 고속도로 인터체인지 건설이 검토되고 있다는 소식을 들었다. 손 계장은 인터체인지 덕에 교통이 편리해지면 주민들이 좋아하고, 복지센터 이용에도 도움이 되리라 생각했다. 그래서 관련 교통 규정 등을 검토한 후 고속도로 인터체인지를 유치하려고 했다.

김 과장은 이 사업에 대한 사람들의 의견을 구한 뒤 시작하라고 했다. 허나 손 계장은 김 과장의 말을 흘려 들었다. 손 계장이 보기에 미적거리다가 때를 놓치면 다시 오지 않을 기회일지도 모른다고 생각해서였다. 도로 건설은 토지가 수용될 사람들과 도로 주변 사람들의 개인 재산이 불어나는 일이다. 싫어할 리 없지 않겠는가! 실제로 손 계장이 주변 몇몇 사람들에게 물어보니 다들 좋다고 했다. 그들은 주민들이 인터체인지 마련에 적극 동참할거라고까지 했다.

그러나 인터체인지 건설 계획이 발표되자 주민들이 반대하기 시작했다. 조용한 동네에 고속도로 인터체인지가 생기면 공해와 소음이 심해질 거라는 우려 때문이었다. 일부 주민들이 반대하고 나서자 다른 주민들도 감정을 앞세우기 시작했다. 시청 측에서 주민들에게 물어보지도 않고 사업을 추진하려는 모양새가 마음에 들지 않았던 것이다. 부랴부랴 김 과장이 나서서 설득하려고 했지만 늦었다. '인터체인지 반대 추진 위원회'가 결성되기에 이르렀다.

손 계장은 이해하기 어려웠다. 뻔히 보이는 사실이 아닌가? 도로가 건설되면 해당 지역은 일자리가 생기는 등 분명히 좋아진다. 이쯤 되면 복지센터만의 문제는 아니다. 그러나 주민들의 반대는 완강했다. 결국 인터체인지 건설을 포기했다.

이렇듯 정책담당자가 보기에는 주민들 대다수가 찬성할 거라 생각한 정책이 반대에 부딪칠 수 있다. 과거에 잘 추진되었던 정책도, 지금은 다른 반응에 직면할 수도 있다. 정책 환경이 변했기 때문이다. 한 예로, 요즘 주민들은 공공 기관의 말보다 인터넷에 올라온 설득력 있는 문장을 더 신뢰하곤 한다. 그러니 정책담당자가 주민들의 생각을 잘 알아보지도 않고 추측만으로 일을 추진하면 목표점을 잃을 수 있다.

만약 손 계장이 주민들의 의견을 수렴한 뒤, 사업의 효과성을 주민들에게 충분히 설명했다면 다른 결과가 나왔을 것이다.

3) 상실할 수 있는 목표를 복구하려는 노력

정책을 추진하는 데 중요한 목표점이 홀연히 사라지는 경우가 있다. 그런 경우에는 어떻게 일을 해나가야 할지 몰라서 혼란스럽다. 그렇다고 이를 빼놓으면 정책을 제대로 추진하기 어렵다. 그러니 한번 정한 목표점이 실종되지 않도록 노력해야 한다. 사라진 것처럼 보이는 목표점은 아예 없앨 것이 아니라 되살리도록 노력해야 한다.

김 과장은 대한시를 위한 식품 산업 정책을 마련하기로 했다. 이는 생산지와 소비지를 연결시키는 정책이다. 헌데 문제가 생겼다. 예산 심사 과정에서 냉장 시설이 제외된 것이다. 김 과장은 하늘이 노래지는 것 같았다. 식품을 유통시키면서 냉장 시설을 제외하면 정책의 근간이 흔들린다.

신선한 농산물을 냉장 시설이 없는 차량으로 이동시킬 수는 없다. 뜨거운 한여름에는 반나절도 되기 전에 농산물의 신선도가 급격히 떨어진다. 당연히 소비자들로부터 외면을 당한다. 저장할 때도 냉장 시설은 필수적이다. 냉장 시설이라는 가장 중요한 '콘텐츠'가 사라지면서 식품 산업 정책 추진에 핵심이 되는 '목표점'도 같이 없어졌다.

시청 근처 순댓국집에서 소주를 들이키던 김 과장은 다짐했다.

'어떻게 시작한 사업인데! 이대로 포기할 순 없어!'

다음 날 일찍 출근한 김 과장은 관련 사업들부터 다시 검토하기 시작했다. 목표점은 그대로 두기로 했다. 김 과장은 여기저기로 뛰어다닌 끝에 지원 가능한 사업을 발견했다. 협의만 잘되면 실종 직전인 목표점을 되살릴 수 있다. 사업 추진이 1년 이상 늦어질 수 있었다. 허나 김 과장은 '시간보다 더 중요한 것은 사업을 제대로 추진하는 것'이라는 사실을 알기에 열심히 노력했다.

김 과장의 경우처럼 정책을 담당하는 부서와 예산을 심의하는 부서의 생각은 각각 다를 수 있다. 이 과정에서 정책의 주요 콘텐츠가 예산에 반영되지 않으면 관련된 목표점도 같이 사라진다. 물론 김 과장의 경우처럼 정책 부서는 중요한 목표점이 상실되기를 원치 않는다. 그래서 길고도 치열한 협의가 진행되기도 하고, 관련된 사업을 찾아낸 뒤 그것과 연계시킬 수도 있다. 정책담당자에게는 어려운 일이겠으나, 진정한 정책담당자라면 김 과장처럼 방법을 찾기 위한 노력을 계속해야 한다.

목표점을 되살리지 못한 상태에서 정책담당자가 바뀐다면 목표점이 완전히 사라질 가능성이 높다. 그러니 정말 중요한 목표점은 보직 이동과는 상관없이 지속적으로 달성될 수 있도록 노력해야 한다.

신규 정책은 찍어놓은
목표점에 선 잇기를 하면 완성된다

목표점을 찍고, 이를 달성하려는 노력을 하다 보면 어느 순간 정책은 모습을 갖춘다. 이는 목표점이 설정되었기에 업무의 집중도를 높이고, 불필요한 일은 최소화할 수 있기 때문이다. 개략적인 목표점과, 그것을 달성하는 과정은 〈그림 3-3〉과 같다.

물론 현실에서는 목표점을 달성하는 방법이 무수히 많다. 그리고 한 가지 방법만 고집하다 보면 무리가 따른다. 전술적이고 유연한 사고가 필요하다.

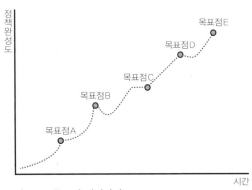

그림 3-3. 목표점 이어가기

2. 디테일한 홍보는 정책을 효과적으로 드러낸다

새로운 정책이나 제도 개선에 대해 다른 이들, 특히 정책고객(국민/시민)들이 알지 못한다면 사업을 제대로 추진할 수 없다. 그래서 정책담당자는 홍보에 대해 생각하면서 일해야 한다.

홍보는 방법도 다양하고 효과도 천차만별이다. 그래서 정책담당자는 홍보를 위해 별도의 계획을 세우는 경우가 종종 있다.

(1) 홍보는 사람을 생각하면서 추진해야 한다

홍보를 할 때에는 '(○○ 정책을) 누구에게 홍보할 것인가?'를 명확히 해야 한다. 또한 홍보하려는 내용이 효과적으로 전달되도록 도와줄 전문가도 구해야 한다. 정책담당자는 새로운 정책을 추진하거나 제도 개선을 진행하기에 앞서 이에 대한 고민을 미리 해두어야 한다. 그래야 나중에 혼란이 적다.

1) 홍보 대상

정책담당자는 홍보 대상에 대해 명확히 알아야 한다. 당연히 정책으로부터 영향을 받는 주민들을 고려해야 한다. 여기에 더해 시장이나 도지사 등 직급이 높은 정책결정자들이나 주요 관계자들도 고려 대상에 포함시켜야 한다.

손 계장은 지역 축제를 기획하고 있다. 홍보의 중요성을 잘 아는 손 계장은, 지역 주민들과 내방객들을 많이 참여시키기 위한 홍보 계획을 세웠다. 홍보를 위한 현수막과 탑도 설치하기로 했다. 김 과장에게 홍보 계획을 보고하니, 이번에도 귀띔을 해준다.

"손 계장, 시장님이 축제에 얼마나 관심이 많으신지 알고 있나요? 예산이 충분하지 않은 건 알지만, 시장님의 동선을 파악해 눈에 띄는 장소에서 현수막이나 탑이 보이게 하세요."

정책결정자에게 일이 어떻게 진행되는가를 알리는 것도 홍보의 목적이 되어야 한다. 그래서 정책결정자의 동선으로 주민들이 많이 사는 인구 밀집 지역을 고를 필요가 있다. 그렇게 하면 자연스럽게 주민들에게 정책의 내용을 전파하면서 정책결정자에게도 일을 드러낼 수 있다.

그렇다고 해서 정책결정자만 의식한 홍보를 해서는 안 된다. 정책결정자의 눈에 띄는 장소에만 홍보물을 설치하고, 다른 장소는 신경을 쓰지 않는 건 주객이 전도된 사례다. 정작 정책에 대해 잘 알아야 하는 주민들은 영 모르는 상황이 벌어질 수 있기 때문이다.

김 과장의 지시를 절반만 이해한 손 계장은 높으신 분들에 대해 신경을 많이 쓴다. 손 계장은 비서실에 살짝 문의하여 시장의 일정을 파악한 후, 시장의 동선 안에 홍보 예산의 대부분을 들여 홍보물을 설치했다. 예산이 집중되다 보니 홍보물의 품질은 높아졌다. 전문 설치예술가까지 동원되었다. 이 소식을 들은 김 과장이 우려하여 손 계장을 급히 불렀다.

"손 계장, 너무 시장님 동선만 고려하는 것 같네요. 일전에 말한 대로 그런 게 필요하기는 해요. 헌데 축제에 관심이 많은 주민들을 위해 대중교통 광고나 라디오 광고를 이용하는 방법도 고민해보세요."

그러나 손 계장은 이미 홍보에 필요한 예산을 거의 다 써버렸다. 그러니 주민들을 위해 추가로 홍보하기는 어려웠다. 결국 축제가 다가오는 데도 축제에 대해 모르는 주민들이 많았다.

홍보의 주 고객은 정책으로부터 영향을 받는 주민들, 즉 정책고객 (국민/시민)들이다. '정책고객들에게 최대한 효율적인 정책 전달 방법이 무엇인가?'를 우선 고려한 뒤 정책결정자에 대해 고민해야 한다. 그래야 정교한 홍보 계획이 수립될 수 있다.

2) 홍보전문가

홍보는 전문성이 요구되는 분야다. 그래서 정책담당자가 홍보와 관련된 경험과 지식이 풍부하더라도 실무적으로나 현실적으로 여전히 부족할 수 있다. 홍보 전략, 홍보 매체 선정, 홍보 포인트 등을 정하기가 쉽지 않고, 비용도 문제가 될 수 있기 때문이다. 그러니 국가 대표 축구 팀 감독이던 거스 히딩크가 "난 여전히 배가 고프다"고 했듯이 지속적으로 관련 지식과 노하우를 갈구해야 한다.

역량 높은 홍보전문가와 같이 협업을 하면 많은 도움을 받을 수 있다. 특히 민감한 정책 사항에 대해서는 홍보전문가와의 협업이 필요하다. 비용이 더 들지나 않을까 걱정되는가? 허나 홍보전문가와 협업하면 적절한 홍보 매체를 선택할 수 있으며, 홍보를 위한 가장 적절한 타이밍도 잡을 수 있으니 비용 대비 효과가 높다.

동일한 보도자료나 광고물이라도 홍보전문가와 함께 만들면 홍보 카피의 수준부터 달라진다. 홍보전문가가 핵심을 잡아낸 뒤, 주민들이 이해하기 쉬운 말로 변환시키기 때문이다. 자료의 내용도 훨씬 더 잘 읽힌다.

그래서 홍보 작업 전체를 용역에 맡기는 경우도 있다. 즉, 정책담당자가 개략적인 홍보 계획을 세운 뒤, 이를 충분히 수행할 수 있는 홍보전문가와 계약하는 식이다. 일반적으로 언론 매체에서 일해본 적이 있는, 그래서 경험과 영향력도 갖춘 홍보전문가와 협업을 하면 홍보 효과가 높아질 수 있다.

그러나 역량이 떨어지는 업체에 홍보 용역을 맡길 경우 정반대의 현상이 벌어질 수 있다. 그래서 용역업체를 선정할 때에는 후보들을 심사할 심사단을 선정할 때부터 유의해야 한다. 능력은 떨어지지만 요란한 프레젠테이션으로 현혹시켜 심사 때 유리한 고지를 선점하는 경우도 있기 때문이다. 이럴 때에는 관련 업체와 같이 일해본 정책담당자의 조언이 도움이 된다. 그런 정책담당자들이 만족하는 홍보전문가는 어느 정도 신뢰할 수 있다.

(2) '전략적 홍보'라야 홍보의 의미가 산다

사람의 마음을 움직이는 홍보는 난이도가 높다. 새로운 정책에 숨어 있는 또 하나의 신규 정책처럼 느껴질 수도 있다. 그러니 홍보물을 제작할 때에는 별도의 전략을 세운 뒤, 이를 시행하기 위한 협의와 예산도 확보해야 한다.

1) 사람의 마음을 움직이는 홍보 전략

주민들의 관심을 유도하고, 정책의 핵심 내용을 전달하려면 홍보 전략이 필요하다. 홍보 전략의 핵심은 '주민들의 생각'이다. 그래서 홍보 전략을 세우려면 해당 정책에 대해 깊이 있게 파악해야 한다. 즉, 정책에 대해 디테일한 부분까지 검토한 뒤 홍보를 추진해야 한다. 대강 만든 설익은 홍보는 오히려 문제를 유발할 수 있다. 민간 기업에서 만든 홍보물의 내용이나 콘셉트 때문에 오히려 해당 기업이 대중들로부터 매도나 조롱을 당하는 경우를 떠올려보라.

손 계장은 식품 안전성 관리를 강화하는 정책을 추진하고 있다. 그는 지금 추진 중인 정책의 명분이 충분하다는 생각에 정책 개시를 알리는 보도자료를 대한시의 홈페이지와 블로그, 까페, 소셜네트워크 등을 통해 배포했다.

그러나 정책과 관련된 이해당사자 중 한 명이 손 계장이 올린 보도자료를 분석해보더니 실망스러워했다. 규제만 잔뜩 늘어놓은 듯한 느낌을 받아서였다. 그래서 소셜네트워크에 자신의 생각을 늘어놓았다. 관련 국제 기준도 제시했다. 이 내용은 식품 안전에 관심이 있는 시민들 사이로 급속히 퍼져나갔다. 이를 지켜보던 언론사에서 대대적으로 기사화했다. 손 계장은 다음 날 아침 포털사이트의 뉴스캐스트를 보고 격분했다.

'설익은 정책으로 규제를 양산하는 대한시'

이 제목을 본 손 계장은 해당 기사를 쓴 기자에게 반박 메일을 보내려고 했다. 하지만 막상 반박문을 쓰려고 하니 자료도 불충분하고 분석도 미흡했다. 결국 손 계장은 엄지손가락 끝을 깨물며 분을 삭여야 했다.

홍보 전략은 우선 홍보할 포인트를 잡아내면서 시작된다. 그 포인트는 복잡하지 않고 심플해야 하며, 대중의 관심을 끌고 생각을 변화시키는 포인트다. 한번 보고 곧바로 이해되는 포인트라면 아주 유용하다.

사실, 정책담당자는 자신이 추진하는 정책에 관해 하고 싶은 말이 많다. 정책의 취지, 효과성, 어떤 방법으로 시민들이 그 정책으로부터 혜택을 받을 수 있는지 등에 대해서 말하고 싶다. 물론 전부 중요하나, 주민들에게 모두 알릴 수는 없는 노릇이다. 오히려 모두 알리려 하면 핵심 사항마저 제대로 전달하지 못할 수도 있다.

강 주무관은 맞벌이 부부의 아이들을 위한 보육을 지원하는 정책을 추진하고 있다. 낮 시간에 부모 둘 다 직장을 가야 하니, 아이들은 보육 사각지대에 놓일 수 있기 때문이다.

강 주무관은 '맞벌이 부부가 직장 생활을 한다는 증명을 제출하면,

아이들이 보육 시설에 우선적으로 들어갈 수 있다'라는 내용의 보도 자료를 마련하기로 했다. 김 과장에게 의견을 물었더니, 김 과장은 '맞벌이 부부 자녀, 보육 시설 우선 입소길 열리다'라는 홍보 포인트를 잡아주었다.

하지만 강 주무관은 이 내용이 불만스러웠다. 기왕이면 '맞벌이 부부, 보육 시설에 직장증명 제출 시 우대'로 하고 싶어서다. 강 주무관이 추진하는 정책의 내용은 '맞벌이 부부 아이들의 보육 시설 이용 신청 시 가점을 부여하여 우대한다'는 것이기 때문이다. 동일한 내용이지만 전달하는 느낌은 다르다.

홍보의 포인트만큼 중요한 부분은 홍보의 타이밍이다. 부적절한 시기에 홍보하면 효과가 반감된다. 특히 민감한 정책에 대한 홍보는 타이밍 선정이 중요하다. 자칫하면 정치적인 문제로 비화될 수도 있기 때문이다.

박 국장은 대학생들을 대상으로 로고 공모전을 추진하기로 했다. 일단 부서 내에서 관련 의견을 취합한 박 국장은 응모하려는 대학생들이 디자인을 하는 데 필요한 시간을 충분히 주기 위해 공모 시기를 7월 초부터 8월 말까지, 그러니까 방학 기간으로 설정했다. 그래서 6월 말부터 각 대학교에 '대한시 대학생 로고 공모전' 포스터가 붙기 시작했다.

그런데 공모 마감 기간이 다가와도 참여하는 학생 수가 많지 않다. 6월 말은 기말고사 시즌이었고, 그 뒤는 방학이라서 학생들이 자기 집이 있는 지역으로 떠나거나 아르바이트를 하는지라 대학교 게 시판에 붙은 공모전 포스터를 보지 못했기 때문이다.

박 국장은 홍보 매체가 다양하다는 점과, 효과가 제각각이라는 점에 주목해야 했다. 보도자료, 홍보책자, 다큐멘터리, 현수막, 지하철 광고, 라디오 광고, 텔레비전 광고, 포털사이트 메인 페이지 광고, 파워블로거나 관련 커뮤니티(카페)와의 제휴 광고, 소셜네트워크 광고 등 오늘날에는 효과적인 홍보 매체가 아주 다양하다. 그러니 비용 대비 효과성 높은 홍보 매체를 선정할 수 있다. 박 국장이 홍보 부서의 의견도 구했더라면 더욱 효과적인 홍보를 할 수 있었을 것이다.

2) 정책 방향성 유지와 협의

민감한 정책에 대해 홍보할 때에는 관련 기관 등과의 협의와 조정이 중요하다. 특정 부서의 홍보가 다른 부서의 정책 방향과 맞지 않을 수도 있기 때문이다. 여러 기관이 협업해서 해야 하는 홍보도 있고, 정무적인 조정이 요구되는 경우도 있다. 이에 대한 협의를 간과하면 해당 홍보 때문에 혼란이 발생할 수 있다.

손 계장은 대한시의 자연환경을 깨끗이 하여 시민들의 삶의 질을 높이고 싶다. 그래서 등산로와 공원 등 공공 이용 시설 관련 환경 대책을 세웠다. 반려동물과 함께 다니지 않게 하고, 그늘막 설치도 규제하는 내용이다. 흡연자도 규제하고, 쓰레기 무단투기 관련 벌금도 강화하기로 했다. 손 계장은 이에 대한 보도자료를 배포하고, 버스정류장에 광고물도 게시하기로 했다. 그런데 김 과장은 손 계장의 계획을 보더니 당황스러워 하면서 외쳤다.

"손 계장! 시민들의 일상생활과 밀접한 정책을 무턱대고 발표하려 하면 어떻게 해요? 관련 부서와 정책 조정 협의를 하고, 시의회와도 협의해야 합니다. 관련 시민단체와의 조율도 중요하다고요!"

평소에 화를 내는 일이 없던 김 과장의 반응에 놀란 손 계장은 즉시 협의에 들어갔다. 김 과장의 예상대로 관련 부서의 담당자들은 심각하게 우려했다. 시의회에서도 지나친 규제라며 반발했다. 시민 단체는 무수한 반대 의견을 제시했다.

정책고객(국민/시민)들은 정책 홍보를 '정책을 실시하겠다'는 의미로 받아들인다. 그래서 정책을 홍보할 때 '협의 프로세스는 중요할 뿐만 아니라, 필수 과정이다'라는 인식을 가져야 한다. 정책고객들의 의견을 수렴해야 하는 홍보도 있다. 이를 무시하거나 대강 하고서 무리하게 정책을 추진하려 하면 문제가 발생한다.

3) 예산에 대한 고려

홍보 전략이 개략적으로 마련되면, 홍보 비용을 확보해야 한다. 이에 따라 홍보 전략의 주요 내용이 수정되고 보완될 수 있기 때문이다.

손 계장은 1년여의 준비 끝에 녹지 정책을 마련했다. 이는 대한시 시민들의 쾌적한 삶을 위한 새로운 개념의 녹지 정책이다. 손 계장은 이를 추진하기 위해 신규 예산도 받아내고, 규정도 새롭게 만들며 바쁘게 보냈다. 마지막 단계로서, 손 계장은 녹지 정책을 본격적으로 진행하기 위해 홍보를 추진하려 했다. 헌데 부서에 홍보 비용이 없다! 부랴부랴 홍보실로 달려가 담당자에게 문의했더니, 이런 답변을 받아야 했다.

"아이고, 이런! 연말이라 홍보비가 나올 여지가 없어요, 계장님."

결국 손 계장은 외부에 보도자료만 내보냈다. 그러나 이 녹지 정책에 대해 대한시 시장이 높은 관심을 보이고 있다 보니, 손 계장은 홍보를 제대로 할 수 없는 상황을 걱정하기 시작했다.

손 계장이 처한 상황은 정책담당자가 사업 경험이 없거나, 홍보에 대한 감이 없을 때 일어날 수 있는 일이다. 일상적인 정책 사업을 하다 보면 홍보의 필요성을 실감하지 못할 수 있기 때문이다.

그러나 신규 정책이나 제도 개선 사업은 다르다. 관련 주민들의 생각과 행동을 바꿔야 하는 상황이기 때문이다. 그들의 머릿속에 쏙쏙 들어가는 홍보를 하려면 예산을 확보해야 한다.

(3) 홍보는 안방까지 전달시켜야 달성된다

홍보의 성과를 알 수 있는 최선의 방법은 직접 동네를 돌아다니면서 "○○○ 정책 아세요?"라고 질문해보는 것이다.

만약 "그런 게 있었어요?", "비슷한 뭔가는 들어본 것 같기도요?" 같은 답이 나오면 절망적이다. 수많은 예산을 들여 추진한 홍보의 결과가 이래서는 안 된다. 적어도 정책고객(국민/시민)들이 관련 정책이 있다는 사실 정도는 알고 있어야 한다.

홍보는 쉽지 않은 일이다. 자신에게 필요한 정책의 내용을 바로 이해할 수 있으면 좋겠지만, 그렇지 않은 경우가 더 많기 때문이다. 정책을 쉽게 풀어쓰더라도 정책고객(국민/시민)들에게는 '전문가들의 분야요, 전문가들의 용어일 뿐'이다. 옆에서 누군가가 이야기를 해주듯이, 교육시켜주듯이 해야, 이해하기 쉽게 해주어야 한다.

그렇다! 안방에까지 파고드는 홍보가 필요하다!

1) 스토리텔링

복잡한 정책을 국민들이 납득하기 쉽게 설명하기는 어렵다. 이럴 때 스토리텔링이 유용하다. 상대가 이해할 수 있는 쉬운 말로 이야기해주듯 설명할 수 있으니, 듣는 사람들로서는 이해하기가 쉽다. 그래서 불특정 다수에게 혜택이 돌아가는 정책일수록, 이에 관한 스토리를 만들어 알기 쉽게 설명해주는 노력이 필요하다.

손 계장은 작은 도서관을 지원하는 사업을 추진 중이다. 이 사업은 마을 단위에 소규모 도서관을 설립함으로써 지역주민들에게 문화 혜택이 돌아가게 하는 사업이다. 손 계장은 다음과 같은 홍보 카피를 작성하여 홍보했다.

'작은 도서관이 설립되었습니다. 책을 읽고 싶은 사람은 오세요. 지식이 쌓입니다.'

그러나 자기 방 모니터 앞에서 마우스를 몇 번 클릭하면 필요한 정보를 구할 수 있는 시대에, 과연 누가 지식을 구하려고 도서관에 책을 보러 갈까? 이런 생각을 한 어떤 직원이 손 계장의 카피를 동료들과 커피를 마시면서 비판했다. 이에 한 동료가 그럼 어떤 카피를 내

세우겠냐고 하니, 그는 다음과 같은 주장을 했다.

"나 같으면 말이지, 카피 말고 이런 스토리를 지어낼 거야. 빌 게이츠는 집에서 컴퓨터를 켜지 않습니다. 아이들과 책을 읽기 위해서지요. 책을 많이 읽은 아이는 상상력이 좋다는 사실을 아니까요. 작은 도서관에서 아이의 꿈을 키워보세요. 뭐, 이렇게 말이지."

정책고객(국민/시민)이 이해하기 쉬울지는 몰라도, 정책에 좋지 않은 영향을 미칠 수 있는 스토리텔링도 있다.

박 국장은 대한시에 폐기물처리장을 마련해야 한다. 조만간 대한시의 폐기물 처리 용량이 한계에 도달하기 때문이다. 그러나 폐기물처리장은 주민들이 싫어하는 NIMBY(Not In My Backyard) 시설이다. 그래도 어떻게든 추진해야 한다.

박 국장은 다음과 같은 스토리를 잡고 홍보물을 만들기 시작했다. '대한시에서 발생하는 악취와 공해, 단박에 해결할 수 있는 폐기물처리장 건설. 행복한 주민 생활의 시작입니다.'

박 국장은 어려울 것 같은 내용은 모조리 빼버리고, 당장 환경이 개선될 듯한 느낌을 주는 스토리를 엮어 발표했다. 그러자 시민들의 관심이 높아졌다. 폐기물처리장 건설이 금방 이루어질 것 같았다.

그러나 폐기물처리장이 들어설 거라고 예상되는 동네에서 민원이 들끓기 시작했다. 이렇게 주민 합의가 지연되면서 박 국장은 자칫 양치기 소년이 될 판이다.

박 국장이 처음부터 다른 스토리로 이야기했으면 어떨까? 정책을 마련하고 추진할 적에 어려운 점까지 모두 포함시키면서 정책고객

(국민/시민)들의 동참을 호소하는 스토리 말이다. 가령 다음과 같은 문구다.

'폐기물에 의한 악취로 대한시 시민들의 불편은 커지고 있습니다. 호흡계 질병 환자 수도 증가하고 있습니다. 이런 상황에서 폐기물처리장 건설을 미룬다면 무슨 일이 일어날까요? 물론 폐기물처리장은 혐오 시설이라 아무도 유치하기를 원치 않지요. 허나 저희 대한시는 시민들을 위하여 이 쉽지 않은 일을 추진하기 위해 최선을 다하겠습니다. 시민 여러분들의 적극적인 협조를 부탁드립니다.'

이런 내용이라면 적어도 나중에 욕은 덜 먹을 것이다. 어차피 얼마 뒤에 드러날 일이라면 스토리에서 뺀다고 없어지지는 않는다.

지역 관광 활성화를 위한 다음과 같은 스토리텔링도 있다.

이탈리아의 베로나 시에는 '줄리엣이 살던 집'이 있다. 영국 극작가인 윌리엄 셰익스피어가 베로나 시를 〈로미오와 줄리엣〉의 배경으로 설정한 점을 활용한 것이다. 덴마크의 코펜하겐 앞바다 작은 바위에 있는 인어공주 동상 주변은 지금도 기념촬영을 하려는 사람들이 우글거린다.

한스 크리스티안 안데르센은 조국에 아름다운 동화들과 함께 관광 자원까지 선물한 셈이다. 아일랜드 작가인 제임스 조이스가 쓴 〈율리시스〉의 팬들은 배경인 아일랜드의 더블린 시를 정기적으로 단체 방문한다.

일본 지자체에서는 유명 애니메이션의 배경으로 자기네 지역을 등장시켜달라고 제작사 측에 요청하기도 한다. 해당 애니메이션의 팬들이 찾아오는 것을 기대할 수 있기 때문이다.

우리나라에서도 스토리텔링식 관광 홍보가 활성화되고 있다. 성춘향의 고향인 남원시에서는 매년 '춘향축제'도 열고, 제사도 지낸다. 춘향축제는 전국에서 가장 오래되고 성공적인 축제 중 하나다. 봉화군에는 '이몽룡 생가'가 있다. 부산시에서는 신작 영화를 위한 영화 촬영지를 제공하고 있다. 이 정책은 영화 〈해운대〉 등의 성공으로 빛을 보기도 했다. 그러나 도가 지나친 경우도 있다. 인접한 두세 지역이 특정 위인의 고향이라며 다투는 경우가 그러하다.

스토리텔링은 이렇듯 정책 홍보에 유용하기에 많이 활용되고 있다. 그러나 억지로 지어내거나 동일한 소재를 너도나도 사용한다면 오히려 효과가 반감되고, 예산 낭비로 이어질 수 있다. 정책담당자라면 양적인 스토리텔링보다는 질적인 스토리텔링을 고민해야 한다.

2) 교육

정책에 대한 필요나 호기심이 생기면, 가급적 상세하게 알고 싶어진다. 어려운 정책에 대해서는 관련 전문가의 강의도 듣고 싶어진다. 그런 요구를 맞추려다 보면 홍보가 디테일해지면서 교육자료처럼 변한다. 이런 식으로 진행되는 '정책 홍보와 연계된 교육'은 정책고객(국민/시민)들이 쉽게 접근하고, 이해하기도 쉽게끔 만들어야 한다.

손 계장은 대한시 시민들을 위한 여가 활용 정책을 마련했다. 물론 이 정책을 많은 이들이 알고 이용할 수 있도록 해야 하니, 손 계장은 방송 매체, 지하철 판넬, 전단지 등을 통해 몇 달 동안 홍보했다. 홍보 효과가 서서히 나타나면서 여가 시설을 이용하려는 이들의 문의가 빗발치기 시작했다.

그런데 홍보물을 통해서 개략적으로 소개된 내용만 보고는 시설을 이용하기가 어렵다는 민원이 들어오기 시작했다. 손 계장은 이미 마련된 홈페이지에 'Q&A, 여가 시설 100배 활용법, 즐거운 놀이학습' 등의 코너를 마련했는데도 왜 이러나 싶었다. 그러나 손 계장의 문의를 받은 김 과장은 '보고서를 그대로 옮긴 듯한 내용'을 지적했다.

"손 계장, 누구를 위한 여가 시설인가요? 이렇게 어렵게 설명하면 시민들이 이해하겠어요? 손 계장 부인이나 아이들도 이해할 수 있는 수준으로 바꾸세요."

정책 홍보를 겸하는 교육 프로그램은 누구라도 쉽게 이해할 수 있어야 한다. 특히 공청회, 설명회, 포럼 등도 학습 효과와 홍보 효과를 동시에 볼 수 있는 방법이다. 그러니 많은 이들이 참여하여 정책에 대해 충분히 이해하고 돌아갈 수 있도록 진행 프로그램과 소개할 내용을 쉽게 짜야 한다.

3) 정책을 알리기 위한 다양한 노력

정책고객(국민/시민)들이 반드시 알아야 할 정책 정보를 안방까지 전달해줄 수는 없을까? 만약 누군가가 이 방법을 찾아낸다면, 그는 정책 · 행정의 역사상 가장 위대한 인물로 대접받을 것이다. 물론 수건, 달력, 필통, 컵 등 다양한 홍보물은 집에서 사용되고 있다. 그러나 그런 물건들은 단편적인 내용만 전달할 수 있을 뿐이다.

그래도 지난 20세기 내내 인류의 문명이 얼마나 많이 도약했는가를 떠올려보면, 아마 조만간 '새로운 혹은 맞춤형 정책 정보가 행정기관에서 정책고객(국민/시민)의 안방까지 바로 배달되는' 혁신이 일어날 수도 있을 것이다. 한 예로 100년 전인 1914년에 제1차 세계대전이 발발하자, 사람들은 자기가 사는 지역의 광장에서 공무원이 들려주는 행정명령으로 이를 알았다. 허나 1990년에 제1차 걸프 전쟁이 발발하자, 사람들은 자기 집 텔레비전 뉴스로 이를 알았다.

가까운 미래에 '정부 정책 스마트 알림 서비스'가 시작될 거라는 상상을 해본다. 즉, 스마트폰, 스마트텔레비전, 스마트터치스크린 등 주변의 스마트기기는 주민들이 필요하거나 원하는 정책 내용을 바로 알려주는 기능을 탑재할 수도 있다.

홍보

홍보는 기관의 홍보 부서와 긴밀히 협의하면서 진행해야 한다.
다음은 정책담당자가 기본적으로 알아두면 좋은 사항들이다.
실제로 인터뷰 등을 할 때에는 기본 사항뿐만 아니라 세부적인 부분에 대해 홍보 부서와 협의한 뒤 진행해야 한다.

① 홍보 전반

언론 홍보는 정책을 입안할 때부터 정책 추진 전 과정에 걸쳐 이루어진다. 그렇기 때문에 언론의 특성을 이해하고 일관되게 추진해야 한다.

'사전 홍보 계획'을 수립하는 단계에서부터 설득력 있는 다양한 자료를 준비하여 적극적으로 알려야 한다. 건전한 비판은 수용하되, 오보나 왜곡된 보도에는 철저하고 당당하게 대응해야 한다.

② 보도자료

알리고자 하는 정책이나 사업, 행사의 주요 내용을 6하원칙(누가, 언제, 어디서, 무엇을, 어떻게, 왜)에 따라 사실적이고 구체적으로 정리해야 한다.

제목은 보도자료의 핵심이다. 그래서 보도자료를 받은 기자는 제목만 보고서 기사화 여부를 결정하기도 한다. 그러니 기사에 들어갈 내용을 요약한 자료를 보도자료의 제목 밑에 둠으로써, 기자가 그 요약만 보고도 전체 내용을 알 수 있게 해야 한다.

본문에서는 중요한 부가적 사실을 설명한다. 필요에 따라 첨부자료를 붙일 수 있다. 보도자료의 배포 일정에 대해서는 홍보실과 사전 협의한다.

보도자료는 다음과 같은 요령에 따라 작성한다.

ⓐ 제목과 부제는 10자 내외 정도로 짧게 한다.
ⓑ 불필요한 수식어를 넣지 말고 전달할 내용의 핵심을 부각시킨다.
ⓒ 여러 사실을 한 문장에 넣으려고 하면 산만해질 수 있다. 가급적 중요한 사실부터 짧은 문장으로 적는다.
ⓓ 이해하기 힘든 전문적인 용어와 관점을 흐리는 수식어는 피한다.
ⓔ 완결된 정책에 관한 내용만 다뤄야 한다.
ⓕ 이해를 돕기 위한 사진이나 그래픽 자료는 언론 보도가 이루어질 가능성을 높인다.

③ 인터뷰

진행 과정과 메시지 전달 요령을 미리 학습한 후 대응한다. 사진을 제공할 경우에는 현장의 느낌이 살아있는 사진을 제공하고, 방송을 할 때에는 용모와 의상을 반드시 점검해야 한다.

가급적 천천히, 핵심만 간단히 말해야 한다. 예를 들어 설명하면 유리하다.

마지막에는 가급적 결론을 말하라. 장황한 이야기나 전문적 용어는 피해야 한다.

자극적인 질문에 흥분하지 말아야 한다.

다음과 같은 요령을 따르면 좋다.

ⓐ 인터뷰 및 질문의 의도 등 정확한 요청 사항과 보도되는 시점을 파악한다.

ⓑ 부정적인 인터뷰일 경우 대응 여부를 신중히 결정한다.

ⓒ 인터뷰 전에 사전 연습을 한다.

ⓓ 인터뷰의 내용이 부정적인 것이라면 내용을 녹음하고, 입회하여 확인한다.

ⓔ 자의적으로 윤색할 가능성이 있는 인터뷰일 경우에는 서면 답변이 유리하다.

④ 기고

비용을 들이지 않고 효과적으로 홍보할 수 있는 방안이다. 예를 들면 언론 매체의 '시론'·'특별기고'·'발언대' 같은 코너를 다양하게 활용할 수 있다.

실패 사례나 성공 사례를 충분히 활용하고, 언론사에서 정해준 분량에 맞게 쓰기만 하면 해당 언론 매체의 독자들에게 메시지를 제대로 전달할 수 있다.

다음과 같은 요령을 따르면 기고문을 잘 쓸 수 있다.

ⓐ 제목은 핵심을 찌르는 요약된 언어로 정리한다.

ⓑ 핵심이 되는 포인트를 잡아 서두에 쓴다.

ⓒ 본문에는 사례와 예시를 적절히 든다.

ⓓ 마지막에 전반적인 내용을 정리한다.

⑤ 비언어적 커뮤니케이션에 주의한다. 특히 〈표 3-6〉은 이와 관련하여 인터뷰라든가 다큐멘터리를 촬영할 때 주의해야 하는 요소다.

해야 할 것들	해서는 안될 것들
◦ 유행을 타지 않는 색의 옷차림	◦ 체크무늬 및 작은 무늬가 들어간 옷
◦ 깔끔한 구두	◦ 단정치 못한 옷, 구겨진 옷
◦ 여유 있는 표정	◦ 어두운 선글라스
◦ 모자 착용시 얼굴을 덮지 않고, 안경은 무광택	◦ 화려한 옷이나 화장
◦ 화려하지 않은 손목시계나 악세사리	◦ 인터뷰용 메모지를 들고 있는 것
◦ 가능한 정장, 점잖은 화장	◦ 수행원을 두 명 이상 거느리는 것

표 3-6. 비언어적 커뮤니케이션에서 주의해야 할 것들(농림공직자 업무 매뉴얼)

3. 시범 운영은 놓칠 수 있는 디테일을 잡아준다

정책에 대해 속속들이 아는 사람은 정책담당자가 아니라 현장에 있는 주민들이다. 즉, 정책에 관계된 수백만, 수천만 명의 정책고객(국민/시민)들이 정책을 피부로 느끼며 문제점을 발견해내는 것이다.

그렇기 때문에 새롭거나 개정된 정책을 전면적으로 시행하기에 앞서 시범 운영을 해야 한다. 물론 시범 운영만으로는 충분하지 않다. 발견하지 못하는 부분도 있기 때문에 지속적인 점검도 필요하다. 다만, 디테일한 시범 운영은 현장에서의 혼란을 최소화시켜 정책을 안착시키는 데 큰 도움이 된다.

(1) 시범 운영은 현장에서
   정책 디테일을 확인·보완하는 작업이다

온실 속에서 자라난 화초를 세상으로 내보내려면 적응을 위한 단계를 거쳐야 한다. 그렇듯이 정책도 시범 운영이 요구된다. 아무리 디테일을 고려하여 정책을 마련했어도 현장에서는 문제가 드러나기 마련이기 때문이다.

시범 운영은 사무실에서 자라난 정책을 본격적으로 시행하기 전에, 현장에서 그것이 어떻게 실현될지 가늠할 수 있는 처음이자 마지막 기회다.

1) 시범 운영 설계

시범 운영에서 점검해야 할 내용은 정책 목적, 성과지표, 예산, 조직, 절차, 운영 등 다양하다. 따라서 시범 운영을 설계할 때에는 '얻으려는 것'을 분명히 해야 한다. 명확하게 정하지도 않은 채 '일단 해보고 판단하자!'는 태도는 시범 운영의 성과를 낮춘다.

그렇다고 해서 시범 운영은 적당히 하고 '나중에 보완하면 돼!'라는 생각으로 전면적으로 시행하면 혼란이 생길 수도 있다. 현장에는 다양한 이해관계가 얽히기 때문이다.

손 계장은 식품 안전 관리 정책을 추진하고 있다. 이 정책의 주요 내용은 대한시의 식품 가공 공장의 위생 상태 수준을 높이고, 가급적 안전한 원료식품을 확보하자는 것이다. 손 계장은 일단 다양한 장소를 선택하여 3년간 시범 운영을 해보기로 했다. 현장에서 문제가 나타나면 적절한 해결 방안을 찾기 위해서다.

시범 운영이 마무리 되었다. 현장에서 드러난 문제점은 생각보다 적었다. 손 계장은 이를 보완하여 전면적으로 추진했다. 곧 정책에 대한 다양한 문의가 들어왔다.

"기존에 있던 가공 공장을 리모델링해도 되나요?"

"검사요원이 부족해서 '안전한 공장'이라는 인정을 받기가 쉽지 않아요."

"원료식품을 저장하기 위한 냉장 시설이 너무 멀어서 어렵습니다."

"작업할 사람 구하기가 쉽지 않네요."

그러나 이러한 문의들은 시범 운영 때 현장에서 제기된 게 아니다. 사실, 시범 운영에 참여했던 업체들의 수는 상대적으로 적었다. 또한 시범 운영 때에는 인적 자원 확보가 상대적으로 쉬웠으며, 냉장 시설을 갖춘 업체들이 시범 운영을 하겠다고 신청했다.

손 계장이 시범 운영 설계를 철저히 했더라면 시범 운영에 참여할 업체를 선정하는 작업부터 달랐을 것이다. 시범 운영을 통해 파악하고 싶은 내용에 따라 시범 운영 설계도 바뀌기 때문이다. 아울러 시범 운영 설계에 다양한 분야의 전문가들을 참여시킨다면 정책을 보완하는 데도 유리하다.

2) 시범 운영 범위

시범 운영은 정책담당자가 관리할 수 있는 범위에서 실시해야 한다. 욕심을 내어 관리 범위를 넘기면 관리하기가 어려워져서 시범 운영을 통해 얻을 수 있는 내용이 제한된다. 시범 운영이 제대로 되지 않으면 이에 대한 비난으로 정책이 시행되기도 전에 비틀거릴 수 있다.

손 계장은 2년간 공을 들여 결혼이주여성 교육 정책을 마련했다. 그 일환으로 손 계장은 결혼이주여성들과 그녀들의 주변 사람들 간의 문화 충격과 갈등을 최소화하기 위한 다양한 프로그램도 마련했다.

본격적인 전면 시행에 앞서 시범 운영을 하는 시점이다. 대한시에서는 이미 상당히 많은 결혼이주여성들이 가족을 이루고 있는 바, 이들의 어려움이 그녀들의 아이들에게까지 영향을 미칠 거라는 우려도 생기고 있다.

그래서 손 계장은 시범 운영 프로그램을 최대한 많이 적용시켜보기로 했다. 일단 기존 결혼이주여성 교육 과정의 대부분에 새로운 교육 프로그램을 적용시켰다. 이는 국내외의 다양한 사례를 점검해서 만든 것이고, 검토했던 사람들도 교육 내용이 좋다고 하니 문제없을 거라고 손 계장은 생각했다.

그러나 시범 운영에 참여하는 교육지원자는 적었다. 대부분의 다문화가정에서는 직업과 관련된 교육을 희망하고 있었기 때문이다. 허나 손 계장이 강화시킨 교육 과정은 오히려 직업 교육 과정을 상당히 약화시켰다.

문제는 이뿐만이 아니었다. 손 계장은 '시범 운영'이라는 취지에 맞춰 일부에만 적용했어야 한 것을, 전면 시행이나 다름없이 추진했던 것이다. 그래서 전체적으로 문제가 발생했다.

대한시는 교육생 수가 전년 대비 절반 이하로 감소되자 이 정책이 실패했다고 판단했다. 그러다 보니 기존 교육 과정을 담당했던 전문가들과 관계자들이 대한시 측에 압력을 가하기에 이르렀다. 손 계장은 곤란한 지경에 몰렸다.

이렇듯 좋다고 생각한 정책도 현장에 적용하면 부족한 부분이 드러난다. 그러니 시범 사업은 '감당할 수 있는 범위'에서 시작해야 한다. 부족한 부분은 단계적으로 보완해야 한다.

3) 시범 운영 기간

시범 운영 기간은 최대한 확보하는 것이 정책을 안착시키는데 유리하다. 정책은 완결성을 확보한 후 시행하는 것이 좋기 때문이다. 선진국에서는 새로운 정책을 3년 이상 시범 운영해보고 보완한 다음에 시행하는 경우가 많다.

손 계장은 대한시의 고령자들을 위한 에너지 대책을 추진하고 있다. 소득이 적은 고령자들이 늘어나는 데다, 이들은 겨울철 난방비를 큰 부담으로 느끼고 있기 때문이다. 그래서 손 계장은 새 사업의 시범 운영을 '고령자들이 밀집한 지역'과 '고령자들이 산재한 지역'을 대상으로 추진했다. 아울러 재능기부단체와도 연계하고, 해당 지역 담당 공무원들의 관심도 유도했다. 결과를 분석해보니 예산 대비 만족도가 높았다. 손 계장은 부족한 점이 드러난 몇몇 부분들을 보완한 뒤 전면 시행에 들어갔다.

전면 시행을 시작한 뒤 생각하지도 못했던 문제들이 드러나기 시작했다. 재능기부단체가 도움을 줄 수 있는 지역은 한정되어 있다는 것이다. 아울러 새로운 정책을 잘 이해하지 못한 담당 공무원은 이에 대한 관심조차 별로 없었다. 필요한 예산도 늘어나기 시작했다. 고령자들이 거주하는 집에 단열공사를 하는 업체가 문제를 일으켰기 때문이다. 시범 운영 때에는 업체의 눈속임 덕에 손 계장의 눈에 띄지 않았던 부실공사 사실이 폭로되기도 했다.

시범 운영 기간에는 정책담당자가 많은 관심을 기울인다. 온실 속에서 화초를 키우듯이 말이다. 전면 시행은 화초를 온실 밖에 내놓는 일이다. 상황이 많이 달라질 수도 있다. 따라서 가능하다면 시범 운영 기간을 늘려야 한다. 시범 운영 기간을 늘린다면 현장에서의 이해도를 높이고, 관련 전문가들도 육성할 수 있다. 손 계장의 사례에서 나타난 부실공사 사실 같은 기술적으로 디테일한 문제도 발견하여 보완할 수 있다.

4) 시범 운영 대상

시범 운영 대상은 다양성을 갖춰야 한다. 평균을 고려하여 선정하면 시범 운영 결과가 잘못 나올 수도 있기 때문이다. 정책에 따라 다르겠지만 가장 높은 수준, 낮은 수준, 중간 수준으로 나누는 방법 등을 고려해야 한다.

손 계장은 공동체의 자율을 보장해주는 복지 정책을 추진하려고 한다. 늘어나는 복지 수요에 대응하여 공동체가 자체적으로 해결할 수 있는 부분은 스스로 해결하게끔 하자는 취지에서다. 여기에 일자리와 문화를 곁들였다.

손 계장은 대한시의 노인 인구 수, 소년소녀가장 수, 장애인 수 평균 등을 고려하여 대상 지역들을 선정했다. 그리고 이 대상 지역들에서 시범 운영을 하여 다양한 자활 사업과 복지, 공동체를 연계할 수 있는 실천 모델을 개발한 뒤, 이를 확산시키기로 했다. 그러나 전면 시행에 들어가자 문제가 불거졌다. 실제로 대부분의 주민들이 노인인 지역과 그렇지 않은 지역의 모델이 맞지 않았던 것이다.

이렇듯 정책을 추진할 때 '평균'은 함정이 된다. 차라리 구간을 네 개 이상으로 나누고서 시범 운영을 했더라면 손 계장은 다양한 문제들을 발견하고, 이를 보완할 수도 있었을 것이다. 만약 손 계장이 시범 운영을 해보기 힘들었다면 시뮬레이션을 해볼 수도 있었다.

하지만 더 중요한 사실은 시범 운영을 하든, 시뮬레이션을 하든 손 계장은 정책고객(국민/시민)들의 입장에서 정책을 바라보며 문제점을 집어내는 디테일한 노력을 했어야 한다는 점이다. 결국 정책 디테일의 핵심은 사람, 즉 정책고객이기 때문이다.

생각의 도서관 3-2
상하이 지하철

중국의 기업·마케팅관리전문가이자 디테일컨설팅연구소의 소장인 왕중추 청화대학교 교수가 쓴 《작지만 강력한 디테일의 힘》(올림, 2011년)에서는 상하이 지하철 1호선과 2호선의 차이에 대한 이야기가 눈길을 끈다.

상하이 사람들은 중국인이 설계한 2호선이 개통된 후에야 '독일인이 설계한 1호선의 디테일'을 알아차렸다고 한다.

상하이는 지면과 해수면의 고도차가 크지 않아서 여름철에 비만 오면 침수 피해를 입는다. 그런데 1호선 지하철 입구의 계단은 3단이라 빗물이 지하철역으로 흘러 들어가는 것을 막아준다.

독일인 설계자는 모든 역의 출입구를 꺾어지는 형태로 만들었다. 이는 상하이 시로 하여금 여름철에는 냉방비를, 겨울철에는 난방비를 절약하게 해준다.

1호선의 승강장 바깥쪽 50센티미터 지점에는 선로에 가까이 다가가는 것을 막는 안내선도 있다. 승객의 안전을 고려한 세심한 배려가 엿보인다.

승강장도 널찍해서 지하철을 타고 내릴 때 불편함이 없다.

반면에 2호선은 비만 오면 지하철역으로 물이 넘쳐 들어오고, 냉난방 등을 위한 운영비가 많이 들며, 승강장이 좁아 출퇴근 시 승객들이 몰리면 타고 내리기 불편하다.

독일인 설계자와 중국인 설계자의 차이는 무엇이었을까? 독일인 설계자가 더 똑똑했을까? 아니다. 단지 독일인 설계자가 더 세심하게 일했을 뿐이다.

(2) 정책 실패의 조짐을 미리 파악해 대응해야 한다

'하인리히의 법칙'*에 따르면 사고가 일어나기 전에는 조짐이 나타난다고 한다. 예를 들어, 산업 재해로 인해 사망 사고 한 건이 발생

---

* Heinrich's law. 사고나 재난이 일어날 때에는 다양한 징후가 나타나니, 이를 미리 알아차리고 대처해야 한다는 주장이다. 이는 미국 보험회사 관리감독관이던 허버트 윌리엄스 하인리히가 보험사의 사고·재해 관련 자료들을 조사한 뒤 1931년에 출간한 《산업재해예방(*Industrial Accident Prevention, A Scientific Approach*)》으로 소개하면서 널리 알려졌다.

했다고 해보자. 헌데 조사를 해보면 그 사건 전에 비슷한 원인으로 인한 부상이 29건, 부상에까지 이를 수 있는 상황이 300건 발생했음을 확인할 수 있다.

정책에도 '하인리히의 법칙'으로 설명할 수 있는 조짐들이 있다. 그런 조짐들은 정책이 어느 정도 구체화되거나 실행된 이후 나타난다. 그래서 정책담당자는 정책이 똑똑하게 실현될 수 있도록 세심하게 점검하고 대응해야 한다.

1) 정책담당자의 불안

정책을 추진하다 보면 의심스러운 경우가 있다. 논리에 어긋나거나, 경험적으로 문제가 될 것 같은 느낌이 들기도 한다. 그런 건 반드시 집고 넘어가야 한다.

박 국장은 불안하다. 여기저기서 해킹 때문에 난리가 나서다.

'큰일이야! 중요한 정보가 밖으로 나가는 걸 막아야 해! 누구랑 논의하지?'

박 국장은 김 과장을 불러 대한시의 정보 보호 체계를 구축하라고 했다. 김 과장은 하드웨어도 중요하지만, 소프트웨어가 더 중요할 수도 있다고 말했다. 논의 끝에 이름 있는 보안 전문 회사와 계약을 체결함으로써 정보 보호 체계 구축 사업을 추진하기로 했다. 박 국장은 그제야 안심할 수 있었다.

그런데 그 회사에서 계약 시 내세웠던 최고의 보안전문가가 회사를 떠났다. 대한시와 체결하여 진행 중이던 업무가 끝나지도 않았는

데 말이다. 회사에서는 전문가를 바로 교체해주었다. 그러면서 시에서 요구하는 수준의 정보 보안 시스템 구축은 가능하다고 함으로써 박 국장을 안심시켰다. 헌데 곧 박 국장은 이런 의문이 들었다.

'혹시 이 사람, 저 사람이 한 프로그램을 만지다 보면 문제가 일어나지 않을까?'

어찌되었든 일은 계획대로 진행됨으로써 보안 시스템 구축이 완료되었다. 그러나 곧 소프트웨어에 문제가 생겼다. 시청에서 기존에 사용하던 다른 프로그램들과 충돌을 일으킨 것이다. 1년간의 유지보수 기간 동안에는 그 회사가 고쳐주었다. 갑자기 시스템이 불안해졌을 때에는 전문가를 바로 파견해주었다.

박 국장은 전문가들이 허둥지둥하는 모양새를 보며 더 불안해졌다. 컴퓨터 프로그램은 전문가의 수준에 따라 크게 차이가 난다는 이야기를 들어서였다. 그러나 이왕 여기까지 왔으니, 업체를 계속 믿어보기로 했다.

보안 시스템을 구축한 지 2년이 지났다. 간혹 프로그램이 말썽을 부리지만 전산 시스템 사용에는 큰 문제가 없었다. 그러나 대한시에는 역량 있는 보안전문가가 없다 보니 박 국장이 우려하는 문제들을 내부적으로 파악하기가 어려웠다. 결국 해킹을 당했다.

일을 하다 보면 머릿속 깊숙한 곳으로부터 경고 신호가 울릴 때가 있다. 즉, 박 국장의 사례에서 보듯이 정책담당자가 의심하는 부분은 언젠가 문제가 될 가능성이 높다. 그러니 의문이 생기거나, 의심스럽다면 이를 풀어나가는 노력을 해야 한다.

2) 일관성의 실종

중국 춘추전국시대 진나라의 재상이던 여불위는 어느 날 아침 수도의 남문 밖에 장대 하나를 놔두고 이렇게 선언했다.

"만약 저 장대를 북문 밖으로 가져오는 자가 있다면, 임금님의 뜻에 따라 상금을 내리겠다."

많은 사람들은 "재상이 무슨 생각으로 저러는지 모르겠다"며 수군거릴 뿐, 장대를 옮기려 하지 않았다.

해가 뉘엿뉘엿 기울 때 한 사내가 장난 삼아 장대를 들고 북문 밖으로 갔다. 그랬더니 기다리고 있던 여불위가 많은 사람들이 보는 앞에서 돈주머니를 주었다.

이는 당시 진나라가 "아침에 만들어진 법령이 저녁이 되면 바뀐다 (조령모개^{朝令暮改})"는 말이 나올 만큼 혼란스럽다 보니 백성들이 법령을 따르지 않아서 만들어낸 계책이었다. 즉, 앞으로는 재상인 자신이 법령에 일관성이 있도록 만들겠다고 사례를 보여주며 주장한 것이다. 이로써 진나라는 부국강병을 이룰 수 있었고, 마침내 중국 통일을 이루었다.

정책에 일관성이 있어야 주민들이 믿고 따른다. 어제 한 말을 오늘 바꾼다면 누가 믿고 따르겠는가? 정책에 대한 불신이 높아지면, 꼭 필요한 정책도 사람들이 따르지 않는다.

대한시 시민들에게 양질의 휴식 공간을 제공하고 싶어하는 손 계장은, 이를 위한 여러 콘텐츠를 발굴해 사업을 진행했다. 그중 하나가 공원을 조성하기 위한 부지를 확보하는 일이다. 손 계장은 이미 도시계획상 '공원'으로 지정된 땅들이 있으니 어렵지 않다고 생각했다. 그러나 그런 땅들에서는 무단 경작이 이루어지고 있었다.

시청 측에서는 경작을 중단하라고 경고했으나, 정작 경작하는 사람들은 들은 척도 하지 않았다. 손 계장은 '원칙에 입각한 강력한 행정적 조치를 취할 때'라고 판단했다. 그러나 곧 위에서 새로운 지시가 내려왔다. 공원 부지 중 일부를 주말농장으로 만들어 분양하라는 내용이었다.

같은 공원인데 한쪽에서는 경작을 금지하고, 다른 쪽에서는 주말농장을 조성하게 되었다. 주민들은 이런 조치에 대해 "도대체 뭘 하는지 모르겠다!"면서 시청을 불신하기 시작했다.

정책을 추진할 때 일관성이 없다면 실패할 가능성이 높아진다. 실제로 해당 정책이 어느 정도 추진되더라도 주민들의 불신은 금방 사라지지 않는다. '규칙을 지키면 손해를 본다'는 생각이 퍼지면 정책을 잘 마련해도 똑똑하게 실현하기가 어렵다.

3) 하향평준화

정책 서비스의 수준이 시간이 갈수록 떨어져 하향평준화가 이루어지곤 한다. 이런 상황이 굳어지면 손쓰기 어렵게 된다. 이런 일을 예방하는 것은 정책 변화를 관리하는 데 있어 가장 중요하다.

정책이 하향평준화하는 원인은 다양하다. 정책에 편승한 힘 있는 이익집단 때문이거나, 현실에 부합하지 않는 정책을 만들었기 때문이다.

손 계장은 신규 제도를 마련하면서 예산상의 문제로 인건비와 운영비를 최소화시켰다. 그러면서 전문성도 고려하여 지역의 단체가 대행하는 체계로 사업을 구성했다.

그런데 사업을 이렇게 추진하다 보니 문제가 나타나기 시작했다. 적은 인건비로 우수한 인력을 고용하기가 어려웠던 것이다. 민간단체 또한 수익성도 없는 공공 업무를 진행하기가 어렵다고 했다. '최소 경비가 곧 운영비'인 상황이다 보니 자원봉사나 마찬가지라는 것이다.

반면에 그 민간 단체로서는 점검해야 할 것들이 이것저것 많았다. 물론 그 단체에 자체 수익 사업이 있다면 이 문제는 그다지 큰 문제가 아닐 수도 있다. 그러나 현실은 다르다. 그 단체로서는 서비스를 제공하여 이미지를 조성하는 것보다 일단 '살아남는' 게 우선이었다.

대한시에 고용되어 적은 인건비를 받으면서 현장에서 서비스를 제공하는 전문가도 마찬가지다. 이력을 쌓는 것은 둘째치고, 일단 오래 다닐 직장은 아니라고 생각했다. 그래서 손 계장이 전문가와 함께 일하는 것이 어느 정도 익숙해졌다 싶으면 바로 그 전문가가 사라졌다.

이런 상황이다 보니 단체들은 시청 측에는 일부러 알리지 않은 채 협의회를 구성하고, 자기들끼리 정보를 주고받기 시작했다. 그리하여 단체들이 제공하는 현장 서비스의 수준은 하향평준화되었다.

사회를 발전시키고자 마련한 정책이 하향평준화되면 그것이 만들어진 의미가 퇴색된다. 이를 방지하는 방법은 정책고객(국민/시민)들의 생각을 알아내는 노력과 현실에 맞지 않는 제도를 개선하는 것이다. 아무리 정책 디테일을 확보하려고 노력해도 정책을 가장 속속들이 아는 사람은 역시 정책고객들이다. 이들을 통해서 정책의 문제점을 드러낼 수도 있다.

사실, 논리적으로는 가능해도 현실에서는 다르게 나타나는 정책이라면 차라리 없애거나 근원적인 부분을 바꿀 수 있도록 제도를 개선할 필요가 있다.

정책의 하향평준화가 이루어질 때에는 '정책을 위한 정책'이 나타나는 경우도 있다. 불필요한 행정 절차라든가 복잡한 시스템 등이 그것이다. 정책 디테일을 살리는 데도 시간이 부족한 판에, 불필요한 정책까지 가중되면 정책에서 디테일은 멀어진다.

4) 유연성 없이 미리 정한 답

새로운 정책의 모습을 미리 결정하고서 융통성 없이 추진하는 경우가 있다. 물론 그렇게 하면 미래의 모습을 개략적으로 그릴 수는 있다. 허나, 그것을 구체적인 틀에 가두면 문제가 생긴다.

손 계장은 복지사각지대를 위한 종합 복지 체계를 구상하고 있다. 그 일환으로 주민들의 다양한 복지 수요를 한번에 해결할 수 있는 모델을 개발하기로 했다. 손 계장은 전문가의 도움을 구해 도시와 농촌을 구분한 종합 복지 체계 모델을 마련했다. 모델에 대한 의견을 수렴해봤더니 다양한 우려가 나왔으나, 손 계장은 시범 사업을 통하여 조정하기로 했다.

통합·조정을 하다 보니 노인, 청소년, 장애인, 유아 등 관련 복지 분야들이 저마다 전문성이 있다는 것을 알게 되었다. 그래서 지역에 맞춘 전문가를 확보하기도 어려웠다. 그러나 손 계장은 모델의 틀은 살리면서 가능한 부분을 조정하기로 했다.

박 국장은 손 계장이 제출한 시범 사업 결과를 보고 이렇게 말했다.

"손 계장, 모델에 너무 치중하는 것 같아요. 이론적으로 합당하고 논리적인 설명이 가능해도 시범 사업에서 제기된 문제를 해결하는 데는 한계가 있어 보이네요. 지역에 따라 다른 복지 수요에 대응할 수 있을 만큼 유연한 모델도 아니고요. 정책은 정책고객(국민/시민) 들과 같이 살아 움직이는 속성이 있어요. 기본 개념과 방향은 살리면서 현장에서 받아들일 수 있는 수준으로 조정하세요. 아, 그리고, 시범 사업에서 이 정도로 문제가 불거지면 본사업은 성공하기 어렵습니다."

이런 상황은 현장에 대한 경험과 지식이 부족한 상태에서 정책을 마련하거나, 특정 이론이나 모델을 적용시켜야 하는 상황에서 나타날 수 있는 문제다. 이처럼 정책고객(국민/시민)들의 생각과 행동은 고려하지 않고 논리에만 치중하면 똑똑한 정책으로 발전시킬 수 없다. 그러니 처음 생각했던 '틀'이 현장에 맞지 않는다고 판단되면, 그 틀을 바꾸는 방안도 고려해야 한다. 이는 경직된 조직 문화를 변화시켜야 하는 이유이기도 하다.

이외에 나타날 수 있는 신규 정책 실패의 조짐으로는 다음과 같은 것들을 들 수 있다.

ⓐ 관련 전문가가 너무 적다.

ⓑ 이미 다른 나라에서는 필요성이 떨어져 사라져버린 정책이다.

ⓒ 신규 정책을 만드는 조직에 소통이 부족하다.

시간이 부족한 상황에서
정책을 만들거나 제도 개선하기

신규 정책을 마련할 때에는 2년 이상의 시간을 확보하기도 하지만, 시간이 부족한 상황에서 추진해야 할 경우도 있다. 그런 상황에서는 지금까지 이 책에서 제시된 사항들을 따라하기가 어렵다. 그런 경우를 위해 다음과 같은 팁^{Tip}들을 제시하는 바이다.

① 조언자는 귀중한 도우미다

일단 같이 일할 사람을 찾아야 한다. 이런 사람들은 어느 경우에든 일을 진행시킬 때 정책담당자에게 힘을 실어주기 때문이다. 이들은 옆에 붙어서 도와줄 사람, 조언해줄 사람, 소통을 통해 측면 지원을 해줄 사람들이다. 이들 중에서 조언을 해줄 사람은 매우 중요하다. 그 범위는 상사, 동료, 직원, 전문가 등 다양하다. 조언해줄 사람은 시간이 부족한 상태에서 디테일을 최대한 확보할 수 있는 수단이다.

손 계장은 두 달 내에 신규 정책을 개발해야 한다. 적어도 1년 동안 학습과 경험을 병행하면서 내용을 깊이 있게 파악해야 하지만, 그런 사정을 이야기해도 '두 달 내'라는 조건은 바뀌지 않는다. 그래서 손 계장이 받는 스트레스는 이만저만이 아니다. 조언을 해주던 김 과장은 사정이 생겨 휴직했다.

이번에는 혼자서 해보자고 결심했지만, 30분도 채 지나기도 전에 스마트폰에 입력된 김 과장의 전화번호를 찾았다.

"손 계장, 상황이 그렇다면 ○○ 부서 윤 계장하고 △△ 부서 강 계장을 찾아서 조언을 구하세요. 유사한 업무를 경험한 적이 있어 도움이 될 겁니다."

손 계장은 고민거리를 정리한 뒤 그 두 사람과 미팅했다.

"손 계장님, 이와 관련된 전문가인 배 박사와 같이 일하면 도움을 많이 받으실 겁니다."

"이 일은 홍보 부서 김 팀장과 상의하시면 쉽게 해결될 텐데요."

두 사람의 조언 덕에 손 계장은 일을 풀어나갈 수 있는 실마리를 찾게 되었다.

다른 이들에게 도움을 청할 때 가장 중요한 부분은 질문 내용을 가급적 명확히 하는 것이다. 그 다음은 그 사람들과 관계를 지속적으로 유지하려고 노력하는 것이다. 외부에서 능력을 인정받는 이들은 공통적으로 바쁘다. 허나 이들의 마음을 움직여야 조언을 충분히 구할 수 있다.

가장 중요한 조언자는 정책을 만들라고 지시한 정책결정자다. 그러니 많게는 일주일에 한 번, 적게는 보름에 한 번씩 계속 찾아가서 추진 상황을 보고하고 피드백을 받아야 한다. 정책결정자는 자신의 생각을 말하니까, 그로부터 정책 방향, 중요한 핵심 아이디어, 문제 해결을 위한 단초 등 다양한 부분을 얻을 수 있다.

하지만 준비를 제대로 안 하거나 정책결정자의 상황이 좋지 않을 때 찾아간다면 문제점만 지적당할 수도 있다. 그래도 계속 찾아가야 한다. 그렇게 하면 나중에 다양한 문제가 합쳐져 곤란해지는 상황을 예방할 수 있기 때문이다.

② 사례와 현장에서 아이디어를 찾아라

벤치마킹이 유용하다. 국내 사례든, 해외 사례든 모두 뒤지면서 벤치마킹할 콘텐츠나 정책을 찾아야 한다. 인터넷으로 정보를 검색하는 데 익숙하다면 금상첨화다. 사실, 사람들의 아이디어는 크게 다르기 어렵기 때문이다. 지금 내가 고민하고 있는 부분을 다른 누가 먼저 고민하고 해결까지 했을 수도 있다.

손 계장은 가급적 많은 사례를 찾으라는 조언을 들었다. 그 과정에서 인터넷 검색창을 활용하는 방법도 배웠다. 그래서 유사한 사례들을 빠짐없이 찾았다. 중앙 정부 홈페이지, 지자체 홈페이지, 심지어 민간 기업이나 비영리단체의 홈페이지까지 망라했다. 단어 한 개라도 걸리면 정리했다.

일주일 사이에 천여 건의 유사 사례를 찾았다. 인터넷에서 실시간 번역 프로그램까지 활용하여 해외 사례도 확보했다. 그중에서 딱 들어맞는 사례는 없었지만, 손 계장은 참고할 만한 내용을 최대한 확보한 뒤 시청 근처 분식집에서 야식을 시켜 먹으면서 분석했다.

마침내 개략적인 아이디어가 떠오르기 시작하자, 손 계장은 배 박사와 함께 현장으로 나갔다. 처음에는 듣기 좋은 말만 하던 현장담당자는, 손 계장이 사례를 들어가며 이것저것 깊이 있게 질문하니 남들에게는 말하기 어려운 부분을 들려주기 시작했다. 손 계장의 귀가 번쩍 열렸다. 정책 마련에 유념해야 할 부분이었기 때문이다.

이런 과정에서 운이 좋다면 하고자 하는 일과 유사한 사례를 찾을 수도 있다. 새로운 정책의 실마리도 보인다. 그러나 여기서 멈춘다면 디테일을 확보할 수 없다.

현장 검증을 통하여 학습한 내용을 확인하는 작업도 해야 한다. 현장으로 나가 다양한 의견을 듣고, 전문가의 생각을 알아봐야 한다. 시간이 없다면 휴일을 이용하면 된다.

운이 없어 유사한 사례를 찾지 못할 수도 있다. 이때는 새로운 아이디어를 내야 하는 어려운 상황인 것이다. 그러면 전문가와 함께 현장에 나가 다양한 의견을 듣는 방법이 유용하다.

그러나 사례를 통한 사전 학습이 부족한 상태에서 일이 추진되기 때문에 현장에서 잘못된 정보를 가지고 돌아올 가능성도 높다. 이럴 때에는 정보의 가치를 파악하기 위한 별도의 노력이 필요하나, 역시 시간이 충분치 않다.

그렇더라도 사례가 없거나 부족한 정책을 촉박하게 마련하는 일은 가급적 피해야 한다. 사례를 발견하기 어려운 정책이라면, 구체화하는 데 적어도 3년 이상 필요하다는 점을 상사들에게 어필하는 것이 훨씬 낫다.

③ 아이디어 분석으로 답을 찾아라

유사한 아이디어를 모아보고, 다른 아이디어라도 유사성이 있으면 합쳐보는 작업을 해야 한다. 현장을 잘 아는 전문가가 옆에서 도와주면 큰 힘이 된다.

손 계장은 다양한 사례를 그룹화하거나 합쳐보기도 하면서 의미 있는 아이디어를 찾기 위해 노력하고 있다. 팀원들과 함께 실마리를 찾는 작업도 시작했다. 어느 정도 그럴 듯한 아이디어가 나타났다. 배 박사에게 의견을 물었더니, 이런 답변을 받았다.

"손 계장님, 그 아이디어는 논리적으로 가능할 것 같지만, 시행되면 큰 혼란을 일으킬 수 있습니다. 몇 군데는 이렇게 수정하시고요, 나머지 부분에 대해서는 고민해보고 알려드리겠습니다."

손 계장은 희망이 보이는 것 같았다.

아이디어를 분석할 때에는 집단지성의 힘이 필요하다. 물론 정책담당자에게 충분히 학습할 시간과 경험이 있다면 자신의 개인지성에 의지할 수도 있다. 하지만 시간이 부족하다면 집단지성에 기대야 한다. 즉, 협업이 최선이다.

자신의 생각이라는 것도 결국 고정관념의 지배를 받는 제한된지식과 경험에 불과하기 때문이다. 그런 것은 현장과 동떨어진 아이디어일 가능성도 높다.

전문가 및 동료 들의 도움을 받는다면, 가급적 그들의 의견을 수용해야 한다.

④ 아무리 바빠도 정책 디테일 확보를 위한 콘텐츠의 5대 분야를 점검하라

사람, 하드웨어, 소프트웨어, 시스템, 홍보 등 콘텐츠의 5대 분야와 관련된 내용이 포함되었는지 점검해야 한다.

이와 더불어 각 콘텐츠가 과거에 문제가 있었는지, 다른 사업과 중복되었는지, 문제를 일으킨 이력이 있는지 등에 대해서도 동시에 점검해야 한다.

콘텐츠의 5대 분야를 분석하다 보면 미흡한 부분이 드러나기 마련이니, 이를 보완하는 노력이 필요하다.

ⓐ 사람 – 현장에서 정책을 작동시키려면 이를 담당할 사람이 필요하다. 그 '사람'은 지자체일 수도 있고, 일반 단체일 수도 있다. 이럴 경우를 대비하여 전문가를 알아두면 좋다.

ⓑ 하드웨어 – 사업 추진에 필요한 하드웨어는 센터 및 버스 등 다양하다. 어떤 하드웨어가 필요한가를 고민해야 한다.

ⓒ 소프트웨어 – 교육 프로그램이나 가이드라인 같은 소프트웨어는 만드는 데 생각보다 시간이 많이 걸리고, 동일한 콘텐츠라도 결과물의 질적 차이가 크다.

ⓓ 시스템 – '사업 추진 체계'라고 보면 된다. 사람과 하드웨어, 소프트웨어를 다 엮어 실행하는 부분이기 때문이다. 그러니 효율적인 시스템을 마련하기 위해 노력해야 한다. 그러나 시스템은 새롭게 마련하기가 어렵다. 시스템을 새로 마련한다는 것은 사람, 하드웨어, 소프트웨어 등이 기존의

것과는 다르다는 의미이기 때문이다. 가급적 유사한 사업에서 벤치마킹하는 것이 좋다.

ⓔ 홍보 – 처음부터 홍보에 대해 고민하면서 일을 하면 업무를 추진하는 데 도움이 된다. 정책을 지지해줄 서포터를 확보하는 데에도 유리하다.

손 계장은 핵심 아이디어를 토대로 콘텐츠를 마련한 뒤 5대 분야에 적용시켜봤다. 하드웨어와 소프트웨어는 어느 정도 된 것 같았으나, 사람과 시스템과 홍보가 약했다. 이런 분야들은 손 계장이 잘 모르는 분야기도 했다.

그래서 유사한 업무를 담당한 동료를 찾아가기도 하고, 전문가의 자문도 받았다. 시스템 문제는 유사한 시스템을 활용함으로써 해결했다. 인력 육성은 정확한 답을 찾기 어려웠으나, 적어도 관련 전문가풀이 있다는 사실을 알았다.

손 계장의 경우처럼 정책담당자가 콘텐츠의 5대 분야를 모두 알기는 어렵다. 그러니 자신의 부족한 부분을 빨리 인정하고 경험이 있는 동료나 전문가의 도움을 청해야 한다. 그렇게 해서 콘텐츠의 5대 분야를 채울 수 있는 방안이 생기면 바로 기본 보고서를 작성해야 한다. 보고서를 작성하고 수정하는 과정에서도 디테일적인 부분이 다듬어진다.

⑤ 목표점 달성과 소통을 조화시킬 방법을 고민하라

정책을 구체화하는 프로세스를 정교하게 설계하고서 일을 추진하기는 어렵다. 그래서 조언자에게 의지하면서 달성해야 할 시간별 목표점을 찍어야 한다.

목표 달성에는 무리가 따를 수 있다. 저항에 부딪칠 수도 있다. 그래서 정책결정자에게 의지해야 한다.

손 계장은 정책을 구체화하는 작업에 들어갔다. 역시 시간은 부족하다. 손 계장은 목표점을 1개월씩 설정했다. 다소 무리니까 부서의 역량을 결집시키고, 협조도 빨리 구해야 한다. 그래서 박 국장에게 도움을 청했더니, 시원스런 대답이 돌아왔다.

"손 계장, 업무의 효율성을 너무 고민하는 것 같아요. 드러날 수 있는 행사나 회의, 보도자료 배포 등도 같이 추진될 수 있도록 해요. 협조를 구하는 부분은 내가 해결하지요."

목표점을 찍을 때에는 드러낼 수 있는 업무를 분명히 해야 한다. 사람들은 대개 시간을 다투면서 추진해야 하는 일에 많은 관심을 보인다. 그래서 정책담당자는 수시로 업무의 추진 과정을 정책결정자에게 알려야 한다. 특히 정책담당자가 '이런 일은 보고하지 말고 내가 알아서 처리하자'고 생각할수록 일이 어려워질 수 있다. 그러니 '이런 일이라도 몇 개씩 모아서 신속히 보고하자'라는 자세로 일해야 된다.

정책결정자도 자리에 앉아 보고만 받지 말고 정책담당자와 늘 소통해야 한다. 정책결정자가 잘못된 정보를 가지고 있거나 정책담당자와의 소통 부족으로 오해를 품으면 일이 힘들어진다.

신규 정책 추진은 상대를 설득하는 과정들로 이루어진다. 또한 신규 정책을 사업화하려다 보면 다양한 자료를 요구받게 된다. 그러니 기관장보고서와 세부 추진 계획, 관련 지침도 마련해야 한다.

특히 사업제안서를 마련할 때에는 아래의 다섯 가지 내용을 반드시 참고하는 것이 좋다. 나중에 논리적인 대응을 하기가 수월할 뿐만 아니라, 다양한 보고자료를 마련할 때 편리하기 때문이다.

ⓐ 왜? – 이 정책을 추진해야 하는 이유를 명확히 해야 한다.

ⓑ 현황 – 상황과 환경을 분석한 내용을 제시해야 하며, 통계 수치나 사례도 필요하다.

ⓒ 핵심 아이디어 – 정책을 추진하기 위해 상대를 납득시킬 수 있는 핵심 내용을 담아야 한다.

ⓓ 어떻게? – 어떤 방법과 전략으로 추진할지를 생각해야 한다.

ⓔ 효과 – 정책 추진을 통해 얻을 수 있는 효과가 분명해야 한다.

예산에 대해 설명할 때에는 이 모두를 담은 한 페이지짜리 자료를 생산해야 한다. 예산담당자는 바로 그 한 페이지짜리 자료를 가지고 예산심의장에서 신규 사업에 대한 질의에 대응해야 한다. 그러니만치 정책담당자가 한 페이지짜리 자료로 예산담당자를 설득하거나 이해시키지 못하면, 예산담당자는 주저하게 된다.

⑥ 제도 시행과 동시에 개선을 염두에 두어야 한다

정책의 디테일을 점검하기 위한 시범 운영을 추진해보기 어려울 수도 있다. 특히, 급하게 마련된 정책일수록 정책담당자 스스로 자신이 마련한 정책에 대해 비판적인 시각을 가져야 한다.

그러니 정책담당자는 문제될 사항에 대해 집중적으로 고민해보고, 이를 해결할 방안도 함께 고민해야 한다. 정책이 추진되었다고 안심했다가는 수습을 할 타이밍을 놓칠 수 있기 때문이다.

손 계장은 정책이 완성되자마자 홍보를 하고 시행에 들어갔다. 그러나 시범 운영을 하지 않아서 어떤 일이 발생할지 모른다.

그러나 손 계장은 몇 달간 쉼 없이 일한 탓에 피로가 쌓인 상태다. 결국 아내의 조언에 따라 연가를 내고 며칠 쉬기로 했다. 다음 날 아내와 아이들을 데리고 토종닭집에 갈 생각을 하며 드라마를 보던 손 계장의 스마트폰이 울렸다.

"손 계장, 일이 생겼어요! 오늘 저녁에 '졸속 시행되어 문제가 많은 정책'이라는 기사가 뉴스에 떴어요!"

미리 대안을 고민하지 않았던 손 계장은 천장이 노래지는 것 같았다.

짧은 시간에 마련한 정책은 허점이 있을 가능성이 높다. 그 허점은 시행 과정에서 바로 드러날 수 있으며, 그렇지 않더라도 어느 시점에서 현장을 혼란에 빠뜨릴 가능성이 적지 않다. 그러니 적어도 몇 개월간은 예의 주시하면서 상황을 분석해야 한다. 또한 현장의 소리에도 늘 귀를 기울여야 하며, 그러다가 문제의 조짐이 보이면 바로 보고하고 대응 방안을 마련해야 한다.

신규 예산이 필요한 정책인 경우, 적어도 반년 이상의 시간을 확보할 수 있다. 예산 확보에 그만한 시간이 걸리기 때문이다. 그럴 때에는 최대한 디테일을 고려한 세부 추진 계획을 미리 마련해 두어야 한다. 다음년도 사업 추진 일정이 다소 늦춰지더라도 정책에 디테일을 심는 노력이 필요하기 때문이다.

촉박하게 마련한 정책은 추진하기 시작한 뒤에도 그 디테일을 관리하는 등의 노력을 계속 기울여야 한다. 즉, 정책 추진과 동시에 제도 개선까지 고려해야 한다.

'다른 이들은 몇 년이 지나도 정책 한 개 못 만드는데, 나는 몇 개월 만에 뚝딱 만들어냈다!' 같은 자부심을 가지면 곤란하다. 현장에서 똑똑하게 운영되는 정책은 몇 년이 걸려도 만들어내기 어렵기 때문이다.

정책고객(국민/시민)들은 정책담당자나 정책결정자가 정책을 몇 개나 만들어내고 시행했느냐에 관심이 없다. 그들은 자신들의 삶과 밀접하게 관련된 정책들이 얼마만큼 제대로 만들어지고 시행되느냐에 더 큰 관심을 가진다.

제 4 장

정책의 깊이는 사람이 결정한다

제2장과 제3장에서는 정책을 형성하는 과정에서 디테일을 담는 테크닉적인 부분을 제시했다. 제4장에서는 디테일을 담기 위한 관계자의 생각과 태도를 중심으로 설명할 것이다. 즉, 디테일한 정책을 마련할 때 어떻게 생각할 것인지, 어떤 태도로 일해야 하는지에 대한 일종의 '자기계발'을 위한 가이드라인이다.

독자들은 제4장을 처음 읽으면서 '구체성이 없다', '모호하다', '당장 적용하기가 불가능하니까 참고 정도만 하자'는 생각을 할 수도 있다. 그런 생각이 들더라도 신규 정책을 추진하거나 제도를 개선하면서 제4장을 틈틈이 다시 보기를 바란다.

필자는 스스로가 '정책에 디테일을 심는 근본적인 방법'을 바로 이 제4장에서 제시했다고 생각한다. 정책이 얼마만큼 디테일하게 만들어지는가는 결과적으로 필자 같은 정책담당자에게 달려있기 때문이다.

정책은 다양한 환경으로부터 영향을 받고, 상이한 전문성 또한 요구된다. 그런 정책이 디테일까지 모두 갖출 수 있도록 도와주는 '만능 매뉴얼'은 존재하지 않는다. 그러나 모든 정책에 디테일을 적용할 수 있는 정책담당자의 모델은 그려볼 수 있다.

필자도 마음을 굳게 먹고 신규 정책을 추진할 때 가장 극복하기 어려운 점이 있다. 바로 스스로에 대한 회의감이다.

'왜 내가 이렇게 열심히 일해야 하지?'

그럴 때에는 마땅히 떠오르는 말이 없다.

'공직자는 국가와 민족을 위해 봉사와 희생을 해야 한다'지만, 이런 말은 참 모호하지 않은가?

헌데 필자는 미국에서 공부할 때 들었던 다음과 같은 이야기를 떠올리면서 마음을 잡을 수 있었다. 미국 독립전쟁 당시 조지 워싱턴 대통령의 참모였던 지식인 토머스 페인에 관한 이야기였다.

독립전쟁 발발 직전 친구들과 술집에서 회합을 하던 페인은, 다른 테이블의 한 사내가 자기 아이를 옆에 앉혀두고서 이렇게 말하는 것을 들었다.

"내가 살아있는 동안에는 전쟁이 안 일어났으면 좋겠어."

바로 그 순간, 페인은 그 자리로 찾아가 그 사내에게 따끔하게 충고했다.

"선생, 당신은 이 아이의 아버지가 아니오! 그러니 전쟁이 날 거라면 차라리 당신이 살아있을 때 일어나기를 기도하시오. 당신의 아이가 평화로운 세상에서 살 수 있도록 말이오!"

토머스 페인의 말대로 정책 관계자는 자신의 아이에게 밝은 미래를 열어주겠다는 생각을 품어야 한다.

'나만 평화롭고 즐겁게 살면 된다'는 생각을 한다면 디테일한 정책을 마련하기 위한 치열한 노력을 지속하기 어려운 상황에 처할 수 있다.

내 아이들을 떠올리면서 지금 만들고 있는 정책을 바라본다면 '생각'이 달라진다.

내가 만든 정책의 고객들 중 나와 가장 가까운 사람은 바로 나의 아이들이다.

1. 디테일은 정책담당자의
의문에서 시작되어 노력으로 실현된다

정책담당자는 좁게는 정책담당자 자신을, 넓게는 정책결정자까지 포괄한다. 이 책은 김 과장이나 손 계장 같은 정책담당자들을 중심으로 서술했으나, 박 국장보다 더 높은 지위에 있는 정책결정자나 백 박사 같은 관련 전문가도 참고해야 할 사항이 다수 있다.

(1) 정책의 변화는 '의문'에서 시작된다

기존 상황이나 현실에 대한 정책담당자의 의문은 정책을 바꾸거나 새롭게 만들어내는 힘을 가지고 있다. 만약 정책담당자나 정책결정자가 아무런 문제가 없다고 생각하면 정책은 달라지지 않는다.

1) 정책을 변화시키는 '왜?'

정책은 추진되는 과정에서 다양한 문제나 한계를 드러낸다.

허나 정책담당자들이 "관행이잖아"라든가 "지금까지 별 문제 없었는데?" 같은 생각을 하면 문제는 들춰지지 않은 채 조용히 잊혀진다. 그리고 '폭탄 돌리기'라도 하듯이 다음 담당자에게 알게 모르게 전달되면서 '개선'이나 '변화'는 물 건너간다.

반면에 "왜 이런 문제가 생길까?"라든가 "왜 한계를 극복하지 못할까?"라는 의문을 품고 계속 답을 갈구한다면 기존 정책의 변화가 시작된다.

출근길에 눈이 내린다. 자동차 라디오에서는 젊은 연예인들이 "눈이 오니까 신나요!"라고 떠드는 내용이 나온다. 허나 박 국장은 와이퍼로 차창에 쌓이는 눈을 쓸어내며 얼굴을 찌푸린다. '아, 폭설로 변할지도 모른다!'는 걱정 때문이다.

눈이 많이 내리면 비닐하우스에 쌓인다. 그렇게 쌓이는 눈을 제때 치워주지 못하면 눈의 무게가 늘어나면서 어느 순간에 비닐하우스가 무너져 내리고 힘들게 키워온 농작물이 죽는다. 대한시에서는 이를 자연재해로 보고 일정 부분 보상해주고 있다.

그런데 폭설만 오면 이런 상황이 계속 반복되면서 엄청난 예산이 지출되고 있다. 엊그제에도 시장실에 불려가서 폭설 대책을 아직 마련하지 못했느냐는 야단까지 맞았다. 박 국장은 출근하자마자 손 계장을 불렀다.

"손 계장, 폭설 대책을 마련해봐요."

손 계장은 흠칫했다. 폭설에 대해 여태까지 위에서 별 말이 없었기 때문이다. 갑작스런 지시가 부담스럽지만 출장을 달고 현장에 나갔다. 박 국장이 걱정했던 대로 폭삭 주저앉은 비닐하우스들이 눈에 띄었다. 새파랗게 자라나던 채소들이 꽁꽁 얼었다. 시청에서는 뭐

하는 거냐고, 대책을 세워달라고 항의하는 농민들을 진정시킨 뒤 손 계장은 고민했다.

'왜 폭설 때마다 이런 일이 반복될까?'

손 계장은 전문가와 조사했다. 그랬더니 비닐하우스의 높이라든가, 비닐하우스의 골격인 파이프의 간격에 따라 폭설을 버텨내기도 하고 무너지기도 했음을 확인했다. 전문가와의 연구 끝에 폭설에 버티는 비닐하우스 설계도를 마련하고, 그에 맞춰 정책도 개선했다. 새로운 기준에 맞춰서 만든 비닐하우스가 폭설에 무너지면 보상해주고, 새로운 비닐하우스로 바꾸지 않았다면 보상하지 않기로 했다.

신규 정책이 시행된 뒤부터 폭설로 인한 비닐하우스 붕괴가 눈에 띄게 감소했다. 재해 피해 보상용 예산이 절감되고 비닐하우스 주인들의 손해도 줄었다. 이듬해에 손 계장은 대한시 일대의 농민들로부터 '고마운 공무원'이라는 제목의 감사장까지 받았다.

이렇듯 주변에서 시행되는 정책 사례들을 대상으로 '왜?'라는 질문을 던진다면 의외의 사실을 발견할 수도 있다. '왜?'라는 질문에 스스로 답을 하기 위한 깊은 고민이야말로 정책 개선의 출발점이다.

2) 깊이 있는 의문

정책에서 나타나는 문제점은 간단하지 않다. 단순한 의문만으로는 정책을 변화시키기 어렵다.

손 계장은 최근에 새로 지은 마을회관의 난방비가 다른 마을회관들보다 더 많이 나온다는 사실을 알게 되었다. 새로 지은 마을회관의 크기는 다른 마을회관과 큰 차이가 없었다. 시공에 든 비용도 비슷했다. 손 계장은 시공업체에 전화를 걸었다.

"왜 새 건물이 난방비가 더 많이 나갑니까?"

"아마도 새집 증후군 때문에 창문을 많이 열어놓나 봅니다, 계장님."

석연치 않은 답이다. 견적서를 살펴봤다. 마을회관을 건축하면서 단열에 들어간 재료와 비용은 기준에 맞았다. 그러나 난방비가 더 나온다는 점은 여전히 의문스럽다.

'왜 동일한 비용과 재료를 썼는데도 단열 효과가 더 떨어졌을까?'

손 계장은 인터넷을 검색했다. 그랬더니 건축에 관한 새로운 사실을 알게 되었다. 단열재와 단열재 사이를 꼼꼼히 밀착시키고 테이프를 붙이지 않으면, 그 틈으로 열이 줄줄 샐 수 있다는 것이다. 그러나 건물은 이미 다 지어졌는지라, 확인할 방법이 마땅치 않았다.

'건물에 손을 대지 않고 조사할 방법은 없나?'

꼬리에 꼬리를 무는 의문의 답을 찾기 위해 손 계장은 계속 조사했다. 그리하여 단열이 제대로 되지 않았을 때 발생하는 '결로 현상'이 있음을 알아냈다. 이에 따라 손 계장은 마을회관 건축 시 지켜야 할 '단열 기준 지침'까지 마련했다. 이후 대한시에서 새롭게 건축되거나 리모델링되는 마을회관은 에너지절약형 건물로 지어지게 되었다.

정책을 변화시키려고 한다면 '왜?'라는 질문을 집요하게 던져야 한다. 반복되는 질문에 답을 하는 과정에서 정책의 허점이 보완되기 때문이다. 이는 정책담당자의 지식을 높여주기도 한다.

(2) 의문의 답은 함께 찾아야 한다

의문에 대한 답은 대개 쉽게 찾을 수 없다. 현장을 돌아봐도 쉽게 발견되지 않는다. 다양한 힌트들은 보이는데, 답과 연결되는 실마리가 모호하다. 정책담당자 혼자서 답을 찾기는 무리다. 그러니 다음과 같은 요령에 따라 다른 이들과 함께 찾아야 한다.

1) 넘어야 하는 생각의 틀

'여러 사람이 함께 답을 찾으면 효율적이다'라는 사실은 알고 있을 것이다. 그러나 실천하기가 쉽지 않다. 각자가 가지고 있는 고정관념을 넘어서야 하기 때문이다.

고정관념은 배의 닻과 같다. 닻을 내린 배는 정해진 범위를 벗어날 수 없다. 이렇듯 고정관념이 강해지면 생각이 이미 형성된 틀을 벗어나기 힘들다. 남들이 전부 '아니오'라고 해도 자신은 '예'로 들리기까지 한다. 잘못된 답을 정답으로 인식할 수 있는 것이다.

최근 영화 〈국제시장〉을 본 손 계장은 '노인은 공경과 보호의 대상'이라는 생각을 더욱 굳혔다. 한국전쟁이 남긴 폐허와 혼란 속에서 국가를 이만큼 발전시킨 주역이라고 여겨서였다. 자식 교육에 힘쓰느라 당신을 돌보지 않고 저축할 겨를도 없이 살아온 분들이기도 해서다. 손 계장은 그분들이 이제는 안락한 노후생활을 보낼 수 있도록 힘써야 한다고 마음을 먹었다. 그러니 대한시에서 사는 노인들만이라도 생활전선에 나가는 일을 최소화할 수 있도록 돕고, 아프신 분들은 제대로 된 치료를 받게 해드리자고 다짐했다.

손 계장은 노인 복지에 관한 다양한 아이디어를 짜낸 뒤 박 국장에게 보고했다. 허나 박 국장의 반응은 의외로 회의적이었다.

"손 계장은 노인을 너무 보호대상으로 보는 것 같아요. 노인 분들도 사회의 구성원으로서 보람을 느낄 때 더 행복하시지 않을까요?"

"과장님, 저는 그분들이 지금까지 열심히 일하신 것만으로도 충분하다고 봅니다. 이제는 우리가 그분들의 뒤를 이어야죠."

박 국장은 손 계장을 말로 설득하기 힘들겠다고 판단했다. 그래서 손 계장을 일본에 출장 보내 노인 복지 정책을 조사하게 했다.

손 계장은 일본의 세심한 노인 복지 정책에 감탄했다. 그리고 손 계장의 고정관념을 깨는 계기가 한 일본 전문가와의 미팅에서 있었다.

"저희 일본인들은 노인을 사회의 인적 자원으로 생각합니다. 일본 역사상 가장 험난한 시대를 겪었고, 전후의 폐허에서 국가를 재건한 열정과 경험이 있으니까요. 또한 대개 고등학교 이상 교육을 받은 지식인들이며, 각자의 특기도 있습니다. 오히려 허약한 요즘 젊은이들보다 더 훌륭히 일을 하실 수 있는 분들입니다. 그래서 저희는 노인 복지 정책에 일자리를 포함시키고 있습니다."

손 계장은 귀국하자마자 노인들의 성공 사례를 조사했다. 70세를 넘긴 분들이 현장에서 리더로 일하거나, 80세가 되신 분이 후배들을 지도하는 사례를 발견했다. 일을 통해 자신의 존재감을 드러내고 싶어하는 분들도 많았다. 손 계장의 생각의 틀이 깨지기 시작했다.

정책을 만들 때 가장 조심해야 하는 부분이 정책담당자의 '생각의 틀'이다. 그러나 '생각의 틀에서 벗어나기 어렵다'는 연구 결과도 있듯이, 이를 깨기는 쉽지 않다.

허나 신규 정책을 만들거나 기존 정책을 개선해야 할 정책담당자가 생각의 틀에 얽매이면 곤란하다. 정책이 잘못된 방향으로 흐를 수 있기 때문이다. 정책담당자는 생각의 틀을 깨는 노력을 끊임없는 해야 한다.

2) 타인의 생각을 듣는 습관

유대인들의 지혜서인 《탈무드》에는 이런 이야기가 나온다. 한 젊은이가 랍비(성직자 겸 교사)를 찾아와 "왜 입은 하나인데, 귀는 두 개입니까?"라고 물었다. 그랬더니 랍비는 "말을 하기보다 듣기를 두 배로 열심히 하라는 게 주님의 뜻이라네"라고 답했다.

생각의 틀을 깨는 유용한 방법으로 '타인의 생각에 귀를 기울이는 습관'이 있다. 자신의 말을 줄이고 타인의 말을 주의 깊게 듣다 보면 자신의 생각이 변할 수 있어서다. 다양한 지식을 배울 수도 있다. 허나 내 말을 줄이고 남의 말을 듣는 걸 실천하기란 쉽지 않다.

손 계장은 자신의 생각을 드러내기 좋아한다. 허나 남의 말은 흘려 듣는 습관이 있다. 그러다 보니 실수가 잦다는 지적을 받으면서 손 계장은 타인의 말을 주의 깊게 듣자고 다짐했다.

마침 대한시에서 카페리를 도입하는 정책을 손 계장에게 맡겼다. 손 계장은 배 박사에게 미국 시애틀 시에서 출발해 알래스카 주로 가는 카페리 관련 현황을 조사하라는 용역을 의뢰하기로 하고, 용역

설계를 위한 미팅을 가졌다.

"배 박사님이 알아봐주실 건 말이죠, 하루에 몇 편이 운행되고, 승객 수는 몇 명이고, 선박회사의 평균 수익은 얼마고, 주 정부의 지원은 어떻게 이루어지는지 등입니다."

"손 계장님, 카페리의 종류와 운임비, 선박회사의 경영 상태, 주 정부의 지원 체계, 주민들의 선호도 등도 종합해볼까요?"

"음, 사소한 건 대충하시고, 제가 요청드린 부분을 우선하세요."

미팅시간 내내 손 계장은 자신의 고민거리를 늘어놓으면서 배 박사의 말을 흘려들었다. 허나 미팅이 끝난 후 손 계장은 바로 후회했다. 관련 업계에서 인정하는 배 박사로부터 들을 말이 많았는데 자기 말만 하다 끝났으니 말이다. 더군다나 타인의 말을 주의 깊게 듣자는 다짐을 한 지 얼마 되지도 않았는데 실천하지 못한 것이다.

'어휴! 다른 사람 말 듣기가 정말 어렵군.'

손 계장처럼 자신의 생각을 드러내는 데 익숙한 사람이 갑자기 타인의 말을 잘 듣기는 어렵다. 그런 사람들은 자신을 돌아보는 노력을 꾸준히 해야 한다. 경우에 따라 자기 자신에게 최면도 걸어야 한다. '들어라, 손 계장! 귀를 열어라, 손 계장!'이라든가, '나는 아무것도 모르는 자다'라든가, '오늘은 저분의 말씀을 귀 기울여 들어야 하는 날이다!' 같은 말을 만들어 스스로에게 최면을 걸면 타인의 말을 경청할 수 있다.

필자도 손대는 정책마다 좋은 성과가 나타나다 보니 우쭐해져 남의 생각을 듣지 않곤 했다. 다행히 정책의 고수인 선배가 이런 필자를 바로잡아줌으로써 지금까지 문제를 일으키지 않을 수 있었다.

사실, 신규 정책을 열 번 성공시켜도 한 번 실패하면 큰일을 겪을 수 있다. 그러니 새로운 정책을 마련하거나 기존 제도를 개선할 때에는 주변에 있는 모든 사람들을 선생님으로 생각해야 한다.

3) '갑'이 아닌 '을'의 자세로

생각의 틀을 깨려면 자세를 바꿔야 한다. 사실, 정책담당자들은 업무의 특성상 '갑'의 위치에 놓이기 쉽다. 이런 판에 스스로의 가치를 높이고 싶다는 욕망까지 더해지면 이른바 '갑질'을 하기 마련이다.

'상대방을 권위를 가지고 대해야 업무가 원활하게 돌아갈 수 있다'는 생각을 가진 손 계장은 김 과장에게 불만이 있다. 정책 협의를 하거나 도움을 청하러 오는 사람들에게 너무 저자세이기 때문이다. 회식 자리에서 손 계장은 이 점을 지적했다.

"과장님은 너무 여린 것 같아요. 누구한테나 친절하고, '을'한테도 종종 저자세로 대하니 권위를 살리기 어렵잖습니까?"

"손 계장, 내가 맡은 업무를 깔끔히 해내는 가장 큰 동력은 '을'의 자세예요. 친절히 대하고 성의를 다하면 상대는 우리가 생각한 이상으로 많은 것을 줍니다."

시간이 흐를수록 손 계장은 김 과장을 어려워하기 시작했다. 김 과장은 다양한 정보를 가지고 있으며, 정확하게 판단하기 때문이다. 손 계장이 문의를 하거나 조언을 구할 때마다 자신이 놓치고 있는 부분을 정확히 집어냈고, 생각하지 못한 아이디어도 제시했다. 그래서 손 계장은 '을'의 자세에 대해 깊이 고민하기 시작했다.

사실, 김 과장처럼 '을'의 자세를 취하더라도 자신의 권한은 바뀌지 않는다. 권한 같은 것은 필요할 때 발휘하면 된다. 오히려 '을'의 자세야 말로 많은 정보와 지식을 얻을 수 있는 힘이 되어준다.

생각의 도서관 4-1

잘못된 방식이 개선되지 않는 이유

"세상이 바뀌었는데도 생각이 바뀌지 않는 것을 인순고식因循姑息이라 한다. 그러다 문제가 생기면 정면 돌파할 생각은 하지 않고 대충 없던 일로 치고 얼버무려 넘어가려 한다. 그러니 당면한 문제가 발전의 계기가 되지 않고 구태를 더 강고히 붙들게 만드는 악순환으로 이어진다."

_ 정민 지음, 다산선생 지식경영법, p.92, 김영사, 2006

---

(3) 인내와 노력이 정책을 완성시킨다

정책은 정책담당자의 인내와 노력을 먹으면서 자라난다.

많은 의문을 품고 열심히 탐구해도, 다른 사람들의 생각을 수용하는 열린 마음을 가지고 있어도, 정책담당자 자신이 인내와 노력을 기울이지 않는다면 디테일한 정책을 완성할 수 없다.

2013년 1월 30일, 우리나라 최초의 우주로켓인 나로호가 성공리에 발사되었다. 이로써 우리나라는 우주발사체를 가진 11번째 나라가 되었다. 이 성공이 있기 전, 두 번의 실패가 있었다. 기술을 제공해주기로 했던 러시아와 갈등도 빚었다. 이렇듯 수많은 난관에 더해 실패에 따른 국민들의 비판까지 겪으면서 관계자들은 많은 고민과 스트레스에 시달렸을 것이다.

2013년 나로호 발사 성공 후 인터뷰를 하던 책임담당자의 얼굴에서는 그런 복잡한 감정이 보였다. 만약 2013년에도 실패했다면 그는 '프로젝트 실패'를 마음에 담아둔 채 평생을 보냈을 것이다. 정책담당자도 이와 같은 과정을 겪는다. 정책이 성공적으로 전개되면 칭찬을 받지만, 실패하면 심각한 비판에 직면할 수 있다.

1) 마주서야 하는 선택의 순간들

〈결단決斷〉이라는 일본 애니메이션이 있다. 태평양전쟁 당시 일본군 지휘관들이 주요 전투에서 했던 '선택'을 다룬 작품이다. 일본 우익의 관점을 반영했는지 종종 불쾌해지는 부분도 있지만, '나아가기와 물러서기', '추진하기와 중단하기'를 놓고 깊이 고뇌하고 참모들과도 열띤 토론을 벌인 뒤 최선의 방안이다 싶은 것을 선택하는 지휘관들의 모습을 보면서 많은 것을 배웠다.

사실, 신규 정책이나 제도 개선 사업을 추진할 때마다 '선택'이 연속된다. 선택을 해야 할 때 미적거리면 타이밍을 놓친다. 잘못된 선택을 하면 일이 어긋난다. 그래서 선택은 정책담당자의 스트레스를 가중시키는 주요 요인이다.

손 계장은 음식물쓰레기매립장 위치 선정 문제로 고민하고 있다. 접근성을 본다면 큰길이 있는 지역이 좋다. 그러나 그런 곳에는 주변에 마을이 있어서 민원이 들어올 가능성이 있다. 시유지 중 녹지 공간도 고려 대상이다. 허나, 주민들의 불만은 해소할 수 있어도 녹지 공간이 넉넉하지는 않다. 환경단체들의 반발도 우려된다. 인근 지자체의 음식물쓰레기매립장을 공동 사용하는 방안도 있다. 그러나 협의가 쉽지 않다. 손 계장은 이번에도 김 과장에게 조언을 구했다.

"손 계장, 원래 신규 정책을 추진하다 보면 늘 선택을 반복하다 지치고, 그래서 스트레스를 받아요. 부담이 아주 크지요. '최선의 노력' 이외에는 답이 없습니다. 일단 주민공청회라든가 전문가 회의라도 열어보지 그래요."

손 계장은 주민공청회를 열고, 전문가 회의도 개최했다. 그러나 뚜렷한 답이 보이지 않았다. 게다가 주민들과 전문가들의 생각은 다르다. 그래도 간신히 음식물쓰레기매립장 위치를 선정했더니, 쓰레기 처리 용량에 대한 고민이 시작되었다.

손 계장은 대한시에서 하룻동안 발생하는 음식물쓰레기의 양을 검토하고, 미래에 발생 가능한 음식물쓰레기의 양도 추정했다. 그런 정보를 기반으로 예산과 쓰레기 처리 기계의 감가상각을 고려해 보니 다양한 선택지가 나왔다. 현실적인 방안은 현재 1일 발생량의 1.5배에서 1.8배의 처리량이다. 예산을 고려할 때 1.5배가 좋을 것 같으나, 대한시로의 장래 인구 유입 가능성을 생각하면 1.8배로 해야 후임자들이 걱정할 일이 없을 것 같다. 그런 점들을 고려하여 방안을 조정해 1.7배로 결정했다.

처리 시설을 선택해야 하는 상황도 벌어졌다. 업체들로부터 견적을 받아보니 모두 달랐다. 꽤 많이 알려진 업체는 가장 높은 가격을 제시했다. 처음 접한 업체는 가장 낮은 가격을 제시했다. 가격과 기술적 요인 중 어디에 중점을 둘지 선택해야 했다.

한 업체는 자사의 설비를 사용하면 유지·관리 인원이 최소화될 거라고 했다. 그러나 전문가는 비현실적이라고 했다. 손 계장에게는 이렇듯 선택과 선택이 꼬리를 물고 이어졌다.

풍부한 지식과 다양한 경험은 효과적인 선택을 가능하게 한다. 혼자서 하기보다는 여러 명이 같이 고민하는 편이 유리할 때도 있다. 어떤 경우에든 선택의 과정은 인내와 노력을 요구한다. 그 결과에 책임을 져야 하는 정책담당자의 스트레스도 생각보다 클 수 있다.

2) 현명한 불도저 기사

정책을 마련하다 보면 다양한 난관에 부딪친다. 가장 어려운 부분 중 하나는 '새로운 것에 대한 거부감'이다.

아무리 좋은 정책을 내놔도 거부하는 사람이 있기 마련이다. 자신의 생각이 옳다며 새로운 정책을 무시해버리기도 한다. 이럴 때에는 경우에 따라 '후퇴'도 선택하는 현명한 불도저 기사가 되어 전진해나가야 한다.

박 국장은 공단 지역의 외국인여성근로자들이 정신적으로 많이 어려워한다는 사실을 알게 되었다. 낯선 이국 땅에서 자신의 문제를 드러내기를 꺼려하기 때문이라는 보고도 받았다. 심지어 대한시 측에서 어떤 어려움이 있는가를 알아내고 싶어도 입을 여는 경우는 드물다. 이로 인해 사회적으로 우려의 목소리가 높아지고 있다. 이 문제로 시장실을 다녀온 박 국장은 손 계장을 불러 관련 대책을 세우라고 지시했다.

손 계장은 현장에서 전문가들을 만남으로써 외국인여성근로자들의 어려움을 알기 위해 노력했다. 그 덕에 상황이 얼추 파악되었다. 손 계장은 강당에 외국인여성근로자들을 모아놓고 의견 수렴을 시작했다. 그러나 별 반응이 없었다. 오히려 바빠 죽겠는데 불필요한 일을 벌인다는 불만도 있었다. 그래도 손 계장은 자신이 최선을 다했다는 생각을 하면서 보고서 만들기에 착수했다.

손 계장은 초안을 만든 뒤 관련 전문가에게 의견을 물었다. 그런 다음 몇 가지 아이디어를 추가했다. 마침 김 과장이 교육훈련을 받기 위해 한 달 간 자리를 비운지라, 박 국장에게 바로 보고한 뒤 부족한 부분 몇 가지를 보완하기로 했다. 손 계장이 추진하려는 프로젝트의 내용은 외국인여성근로자들을 위한 행사와, 교육 프로그램과, 보금자리 사업 등이다. 이에 대해 예산 부서와 협의를 하고 홍보도 준비했다.

마침 김 과장이 돌아왔다. 손 계장이 작성했다는 보고서를 보니 겉은 그럴듯한데, 핵심적인 부분에 고민의 흔적이 적었다.

"손 계장, 외국인여성근로자 몇 명과 이야기해봤어요?"

"아…, 말도 안 통하고 만나기도 어려워 세 명 정도 만났습니다."

"그래요? 정책 취지를 설명할 때 의견은 없었나요?"

"별로 없었지요. 오히려 불필요한 일을 벌인다더군요."

"손 계장, 그러면 문제를 제대로 파악하지 않은 것 같은데요?"

"과장님, 제가 할 수 있는 부분은 다 해봤습니다."

"손 계장, 최근에 외국인여성근로자를 대상으로 한 다큐멘터리 프로그램을 봤나요?"

손 계장은 눈만 끔벅일 뿐 대답하지 못했다.

"손 계장, 혹시 같이 작업한 전문가들이 여성근로자들을 인터뷰한 내용은 정리해두었나요?"

손 계장은 이번에도 대답을 하지 못했다.

"어휴, 손 계장, 처음부터 재검토하세요."

"저, 과장님. 국장님께 결제를 받았습니다. 시간도 없고 하니…."

김 과장은 순간 부아가 치밀었지만 꾹 억누르고서 말했다.

"밀어붙인다고 정책이 잘 추진되는 건 아니에요, 손 계장! 미흡한 부분이 있다면 한걸음 물러나야 합니다. 물론 새로운 정책에 대해 말하면 부정적으로 반응하면서 협조하지 않는 경우가 대다수지요. 나도 압니다! 허나 지금 당장 어렵다고 물러서면 정책의 디테일은 실종됩니다!"

손 계장처럼 정책담당자는 시간에 쫓기는 경우가 많다. 정해진 시간 내에 정책을 만들라는 요구를 받을 때도 있다. 그러나 손 계장처럼 성급하게 앞만 보고 달리면 디테일한 정책을 만들 가능성은 낮아진다. '1보 후퇴 후 2보 전진할 수 있다'는 마음가짐이 필요하다.

3) 기준을 지키는 꿋꿋함

몇 번의 확인을 거쳐 마련된 기준은 지켜내야 한다. 기준 없이 우왕좌왕하면 정책이 혼란스러워지고 디테일이 실종된다.

물론 어렵게 마련한 기준을 지키지 못하는 경우도 있다. 새로운 정책에 대한 부정적인 분위기가 조성되거나, 추진하자니 여건이 불리한 경우가 그러하다. 그렇더라도 '갈대 같이 휠 수는 있어도, 뿌리째 뽑혀버릴 수는 없다!'는 각오와 노력이 필요하다.

손 계장은 대한시 내의 문화유산을 보전함으로써 관광 자원으로 활용해 지역 경제를 활성화시키려고 한다. 선진국에서도 오랜 역사를 가진 옛 건축물이나 의미 있는 장소를 훌륭한 관광 자원으로 만듦으로써 지역 경제를 활성화시켰다. 손 계장이 박 국장에게 이런 내용의 안건을 보고했더니 박 국장은 고개를 저었다.

"손 계장. 대한시장 한가운데 있는 일제 시대 건물을 문화유산으로 만들자는 거 잘 이해하네. 다시는 그런 시대가 있어선 안 된다는 것을 가르칠 수학여행지로 쓸 만하고, 우리 역사에 관심이 많은 젊은이들도 찾아올 테니까. 시장 한가운데 있으니, 파워블로거들이 소개해준다면 그 일대도 활성화할 수 있겠고 말이야. 허나 그거 그냥 무너뜨리고 새로운 상가를 짓자는 민원이 들어오기 시작했어."

사실, 그 건물은 전국적으로 몇 안 남은 일제 시대 건물이지만, 워낙 비좁은데다 거의 한 세기 전에 지어져서 안전 문제도 대두되었다. 너무 낡아서 새로 입주하려는 상인도 없고, 그나마 남아있는 상점들에도 뭘 사러 오는 사람이 적었다. 재개발을 원하는 사람들은 이런 문제들을 제기했다.

손 계장은 문화전문가의 도움을 받아가며 설득을 시작했지만, 곧 무수한 반대에 부딪혔다. 손 계장은 마지막으로 언론사들을 이용해 보기로 했다. 손 계장이 배포한 보도자료에 맞춰 기자들은 전국에 얼마 남지 않은 옛 건축물들의 역사적 의미와, 이를 간직한 재래시장의 모습을 조명했다. 그러자 전국적으로 많은 사람들이 관심을 가지고 이 건물을 찾기 시작했다.

한 역사 전문 파워블로거가 '현 대한시 일대의 농민들과 소상공인들을 수탈했던 일본 거상 나카무라 쇼토쿠의 저택 재발견!'이라는 제목으로 블로그 포스트를 올렸다. 그 포스트가 포털사이트의 메인 페이지에 소개되자 더 많은 방문객들이 몰렸다. 일본 방송국에서도 사극과 다큐멘터리 제작에 참조하겠다며 조사해갔다.

그 덕에 대한시장의 외지 방문객들이 늘자 지역 경제도 활성화되기 시작했다. 이는 상인들의 생각을 바꿨다. 손 계장은 사업이 잘 추진되기 시작했다면서 안도의 한숨을 내쉬었다.

타인들의 공감을 살 기준을 만들려면 다양한 노력과 설득, 학습이 필요하다. 헌데 타인들을 공감시키지 못하는 기준을 억지로 지켜내려는 경우가 있다. 그러나 타인들의 공감을 사지 못하는 기준은 가치가 없다.

4) 내가 만드는 정책을 싫어하는 사람들

'내가 만든 정책을 모두 좋아할 거야!'라고 생각하는 것은 착각이다. 특히 규제 관련 정책일수록 싫어하는 사람들이 많다. 복지나 지원 관련 사업에 대해서도 부정적으로 생각하는 사람이 있을 정도니 말이다. 정책이 현장에서 제대로 돌아가지 않으면 더욱 많은 이들에게 거부감을 심어준다.

정책은 거미줄처럼 상호 간에 연결되어 있다. 그래서 누군가가 혜택을 받으면 다른 이는 손해를 본다. 그러다 보면 열심히 노력한 사람이 상대적인 박탈감을 품을 수도 있다. 또한 정책은 삶의 가치관과도 연결되어 있기에 정책담당자가 모든 부분을 파악하기는 어렵다. 적어도 자신의 정책을 싫어하는 사람이 있다는 생각을 하면서 정책을 만들어가야 한다.

큰비만 오면 넘치는 대한천을 보면서 손 계장은 이참에 이 문제를 근본적으로 해결하기로 했다. 구불거리는 대한천을 반듯하게 편 다음, 하천 폭을 넓히고 강바닥에 쌓인 흙도 퍼 올렸다. 간이저류지도 마련했다. 그러자 대한천이 넘치면서 발생하는 문제가 해결되었다.

올해에는 대한천이 넘쳐서 주변 논밭들이나 주택들이 수해 피해를 입었다는 뉴스나 보고가 한 건도 안 보이니, 손 계장은 뿌듯했다.

그러나 하천의 생태계는 예전과 확연하게 달라졌다. 전국적으로 유명하여 관광객이 몰리던 할미꽃군락지는 화강암덩이에 파묻혀 흔적을 찾을 수 없게 되었다. 관광객들을 상대하던 인근 주민들의 수입도 크게 줄었다. 불만이 터져 나오기 시작했다. 하천 범람 때문에 피해를 입던 주민들은 손 계장 편에 서주지 않았다. 그들 중에도 관광객들을 상대로 돈을 벌던 이들이나 그 친지들이 많아서였다.

다양한 노력에 의해 확신이 생기고, 기준도 설정했더라도 결국 정책담당자 개인의 생각일 뿐이다. 바로 이 손 계장의 경우처럼 정책 결과는 생각하지도 못한 방향으로 흐를 수 있다. 그러니 정책담당자는 자신의 정책을 냉정하게 바라보면서 '잘못될 수도 있지 않을까?'라는 의혹의 눈초리를 계속 유지해야 한다.

좁은 시각으로 정책을 바라보면서 정책고객(국민/시민)층을 한정해 버리면, 또 다른 정책고객들이 피해를 입을 수 있다.

'내가 만든 정책을 싫어하는 사람들이 있을까? 있다면 과연 누굴까?'를 고민해야 정책이 보다 더 디테일해지고 똑똑해진다.

'내가 만드는 정책은 분명 잘 추진될 것이다!'라는 확신을 가지면 그만큼 실패의 가능성도 높아진다. 오히려 '내가 만든 정책이 잘못된 방향으로 흐르지는 않을까?' 염려해야 디테일한 정책을 만들 수 있다.

정책을 디테일하게 해주는 조언자는 내가 만드는 정책을 찬양하는 사람이 아니라 비판하는 사람이다.

2. 정책담당자의 경험과 학습은
디테일의 깊이를 결정짓는다

신규 업무를 추진하거나 제도를 개선할 때 정책담당자의 역할은 확대된다. 정책담당자는 학자, 컨설턴트, 분석가, 정책실무자가 되어야 한다. 정책은 시행되는 순간부터 여러 사람들에게 영향을 미치기 때문에 깊이 있는 경험과 학습은 매우 중요하다.

한정된 예산으로 최대한 효율적인 정책을 마련해야 한다.

국가나 지자체가 할 일과 개인이 할 일을 구분해야 한다.

미래에 벌어질 상황까지 예측하면서 추진해야 한다.

다양한 의문을 해소시켜주고, 답도 주어야 한다.

이를 위한 경험과 학습이 부족하거나 어느 한쪽에 치우치면 디테일한 정책이 나오기 어렵다.

(1) 현장에 대한 이해가 부족하면 디테일이 실종된다

지식을 현장에 적용시키려면 경험이 있어야 한다. 경험이 풍부하면 문제를 미리 예방하고 정책을 원활하게 추진할 수 있다.

앞서 손 계장의 경우처럼 '많은 사람들이 요구하니까 잘될 거다'라고 생각했던 정책이 실패로 끝나곤 한다. 막상 정책을 추진하다 보면 문제만 불거져서 차라리 없애지도 계속하기도 뭐한 상황에 처하기도 한다.

이는 현장에 대한 이해와 경험이 부족해서 내린 잘못된 판단에 기인했기 때문인 경우가 많다. 물론 이런 상황에서는 정책 디테일은 실종되기 마련이다.

1) 중요한 현장 경험

경험이 부족한 상태에서 정책을 추진할 때에는 신중해야 한다. 현장을 직접 깊이 있게 알아보도록 노력해야 한다. 현장에는 책으로는 알 수 없는 디테일이 담겨있기 때문이다.

손 계장은 농촌사회학을 전공한 점을 존중받아 농촌에 활력을 불어넣는 정책을 담당하게 되었다. 그는 자신이 농촌에 관해 깊이 있는 지식을 가지고 있다고 생각하면서 마을 현장을 방문했다. 고령화가 진전되어 아이들의 모습은 보이지 않았다. 마을 곳곳에는 갈등의 흔적도 남아있었다.

'어휴, 학교에서 머리 싸매고 공부한 게 별 소용이 없구먼.'

마을대표는 돈이 있어야 마을이 발전한다고 주장했다. 손 계장은 돈보다 더 중요한 무언가가 있으리라 생각했지만, 명확하게 떠오르지 않았다. 주민들의 말을 듣다 보니 더 혼란스러워졌다. 강의실에서 배운 것과 맞아떨어지는 게 하나도 보이지 않았다.

손 계장은 고민 끝에 초심으로 돌아가기로 했다. 농촌 현장에서 오랜 경험을 쌓은 전문가와 관련 공무원들을 찾아다니기로 했다. 주민들과의 대화 시간도 계속 가졌다. 얼마의 시간이 흐르자 자신이 알던 지식과 현장의 차이가 보이기 시작했다. 지식이 경험을 통해 숙성된 것이다. 이로써 정책을 추진할 수 있는 바탕이 만들어졌다.

손 계장처럼 경험이 부족한 상태에서 지식만 있다 보면, 현장과 괴리가 있는 정책을 만들 가능성이 높다. 지식과 현장 사이에는 거리가 있기 때문이다. 학교에서 배운 수많은 지식이 허망하다고 느껴지는 경우마저 생긴다.

2) 정책담당자를 함정에 빠뜨리는 현장의 껍데기

현장을 중시한 정책을 마련하겠다는 의지는 정책담당자들 중 대부분이 가지고 있다. 주민을 만나고, 현장에서 일하는 공무원이나 전문가 들의 의견을 듣는다. 공청회나 워크숍을 개최하여 다양한 사람들의 의견을 모아 분석하기도 한다.

그러나 이를 토대로 마련한 정책마저 제대로 작동되지 않고 문제를 일으키는 경우가 있다. '현장의 함정'에 빠졌기 때문이다. 이런 현장의 함정은 관련 지식이나 경험이 짧을 경우 나타나기 쉽다. 모르면 잘못된 말도 진실로 들릴 정도로 '아는 만큼 보이는 게' 정책 현장이기 때문이다.

손 계장이 현장에 나갔다. 현장담당자와 관련 전문가, 여러 주민들이 환대해주었다. 손 계장은 금세 '사람의 장막'에 휩싸였다. 눈과

귀가 닫혔다. 이들의 편향된 말로 인해 손 계장에게는 선입관이 생겼다. 그 이후 다른 말은 귀에 잘 들어오지 않았다.

그러다 보니 손 계장은 지속적으로 예산을 집행하고, 주민들에게는 실제로 도움이 되기 어려운 정책을 내놓았다. 결국 일하고도 욕먹게 되었다. 이 모든 것이 현장에서 잘못된 정보를 받아와 작업했기 때문이다.

현장 조사를 준비할 때 사전 학습은 필수적이다. 사전 학습의 수준에 따라 현장에서 얻어오는 정보의 양과 질이 달라지기 때문이다. 현장에서는 성공스토리보다 문제점과 실패 사례에 집중할 필요가 있다. 잘못된 정보를 거르기 위해서다.

손 계장은 대한시의 공동 시설 정책을 전면적으로 재검토하기 위해 유럽으로 출장을 가게 되었다. 김 과장은 손 계장을 불러 이렇게 지시했다.

"손 계장, 출장보고서의 80퍼센트를 출장 가기 전에 마련해서 보고해주세요."

손 계장은 당황했다. 출장보고서는 당연히 현장 조사를 끝낸 후 마련해야 한다는 생각에서다. 불만스러웠지만 전문가의 도움을 구하고 자료도 수집하여 사전 보고서를 마련했다.

그 뒤 손 계장은 출장 중 놀라운 경험을 했다. 상대방의 말을 바로 이해할 수 있었던 덕에 상황을 바로 파악할 수 있었던 것이다. 지식이 쌓인 만큼 질문거리도 알찼다. 그리하여 손 계장은 정책을 추진할 때 핵심이 될 수 있는 디테일한 정보까지 확보할 수 있었다.

김 과장이 손 계장에게 지시한 내용의 의도대로, 학습을 하지 않고 현장에 나가는 것은 고민해봐야 할 일이다. 현장에서 답을 찾기는 의외로 어렵기 때문이다. 사전 지식이 없으면 보이는 힌트마저 내 것으로 만들 수 없다.

3) 사람에 대한 이해

정책을 마련하면서 벌어지는 실수 중 상당 부분이 '사람에 대한 이해 부족' 때문에 일어난다. 사실, 사람들이 논리적이고 이성적으로 행동할 거라고 가정하고서 일을 하면 잘못된 판단을 할 수 있다. 그렇게 되면 현장에서 문제를 일으킬 수 있는 정책을 만드는 것으로 이어진다.

사람의 합리성은 제한되어 있다. 사람은 저마다의 경험과 교육을 통해 '직관적인 생각'과 '고정관념'을 갖추게 된다. 내가 당연시하는 것도 다른 사람은 잘못되었다고 판단할 수 있다. 똑같은 정책이라도 좋아하는 사람이 있는 반면, 부정적인 사람도 있다. 전문가도 마찬가지다. 자기가 연구해온 이론과 고정관념이 제각각이라, 동일한 주제에 대한 의견도 제각각인 경우가 있다.

그러니 정책담당자는 사람들의 기본적인 행동과 심리에 대해 이해할 필요가 있다. 전문가에게서 구한 자문이나 의견 수렴 결과가 현장의 반응과는 다를 수 있다는 사실을 인식하고, 이에 대응하기 위한 노력을 해야 한다.

손 계장은 대한시의 대중교통 개선책을 마련하기 위해 고민 중이다. 인구는 늘어나는데, 대중교통은 제자리이기 때문이다. 그러나 대한시의 재정을 고려해보니 지하철 건설은 부담스럽다. 이때 비용 부담이 적을 것 같은 도시철도를 생각해냈다. 전문가들과 주민들의 의견은 긍정적이었다. 손 계장은 타당성까지 조사해본 뒤 확신을 가지고 도시철도 건설 사업에 박차를 가했다.

어느덧 번듯한 역사까지 마련되더니, 곧 도시철도 운행이 시작되었다. 그러나 예상과는 달리 사람들은 도시철도를 이용하지 않았다. 기존의 교통수단에 대한 선호도가 높아서였다.

손 계장은 박 국장에게서 주민들의 생각을 깊이 있게 조사하지 않았다며 질책을 받았다.

시청 옥상에서 담배를 피우면서 손 계장은 뭐가 잘못되었을까 고민했다. 문득 여론 조사 관련 지식이 부족했다는 점이 떠올랐다. 그제야 여론 조사를 할 경우 설문 내용에 따라 결과가 달라질 수 있다는 김 과장의 말이 생각났다. 손 계장은 여론 조사 때 교통흐름과 주민들의 직장 및 학교의 위치. 도시철도 이용비 등에 대한 주민들의 생각을 종합적으로 점검했어야 한다.

아마 손 계장은 '주민들이 그렇게 행동할 것이다!'라는 식의 막연한 믿음을 갖고 있었을 것이다. 게다가 경험이 부족하거나 자신의 생각만 옳다고 보는 전문가와 협업할 경우에도 이런 일이 발생할 수 있다.

21세기 들어 빅데이터^{Big-Data} 분석이나 뉴머러티^{Numerati}처럼 사람들의 생각과 행동에 대한 연구 활동이 활기를 띠고 있다. 행동경제학자들도 사람이 합리적이지 않을 수 있다면서 이에 관련된 다양한 이론을 제시하고 있다. 정책담당자들이 사람들의 행동 심리를 학습한다면 정책 디테일 확보에 일정 부분 도움을 받을 수 있다.

4) 주민 제안의 해석

'주민들이 원하는 일을 했다고 하면 정책이 정당화될 수 있을까?'
일을 하다 보면 들기 마련인 의문이다.

실제로 현실에서는 주민들이 원하는 쪽으로 정책 방향을 설정하는 것이 중요하다. 하지만 예산은 제한되어 있고, 사람들은 '군중심리'로 표현되는 분위기나 잘못된 지식에 휩쓸려 합리적이지 않은 판단을 내리기도 한다.

손 계장은 노인들의 불편함을 조사하기 위해 복지관을 찾아가 설문 조사를 했다. 그랬더니 다양한 요구 사항들을 접했다. 손 계장에게서 보고를 받은 박 국장은 다음 날 손 계장과 함께 ○○복지관에 가봤다. 어느 목소리 크신 어르신이 말씀을 하신다.

"하루 종일 복지관에서 생활을 하는데요, 밥을 해줄 사람이 있으면 참 좋겠어요."

어르신의 동료들도 찬성하면서 음식도우미를 지원해달라고 요청했다. 박 국장은 시원스럽게 대답했다.

"어르신들의 뜻이 중요합니다. 바로 추진하겠습니다."

그 소식을 들은 김 과장은 당혹스러웠다.

"국장님, 복지관에 들어가는 예산이 적지 않습니다. 부식비에 더해 광열비도 일부 지원하고 있지요. 헌데 거기에 음식도우미까지 지원한단 말입니까?"

그러나 박 국장은 집요했다.

"주민들이 제한한 정책을 왜 추진하지 않는 거요?"

김 과장은 궁리 끝에 노인재능기부단을 활용하기로 했다. 원하는 지역에 재능기부를 할 수 있는 노인을 파견하는 민관 협동 정책이다. 그러자 복지관에서는 불만이 터져 나왔다.

"젊은 사람을 보내줘요. 불편해서 일을 시킬 수가 없잖아요."

그래서 젊은 사람들을 모아 지원했다.

"밥맛이 없네, 요리 잘하는 사람들로 보내줘야지, 아무나 막 보내주면 뭐 하자는 거요? 정책이 정책 같아야지!"

김 과장의 고민은 깊어져만 갔다.

이렇듯 주민들의 제안을 해석할 때에는 기준을 잡기가 무척 어렵다. 사실, 정책은 민의에 따라 움직여야 한다. 허나 그 민의 중에는 공공 부문이 아닌 민간 부문의 자율성에 맡겨야 하는 경우도 적지 않다. 유럽이나 미국, 일본 등에서는 공동체가 자율적으로 불편한 부분을 해결하는 경우가 많다.

이에 대해 판단을 하지 않고서 민의를 쫓기만 하면 정책을 제대로 추진하기가 어렵다. 오히려 예산 낭비 등 부정적인 결과를 초래하게 된다. 이에 따른 부담은 우리의 아이들이 앞으로 어른이 되면 떠안게 될 것이다.

(2) 지식을 관리하면 정책 디테일 수준이 높아진다

변화를 인지하고 디테일을 확보하기 위해서는 정책담당자의 지식이 무엇보다 중요하다. 따라서 정책담당자는 일상적인 교육과 병행한 자발적인 지식 관리를 해야 한다. 다음에 소개하는 내용은 정책담당자가 즉시 실행 가능한 지식 관리 방법이다.

1) 인터넷 정보 찾기

자신이 담당하고 있는 정책과 관련된 검색어를 활용해 인터넷에서 주기적으로 정보를 찾아야 한다. 혹은 포털사이트의 뉴스캐스트를 살핌으로써 언론 동향을 지속적으로 파악하는 습관을 들이면 도움이 된다. 여러 상황에 대처할 수 있는 힘도 생긴다. 좀 더 깊이 들어가 해외 동향, 학계 동향, 현장 동향까지 파악하다 보면 제도 개선을 위한 아이디어가 떠오를 가능성도 높아진다.

김 과장은 반복되는 현장 문제로 골치가 아파서 담당자인 손 계장을 불렀다.

"손 계장, 인터넷에서 주기적으로 현장 문제 관련 정보를 검색해서 보고해주세요."

손 계장은 매주 정보를 모아 보고했다. 손 계장의 보고 내용 중에는 정책의 문제점을 들추는 내용도 있었다. 김 과장이 보기에 그중에는 제도 개선을 통해 보완할 수 있는 사항도 포함되어있었다. 그런 부분은 현장의 많은 이들이 제도 개선을 요구하는 부분이기도 했다. 김 과장은 또 손 계장을 불렀다.

"손 계장, 이 문제와 관련해서 보다 더 심층적으로 자료를 찾아보세요. 필요하다면 전문가와 같이 협업도 추진하고요."

사실, 정책에서 반복되어 나타나는 문제에 대해서는 정책고객(국민/시민)들이 개선을 요구하기 마련이다. 간혹 이런 상황에서도 개선이 이루어지지 못한 채 문제가 지속되는 경우가 있다. 이유는 다음과 같이 두 가지다.

첫 번째는 기술 수준과 현장 상황 등이 제도 개선을 어렵게 만드는 경우다.

두 번째는 해결할 수 있는 실마리가 있는데도, 정책담당자가 그것을 파악하지 못한 경우다. 이런 일은 정책담당자의 학습과 경험이 부족한 경우에 나타나기 쉽다.

인터넷 검색은 짧은 시간에 상당량의 정보를 알아내는 데 좋은 방법이다. 물론 인터넷에서 문제 해결의 실마리를 모두 찾아내기는 어렵다. 하지만 부족한 정보를 찾아내고, 짧은 시간 안에 상당한 수준의 학습을 하는 데에는 도움이 된다.

자신의 생각을 정책담당자에게 강하게 전달하려고 진실을 달리 말하는 '전문가'가 있을 때에도 인터넷을 활용하면 도움을 구할 수 있다. 정보 검색은 학습과 경험이 부족하여 전문적인 지식에 한계를 느끼는 정책담당자가 정보의 진실과 거짓을 꿰뚫어 볼 수 있는 좋은 수단이기도 하다. 사람들이 생각해낼 수 있는 정보 중 상당량이 인터넷에 숨어 있기 때문이다.

2) 현장담당자 인터뷰

현장담당자와의 인터뷰는 현장관계자의 경험과 지식을 알아볼 수 있는 좋은 계기다. 관건은 인터뷰를 자연스럽게 함으로써 상대방인 현장담당자의 내면에 있는 생각을 이끌어내는 방법이다.

손 계장은 최근에 추진한 정책이 현장에서 문제가 되고 있다는 사실을 알았다. 그러나 관련 정보들이 복잡하게 얽혀있어서 뚜렷한 대안을 세우기가 어렵다. 그래서 현장관계자들을 대상으로 워크숍을 열었다.

손 계장은 분임토의 시간을 마련하여 현장 상황에 대한 정보를 얻고자 했다. 이때 손 계장은 직원들에게 다음과 같이 지시했다.

"공식적인 자리를 끝내고, 편한 자리를 마련해서 인터뷰를 한 후 보고하세요."

손 계장이 김 과장에게서 들었던 대로 저녁 식사 후 모임에서는 낮에 했던 것과는 다른 말들이 나오기 시작했다. 손 계장이 생각하지도 못했던 부분에 대해 현장담당자들이 고민하고 있었던 것이다. 손 계장은 김 과장이 조언한 대로 회식 자리를 마련하기를 잘했다고 생각했다.

이렇듯 현장담당자를 대상으로 하는 인터뷰는 다양한 방법을 동원해 깊이 있게 이루어져야 한다. 편안한 자리를 마련하면 좋다. 부담되고 경직된 상황에서 현장담당자들은 제 목소리를 내기 어렵기 때문이다.

3) 함께 쌓는 지식

여기저기에서 다양하게 몰려드는 수많은 정보와 전문 지식을 정책 담당자 혼자 감당하기는 쉽지 않다. 그런 정보와 지식을 적절히 분류할 수 있는 시스템이 있다면, 그것이야말로 정책담당자에게 큰 도움이 될 수 있다.

박 국장은 직원들의 지식 수준을 전반적으로 높일 계획을 세웠다. 이는 한 달에 한 번씩 과제를 내주고 직원들과 토론을 하는 과정으로 이루어졌다. 그러자 평소에 책을 읽거나 인터넷에서 정보를 캐내는 일에 익숙하지 않은 직원들의 부담이 높아졌다.

김 과장은 박 국장에게 이에 대한 보완책을 제안했다. 지식 관리에 관심이 많은 직원들을 대상으로 소모임을 마련한 뒤, 성과를 보면서 확대하자는 계획이다.

김 과장이 제시한 내용은 단순하다. 한 달 동안 책이나 정보 검색을 통해 나눌 수 있는 지식을 한 페이지씩 마련해오는 식이다. 다섯명 이내로 분임을 짜고, 각 분임별로 각자 마련한 지식을 공유시켰다. 그런 다음 분임별로 대표되는 지식 중 하나를 선정하여 문화상품권을 수여했다. 월별로 모임에서 선정된 지식은 부서 내에서 공유했다. 이로써 정보 검색 능력과 함께 정책 디테일의 근간이 되는 학습 수준이 높아지게 되었다.

'함께 지식 쌓기'는 민간 차원에서 서서히 도입되고 있다. 공직 사회에도 이를 도입해보는 것을 검토할 필요가 있다고 본다.

학습자가 얻을 수 있는 것

응용긍정심리학 분야의 선구자인 마거릿 그린버그와 긍정심리학 전문 코치인 세니아 메이민이 쓴《최고들은 왜 심플하게 일하는가》(토네이도, 2015년)를 보면, 학습 태도를 갖춘 사람들은 자기 계발을 위해 노력함으로써 자신의 역량을 높이려는 경향이 있다고 한다.

성과를 중시하며 전문가다운 면모를 보이는 사람은 자신의 능력과 역량을 증명하기 위해 노력한다. 성과에 집중하는 사람은 어려운 과제를 받아들일 것인가를 결정하고, 그것을 받아들일 때의 실수와 패배의 가능성에 대해서도 고민한다.

반면에 학습에 집중하는 사람은 '자신이 더 많은 노력을 기울이면 가능하다'는 생각을 하며, 실패에 대한 두려움도 적어서 성과를 개선할 수 있고, 까다로운 과제를 포기하거나 그만둘 가능성도 적다고 한다.

그래서 '전문가'가 아니라 '학습자'가 되면 도전을 통해 배울 수 있는 것에 관심을 집중할 수 있다. 즉, 어려운 과제를 '새로운 것을 배울 기회'라고 생각한다면 더 많은 노력을 기울일 수 있다.

(3) 지식과 경험이 깊어질수록 신중함도 더해진다

지식을 계속 쌓다 보면 정책담당자의 정책이해도가 높아진다. 전문가와 대화할 때도 태도가 부드럽다. 자신의 지식으로 새로운 정책을 원활히 추진할 것 같다는 생각마저 든다.

그러나 지식을 쌓아도 해결하기 어려운 일은 많다. 그러니 지식과 비례하여 신중함도 높여야 한다.

1) 위험을 초래하는 얕은 지식

정책담당자 중에는 얼마간의 시간이 지나 얕은 지식이 형성되면 '만물박사'처럼 행동하는 이들이 있다. 그들은 자신이 모든 내용에 통달한 듯 자신감 있게 거침없이 행동한다. 그러나 지식이 깊어진 정책담당자들은 정책을 대하는 태도가 조심스럽다.

손 계장은 현재 진행 중인 업무를 시작한 지 1년이 넘어간다. 중요한 통계 수치는 얼추 외웠고, 다양한 정보도 섭렵했다. 부족한 부분은 인터넷 검색과 용역을 통해 보완했다. 어느덧 정책 관련 지식을 상당히 많이 쌓았다. 손 계장이 보기에 '전문가'들 중에는 자신이 아는 내용을 모르는 이들도 있다.

손 계장은 '전문가라는 사람들도 별 거 아니네. 어차피 새로운 정책은 아는 사람이 드무니까 내가 아는 게 정답이야!'라는 생각을 가졌다. 그래서 현장에 나가면 거침없이 자신의 목소리를 내고, 반대 의견이 있으면 다양한 사례와 정보를 들어 반박했다. 의견 수렴은 다른 이들에게 보여주기 위한 요식 행위일 뿐이라고 봤다. 손 계장은 '내가 최고 전문가'라는 생각으로 업무를 추진했다.

그러나 새로운 정책이 현장에서 문제를 일으키기 시작했고, 여기저기서 불만이 터져 나왔다. 손 계장은 의미 없는 반발이라며 무시했다. 얼마 뒤 치명적인 문제가 드러나기 시작했다.

'내가 최고 전문가'라는 마음 자세는 필요하다. 그러나 충분한 경험과 지식이 없는 상태에서 스스로를 과대평가하면 '선무당'이 된다. 정책담당자가 '선무당'이 되면, 그에 따르는 피해는 결국 정책고객(국민/시민)들에게 돌아간다.

2) 지식과 경험의 조화

지식은 경험과 조화를 이루어야 한다. 정책 디테일은 현장에서의 다양한 경험을 기반으로 삼기 때문이다. 그러다 보니 지식을 대표해주는 '이론'을 정책에 활용할지에 대한 논란이 정책담당자들과 전문가들의 미팅에서 종종 벌어진다.

이론을 만들 때에는 다양한 현상을 분석한다. 그러나 모든 상황을 분석하는 것은 거의 불가능하다. 그렇기 때문에 중요하다고 생각하는 부분만 떼내어 연구하게 된다. 따라서 이론은 모든 상황을 고려하기가 불가능할 수 있다는 태생적 한계가 있다. 그러니 최대한 모든 상황을 고려해야 하는 정책담당자의 눈으로 보면 이론은 '불완전한 지식'으로 보일 수 밖에 없다.

그렇다고 다른 이론들을 무시할 수는 없다. 이론은 정책을 발전시키는 동력이 될 수 있기 때문이다. 이론은 과거의 정책, 현재의 다양한 상황, 관련된 다른 이론들을 모두 분석함으로써 만들어진 가장 가치 있는 지식 중 하나이기 때문이다.

정책담당자가 지식을 정책에 제대로 녹여내려면 경험이 필요하다. 경험이 부족하면 지식에 매몰되면서 자칫 '현장 상황의 단편만 바라본 정책'을 만들어낼 가능성이 있다. 지식과 경험을 조화시키지 않고서 똑똑한 정책을 마련하기는 어렵다.

대한시는 정책 성과를 높이고자 성과관리 제도를 도입하기로 했다. 이에 따라 손 계장은 평소에 관심이 있던 BSC* 기반의 성과관리에 대해 구체적으로 알아보기 시작했다. BSC는 전략 관리에 사용하는 프로그램이라 개인 성과관리에 적용하기는 어렵지만, 현재 다른 지자체에서도 도입하고 있어서 벤치마킹도 가능하다.

손 계장은 BSC에 대한 학습 강도를 높이면서 전문가들을 만나 토론도 했다. 기관장들에게서 교감도 얻었다. 손 계장은 BSC에 대해 어느 정도 자신감이 생기자 과단성 있게 추진했다. 몇 년이 흘렀다. 결과적으로 BSC를 개인의 성과관리에 적용하는 것은 무리였고, 전략 관리 측면에서는 의미가 있었다. 그러나 이미 직원들 사이에서 BSC가 개인 성과관리에 맞지 않는다는 인식이 강하게 자리를 잡았다. 결국, BSC의 돋보이는 전략 관리 기능마저도 폐기될 상황에 놓였다.

---

* Balanced Score Card(균형성 관리 카드), 조직의 비전과 전략 목표 실현을 위해 4가지(재무, 고객, 내부프로세스, 학습과 성장) 관점의 성과지표를 도출하여 성과를 관리하는 성과관리 시스템으로서, 단기적 성격의 재무적 목표가치와 장기적 목표가치 간의 조화를 추구한다. _ 출처. 지식경제용어사전, 2010년 11월, 대한민국정부

정책 현장에서 듣는 말이 있다. "이론가의 말은 처음 몇 번은 그럴 듯한데, 실제 정책 현장에 도입할 부분은 거의 없다"는 것이다. 그러나 이론을 멀리하고 경험에만 의존하다 보면 정책을 개선할 여지는 적어진다. 그래서 이론을 검토할 때에는 구체적인 방법론보다는 핵심을 집중적으로 살펴볼 필요가 있다. 방법론은 현장의 상황에 따라 적용하기 어려울 수 있으나, 이론에서 주장하는 핵심은 정책을 발전시킬 수 있는 아이디어를 내포할 가능성이 높기 때문이다.

생각의 도서관 4-3

학자의 역할과 관료의 역할

《넛지*Nudge*》의 저자이자 오바마 행정부에서 규제정보국 책임자로 활동한 캐스 선스타인 교수의 《심플러*Simpler*》(21세기북스, 2013년)에서는 학자와 관료의 역할을 구분한 내용이 눈에 띈다.

학자는 독창적인 아이디어를 내놓는, 그리고 참신한 아이디어에 모험을 걸 수 있는 사람이라는 것이다.

선스타인 교수도 정부 기관에서 활동할 때 학계의 친구들이 가끔 전화를 걸어 그들의 아이디어를 이야기했다고 한다. 그런 아이디어들 중에는 독창적이고 매혹적인 것도 있었지만, 어리석거나 즉시 폐기해야 할만한 것들도 있었다고 한다.

그래서일까? 일부 관료들은 학자들을 무시한다고 선스타인 교수는 주장한다. 왜냐하면 관료들은 무슨 일을 해야 할지, 얼마나 신속히 그 일을 해야 할지를 고려해야 하다 보니 학자들의 제안이

탐탁치 않을 수 있기 때문이다.

그러나 학자들이 내놓는 '무의미할 것 같은 아이디어들'이 때로는 결실을 맺는다고 한다. 한 예로 1960년대와 1970년대의 '비용—편익 분석'은 미국 정부에서 인기를 얻지 못했지만, 경제학계에서는 큰 호응을 얻었다. 결국 이 아이디어는 1981년에 레이건 대통령이 도입했으며, 2011년 오바마 대통령은 비용—편익 분석 아이디어를 확고히 지지한다고 했다.

3) 핵심적 지식 형성하기

정책의 틀이 되는 지식이 있다. 이는 정책 추진을 위한 생각의 기준이자 핵심적 아이디어로 삼을 수 있는 지식이다. 이렇듯 핵심이 될 수 있는 지식은 어떻게 판별할 수 있을까?

새로운 정책을 추진하거나 제도 개선 과정의 초기에는 그것에 대해 관심이 있는 사람들로부터 많은 질문이 쏟아진다. 정책담당자는 이에 대한 답을 찾는 노력을 하면서 의미 있는 지식들을 발견해나간다. 예를 들면, 질문 10개를 받았을 경우, 상대가 원하는 수준의 대답을 8~9개 이상 할 수 있다면 그 정책담당자는 어떤 지식이 핵심이 될지를 어느 정도 결정할 수 있다.

물론 질문 내용에 따라 다르겠지만 질문 중 1~2개는 정책을 구체화하면서 답할 수 있거나, 질문 자체가 잘못된 경우일 수도 있다. 다만, 자신을 '갑'의 위치에 올려놓은 상태에서 마련한 지식은 문제가 될 수 있다. 틀린 내용을 말해도 '을'인 상대방이 눈치를 보면서 수긍할 수 있기 때문이다. 이런 상황이 반복되면 잘못된 지식이 '좋은 지식'인 척하면서 들어서게 된다.

긴급을 요구하는 사안에 대해서는 깊이 있게 학습하거나 경험할 시간이 부족하다. 이런 경우에는 상당히 융통성 있게 정책을 추진해야 한다. 즉, 지속적으로 학습하면서 지식을 축적해야 한다. 학습 시간이 부족한 상태에서 핵심이 될 지식을 성급히 결정한다면 결국 후회하게 되며, '운'에 좌우되는 정책이 탄생할 수도 있다.

우리나라에서는 추진하지 못하거나 간신히 흉내만 내는 정책을, '외국 어느 나라'에서는 잘 추진한다고 생각해보자. 그런 경우의 '진실'은 둘 중 하나다. 즉, 우리가 그 정책의 내용을 제대로 이해하지 못했거나, 다른 나라에서는 성공적으로 추진 중이라는 소문이 거짓이다. 이런 상황에서는 핵심이 될 수 있는 지식을 결정하기가 어렵다.

다른 나라에서 지역공동체 관련 학위를 받아온 손 계장은 대한시에서 새로운 공동체 관련 정책을 추진하기로 했다. 그 일환으로 손계장은 농촌 지역에서 주민들 스스로 마을 발전 전략을 찾는 정책을 마련하겠다고 발표했다. 그러자 많은 전문가들이 다음과 같은 회의적인 의견을 냈다.

"이론적으로야 주민들이 주도하는 마을 발전 전략을 낼 수 있지요. 허나, 현실적으로는 어려워요. 토론문화에 익숙하지 않은 우리 농촌의 현실을 직시하셔야 합니다."

그러나 손 계장은 해외에서 쌓은 경험과 관련 지식이 있었다. 그래서 전문가들이 제시한 대한시의 상황에 대한 부분은 받아들였으나, 동의하기는 어려웠다. 그래도 김 과장의 충고에 따라 대한시에 맞지 않은 부분은 과감히 포기했다. 현실적인 방법을 찾기 위한 고민도 시작했다.

자신이 맞다고 확신하는 지식이라도 일부는 현실에 맞지 않을 수 있다. 그러니 전문가들과의 미팅 등을 통해 확인하는 과정을 거치지 않으면 잘못된 생각을 계속 유지하게 된다. 정책담당자는 자신이 정한 핵심적 지식을 냉정히 바라봐야 하며, 그것이 틀릴 수도 있다는 생각을 가져야 한다.

4) 신중해야 하는 직관력

경험과 지식이 쌓이다 보면 직관력이 생긴다. 정책직관력은 일정 수준 이상의 디테일을 확보할 수 있는 정책전문가의 반열에 접어드는 단계에서 생긴다.

정책직관력은 책상머리에 앉아서도 현장의 상황을 꿰뚫어보고 전문가도 파악하지 못한 부분을 직시하는 능력이다. 오나라를 정벌하러 간 유비가 오나라 왕 손권의 참모 육손의 꾐에 빠져 시원한 숲에 진영을 만들자, 제갈량이 촉나라의 수도에서 이 소식을 전해 듣고 유비가 화공火攻을 당할 것을 알아차린 것도 직관력 덕분이었다.

제갈량의 수준까지는 아니더라도 사람에게는 저마다의 직관력이 있다. 그런 직관력의 배경은 그가 살아오면서 겪은 경험과 지식이다. 그러나 이런 것은 신규 정책을 추진하거나 제도를 개선할 때 필요한 직관력과는 차이가 있으며, 이를 구분하기는 쉽지 않다. 형성되는 과정이 유사하기 때문이다. 그래서 자신의 직관력이 얼마나 유용한가는 정책 현장에서 드러난다.

손 계장은 문화 관련 업무를 담당한지 거의 3년째다. 책상에 앉아 있어도 현장이 어떻게 돌아가는지를 대략적인 감으로 알아차리고, 전문가의 허점도 발견한다. 그래서 직원들은 손 계장이 직관력을 갖췄다며 추켜세웠고, 손 계장도 그렇다고 자부했다.

대한시에는 10여 년 전까지 옹기를 만들던 마을이 있다. 어느 순간부터 마을 주민들이 빠져나가면서 지금은 침체되었다. 대한시에서는 전통문화 복원 사업의 일환으로 이 옹기마을을 살리려고 한다. 손 계장은 당황하기 시작했다. 관련 경험이 없기 때문이다. 그래도 자신의 직관을 믿어보기로 했다. 그러나 전문가들을 만나고 현장을 다녀왔지만 답을 찾기가 쉽지 않았다. 결국 이번에도 김 과장에게 도움을 청했다.

"옹기 마을은 10여 년 전만 해도 활력 넘치던 문화마을이었잖습니까. 헌데 요즘 맥을 못 추고 있지요. 대한시장처럼 활성화시킬 방법이 없을까요?"

김 과장은 답을 찾을 수 있는 조언을 주었다.

"왜 마을 주민들이 떠나기 시작했는지 조사해보고 문제점을 찾아보세요. 해결 방안이 보일 겁니다. 그 뒤에 다시 이야기해봅시다."

그런 점은 손 계장이 미처 생각하지 못했던 부분이다. 손 계장은 직관력이 있다고 인정받던 자신이 한심스럽다 싶었다. 아울러 김 과장은 역시 두 수, 세 수를 내다보는 사람임을 뼈저리게 확인했다.

"김 과장님은 모든 일을 척척 다 하시니 대단하시네요."

"손 계장, 실은 그게 고민이에요. 나도 사람인 이상 잘못 판단하는 부분이 있거든. 그런데도 주변 사람들이 다들 나한테 의지하려 하니 부담이 커요."

자신의 직관력을 강하게 신봉하는 사람은 신규 정책을 추진하는 일에 맞지 않을 수 있다. 신규 정책에서 직관력은 만병통치약처럼 작동하기 힘들기 때문이다. 그러니 직관력의 한계를 분명히 인식하고 이를 보완하려는 노력이 필요하다. 아울러 지속적으로 지식을 쌓고 경험을 늘리면서 타인들의 말을 경청해야 한다.

생각의 도서관 4-4

통달한 선비와 일반인의 차이

연암은 달사와 속인을 구분해서 설명했다. 달사達士는 통달한 선비다. 지혜의 샘이 활짝 열려서 식견이 툭 터진 사람이다. 달사는 하나를 들으면 열을 알고, 그 열을 통해 백을 이해하는 증폭되고 확산되는 효율성 높은 공부를 한다. 속인俗人은 반대다. 하나를 들으면 그 하나만 고집해서 다른 것은 받아들이지 않는다. 둘을 배우면 그 둘 때문에 붙드는 고집이 하나 더 늘어난다.

_ 정민 지음, 다산선생 지식경영법, p115, 김영사, 2006

---

3. 충실한 정보 공개와
투명한 환경에서 디테일이 발전한다

정책을 추진할 때에는 많은 사람들의 생각을 고려하여 기준을 설정해야 한다. 즉, 다양한 생각들을 모으고, 이를 기반으로 디테일한 기준을 세워야 한다. 이를 위해서는 정보가 공개되어야 한다. 정보가 공개되고, 정책이 투명하게 운영되면 사람들이 정책의 개선점을 알아내기가 쉬워진다. 그러면 정책담당자는 정책을 개선하기 위한 다양한 아이디어들을 수월하게 얻을 수 있다. 이는 신규 정책이 잘못될 수 있는 여지를 최소화할 수 있으며, 정책담당자가 신규 정책을 디테일하게 가다듬을 수 있는 기회로도 이어진다.

(1) 정보 공개는 충실하고 심플하게 이루어져야 한다

정보를 공개하면서도 정책고객(국민/시민)들이 이해하기 어렵도록 공개하거나, 제한된 범위에서 축소하여 공개하면 막상 그 정보가 필요한 사람들은 확인하기가 어렵다. 정보 공개 대상이나 범위를 지나치게 제한하면 정책에 대한 정책고객들의 오해도 불러일으킬 수도 있다.

1) 알기 쉬운 정보 공개

정보를 공개할 경우 제공하는 내용은 정책고객(국민/시민)들이 최대한 이해할 수 있도록 해야 한다. 이는 내용을 생략하지 말고, 핵심 정보를 가급적 많이 담은 뒤 이해하기 쉽게 다듬은 다음 공개해야 한다는 뜻이다. 이해하기 어려운 정보는 정책고객들의 혼란을 초래함으로써 불필요한 오해를 야기할 수 있다. 언론사나 관계 기관 등에서 개별적으로 요청하는 정보를 공개할 때도 그렇지만, 일반적인 정책고객 등 다수의 이용자들에게 공개하는 정보는 내용이 충실하면서도 이해하는 데 어려움이 없어야 한다.

미국은 최근 자동차 연비를 소비자들에게 알리는 연비 정보 표시를 변경했다(그림 4-1). 기존의 연비 정보 표시는 도시에서의 연비 정보와 고속도로에서의 연비 정보를 나누어 제공했으며, 여기에 연간 연료 구입 비용까지 제시했다. 그러나 이 정보만으로는 소비자가 연비가 좋은 비싼 차를 구입할지, 연비는 다소 떨어지더라도 저렴한 차를 구입할지를 판단하기 어려웠다. 즉, 도시와 고속도로로 나누어 연비 정보를 제공한 것은 좋았으나, 소비자 입장에서 볼 때에는 평균 연비가 더 의미 있을 수 있다. 그래서 개정된 연비 정보 표시에는 소비자들의 궁금증을 최대한 반영하면서 이해하기 쉽게 만들었다. 즉, 유사한 차종에 비해 연료비가 5년간 얼마나 절약되는지, 1년에 소요되는 연료비는 얼마인지, 환경 오염은 얼마나 유발하는지 등에 대한 정보를 제공하기로 했다.

그림 4-1. 기존의 연비 정보 표시(좌)와 새로운 연비 정보 표시(우) (미국 환경보호청)

필자는 공공 기관에서 제공하는 정보를 이해하기 어렵다는 불만을 주민들에게서 들은 경험이 있다. 그렇게 어려우냐고 물어보면, 주민들은 처음 들어보는 행정 용어가 사용되고 있으며, 이에 대한 설명은 부족하다고 한다. 그런 내용은 공무원이나 관련 전문가가 아니면 이해하기 힘들기 때문에 주민들이 그로부터 얻을 수 있는 내용은 제한적이다. 즉, 정책고객의 입장에서 이해하기 쉽도록 정보를 풀어서 작성해야 한다.

2) 공공과 민간의 정보 공개

공공 분야에서의 정보 공개는 지속적으로 이루어지고 있다. 충분하지 않은 수준이라는 비판이 아직도 제기되고 있지만, 공개 범위는 넓어지고 있다.

정책의 수혜를 입거나 공적인 부분까지 고려해야 하는 민간 분야의 정보 공개에는 이론의 여지가 있다. 그러나 중요 민간 분야에서 정보 공개를 꺼리거나 숨기면 정책 개선이 어려워질 수 있다.

대한시의 수질 오염 문제가 심각해지고 있다. 시장의 지시에 따라 원인 파악에 나선 김 과장은 수질 오염 대책이 현재 제대로 추진되고 있다는 사실을 확인했다. 그러나 현장 조사에서 얻어낼 수 있는 정보는 제한적이었다. 그래서 김 과장은 수질 오염과 관련되었을 듯한 민간업체에 정보 공개를 요청했다. 해당 정보는 오염물질 배출량, 오염물질 처리에 소요되는 비용, 처리 방법, 처리 업체 등에 관한 것이다.

해당 민간 업체는 기업 활동을 위축하는 규제라며 반발했다. 그러나 김 과장이 언론과 환경단체에 이런 사실을 알리자 반발이 사라지더니 공개를 하기 시작했다. 이는 대한시에서 추진하는 수질 개선 정책의 단초가 되었다.

민간 부분에서 요구되는 정보 공개의 폭은 넓어지고 있다. 다만, 정부나 기관에서 민간에 정보 공개를 요구하는 것은, 위의 사례에서처럼 '규제 행위'라는 오해를 살 수 있다. 그렇기 때문에 공공의 필요성, 기업 활동, 효과성을 종합적으로 검토한 뒤 민간에 정보 공개를 요구해야 한다. 즉, 정책을 긍정적인 방향으로 발전시키기 위해서라도 민간에 정보 공개를 요청할 때에는 그에 따른 효과를 면밀히 점검해야 한다.

아울러 정책담당자는 '정책담당자의 지식은 제한되어 있어서 사회 전체가 아는 만큼 많이 알지 못한다'는 사실을 인식하고 있어야 한다. 정보 공개는 많은 이들의 지식과 아이디어를 모을 수 있는 출발선이 된다는 것도 명심해야 한다.

(2) 투명한 환경에서는 정책도 투명해진다

투명성은 정책담당자가 생각의 기준을 잡고 디테일한 정책을 마련하는 데 도움을 준다. 투명하게 마련되는 정책을 보면 어떤 과정을 통해 일이 추진될지 예측할 수도 있다. 이를 통해 정책의 효율성을 확보할 수 있으며, 잘못된 판단으로 인한 문제를 미리 예방할 때에도 도움을 받을 수 있다.

그러나 투명성은 많은 부분을 드러내야 한다는 부담도 따른다. '투명성이 과연 정책 발전에 효과가 있을까?'라는 의문도 예전부터 있었다. 이에 대한 답은 과거 우리나라와 싱가포르의 사례에서 찾아볼 수 있겠다. 싱가포르는 한때 우리나라를 부러워했다. 두 나라의 1인당 국민소득이 비슷할 때 우리나라는 중화학공업을 시작했기 때문이다. 허나 2014년을 기준으로 싱가포르의 1인당 국민소득은 6만 달러 수준이다. 우리나라는 3만 달러가 채 안 된다. 두 나라에서 가장 대비되는 점은 무엇일까? 가장 눈여겨봐야 할 부분은 국가투명성지수*이다. 싱가포르는 86점이고, 우리는 51점이다.

정책 디테일에 악영향을 주는 폐쇄성을 효과적으로 극복한 '열린 상황'에서는 공정하게 경쟁할 수 있는 기회가 보다 더 많아진다. 물론 정책담당자의 노력만으로는 투명성을 확보하는 데 한계가 있다. 결국 사회 전반의 노력과 합의가 필요하다.

---

* Corruption Perceptions Index, 국제단체인 국제투명성기구(Transparency International)가 매년 1회씩 발표하는 지수다. 세계은행(IBRD) 등 7개의 독립적인 기구들이 실시한 설문 조사 자료들을 이 기구에서 종합하고 분석하여 지수를 산출한다. 점수가 높을수록 부패 정도가 낮다고 본다.

음모론

비극적인 사건이나 위기가 발생할 때, 낭설과 추측이 떠도는 일
은 불가피하다. 대부분 사람들은 가지고 있는 지식만으로 왜 비행
기가 충돌했는가, 왜 지도자가 암살당했나, 테러 공격의 이유, 경
제 위기의 원인을 알 수 없다. 따라서 이런 일에 대한 무성한 추측
이 나타나고, 일부는 음모론과 맞닿게 된다. 일부 사람들에게 음
모론적 추측이 설득력 있게 들리게 되는 이유는 분노와 원망의 배
출구를 제공하거나 공백을 채워주기 때문인 것으로 추정된다.

(중략)

루머심리학 연구에서는 "루머를 억제하려면 신속히 움직여야
한다. 루머는 유통되는 동안 점점 더 그럴듯한 상태로 발전해 나
중에는 더 어려워지는 경향이 있으며, 사람들이 루머를 더 많
이 들을수록 믿게 될 확률도 높아진다"라고 한다. '노코멘트[no-
comment]'라는 응답은 불리하게 작용될 수 있다는 연구가 있다. 사
람들은 무언가를 감추는 행위를 수상하게 여기기 때문이다.
공개적인 질문에 대해서는 세부 내용을 지적해가며 루머를 부정
해야 한다. 무조건 덮어놓고 부정하는 것은 오히려 역효과를 낼
수도 있다.

_캐스 선스타인 지음, 이시은 옮김, 누가 진실을 말하는가,
p.38 및 p.57, 21세기북스, 2015

제 5 장

디테일을 잡아주는 제언들

"정책은 건물을 짓는 것과 같습니다. 여러 사람들이 협업해야 하며, 디테일한 부분까지 신경 써야 합니다"라는 조언을 준 지역발전위원회 이원종 위원장의 노하우 등 많은 선배, 동료 들의 경험과 지식은 앞에서 대부분 다루었다. 제5장은 앞서 미처 담지 못했던 조언들을 중심으로 꾸몄다.

정책을 디테일하게 마련하여 똑똑하게 실행시키려면 일하는 환경을 잘 갖춰야 한다. 그럼으로써 정책 부서에 있는 담당자들이 소신과 자부심을 가지고 일할 수 있도록 해주어야 한다. 정책담당자의 마음속 깊은 곳으로부터 '일 할 만 하네!'라는 생각이 나오면 정책을 능동적으로 바라보기 마련이다. 그렇지 않다면 반대로 갈 수 있다.

"복지부동도 좋은 정책일 수 있네" 같은 말이 나오면 곤란하다.

1. 일마다 무게와 속도가 다르다

"빨리 빨리 해!"

"왜 이리 늦어?"

"그것도 못해? 나라면 쉽게 할 수 있는데!"

부하직원들에게 이렇게 말하는 사람이 어느 부서에든 있기 마련이다. 물론 반복적인 일이라면 가능할 수 있다. 하지만 새로운 일이나 복잡한 현안이라면 그렇게 추진할 수 없다.

일을 많이 안 해본 사람은 일마다 무게와 속도가 다르다는 사실을 알기 어렵다. 사실, 어떤 일은 보기만 해도 가슴이 답답해진다. 몇 년이 걸릴 수도 있기 때문이다. 반면에 부담이 없는 경우도 있다. 불과 몇 주 안에 처리할 수 있기 때문이다.

강 주무관은 김 과장 휘하에서 각국의 문화 정책 사례를 정리하고 있다. 그래서 요즘에는 아침 8시 반에 출근한 뒤 저녁 10시까지 꾸준히 일한다. 꼼짝도 안하고 일에 몰두하는 지라, 김 과장은 다른 일을 못 시키고 있다. 어느새 1년이 지나니, 깔끔하게 잘 정리된 사례집이 나왔다.

이후 강 주무관은 손 계장 휘하에서 신규 문화 정책을 추진하기 시작했다. 새로운 일이다 보니 생각하지도 못한 장애요인이 있다. 협조를 구하기도 어렵고, 성과도 잘 보이지 않는다. 손 계장은 강 주무관이 불안해 보인다.

'어허 저 친구, 김 과장님 밑에서 사례집 만들 때와 달리 별거 아닌 일을 해결 못하고 민폐를 끼치는구먼.'

손 계장은 이런 생각을 하면서 강 주무관을 못 마땅하게 여기고 있다. 1년이 흘렀다. 강 주무관은 성과를 내지 못하고 숙제거리만 잔뜩 만들어놓았다. '훌륭한 사례집을 꼼꼼하게 만들어낸 강 주무관'은 이제 처리도 못할 일만 잔뜩 벌인 무능력한 사람으로 낙인이 찍혔다. 그래서 손 계장은 강 주무관을 다른 부서로 보내고 싶다.

이런 일은 정도의 차이는 있어도 실제로 일어날 수 있다. 경험이 없는 상사라면 급한 일, 안 급한 일, 무거운 일, 가벼운 일을 두서없이 시키는 경우가 있기 때문이다. 그런 상사가 보기에 자신의 생각을 못 따라오는 직원은 무능력한 직원이다. 그래서 질책하기 시작한다. 그런 상사 휘하의 직원들은 어느 순간부터 무거운 일이나 급한 일은 다 피하려고 한다. 상사는 더 닦달하게 된다. 악순환이다.

이는 그 상사가 일마다 무게와 속도가 다르다는 사실을 깨닫지 못했기 때문에 벌어지는 일이다. 어려운 일은 그 자신도 몸으로 직접 경험해봐야 판단할 수 있다. 옆에서 보거나 머리로 생각하기만 해서는 일부만 파악할 수 있기 때문이다.

2. 상황에 따라 전선을 좁히거나 넓혀야 한다

제목만 보면 제3장에서 나온 '선택과 집중'에 관한 이야기(191쪽)와 유사한 듯하다. 허나 내용의 느낌은 다를 것이다. 이번 내용은 좀 더 구체적이고 실무적인 부분에 적용되기 때문이다.

하나의 정책을 여러 기관이 다 함께 추진하는 경우가 있다. 이럴 때에는 기관마다 특성을 살려 일해야겠지만 현실에서는 쉽지 않다. 사람마다 생각이 다르듯, 각 기관이 지향하는 가치관이나 목표 등도 다르기 때문이다. 그래서 많은 기관들이 참여할수록 일을 잘 추진하기 어렵다. 기관 간 협업은 실상 '동업'과도 유사하기 때문이다.

이럴 경우 전선을 좁혀야 한다. 일단 관련된 정책에 대해 가장 핵심적으로 협의해야 할 기관부터 정해야 한다. 모든 기관과 하나하나 협의하려 들면 일이 매우 느리게 진행될 수 있기 때문이다. 그러니 주요 사안에 따라 핵심 협의 기관을 따로 정하거나, 아예 '지정'을 해야 한다. 그렇게 하면 시간과 업무 성과 면에서 더욱 효율적이 된다.

시범 사업도 마찬가지다. '처음 하는 일'인 시범 사업을 한다면서 이를 100개소에서 동시에 진행하면 문제점은 어떻게 발견할까? 1년에 최소한 세 번 정도 점검하더라도 300일이 소요된다. 그러니 시범 사업을 할 때에도 전선을 좁혀야 한다. 예를 들면, 시범 사업소를 10개 지정하면 1년에 다섯 번씩 방문해도 50일이면 된다. 그러면 세밀한 점검도 가능하다.

반대로 전선을 넓혀야 하는 경우도 있다. 즉, 정책을 최대한 늘어놓고서 추진하는 방법이다.

공원녹지 정책 문제를 잘 해결한 덕에 시장으로부터 치하를 받은 손 계장은, 이번에는 테마파크 조성 사업을 기획하라는 지시를 받았다. 그러나 손 계장이 보기에 대한시의 형편상 테마파크 조성은 추진하기가 어려운데다 관광객이 많이 올 것 같지도 않다. 그래서 김 과장에게 고민을 털어놓았다.

"손 계장, 혼자 고민할 필요가 없어요. 이번에는 전선을 최대한 넓혀서 일하는 방법을 생각해보세요. 찬성과 반대 의견이 있는 사람들과의 공청회, 관련 기관들과의 협업 등을 추진해보세요."

김 과장의 조언에 따라 손 계장은 일을 잔뜩 늘어놓은 다음 다양한 분야의 전문가들을 불러 모았다. 수많은 논의가 진행되었고, 논의 결과를 즉시 보고했다. 그랬더니 추진 가능한 아이디어도 나타났다. 시간이 흐르자 시장의 마음이 바뀌기 시작했다.

전선을 좁히거나 넓히는 방법은 상황에 따라 선택할 수 있다. 그러나 경험이 부족하거나 조언을 해줄 사람이 없다면 잘못된 선택을 할 수도 있다.

3. 명확한 기준을 설정하지 않으면
   정책이 우왕좌왕할 수 있다

"말하실 때마다 다르잖아요!"

"정책이 왜 이리 오락가락해요?"

공청회에서 성난 목소리가 들린다. 이런 일은 신규 업무를 추진할 때 벌어지기 쉽다.

이런 일이 일어나면 정책고객(국민/시민)들의 신뢰도가 저하된다. 당연히 정책담당자에게도 고역이다. 그러니 처음에 기준을 명확하게 세워야 하고, 한번 정한 기준은 계속 지켜나가야 한다. 제3장의 여불위 이야기에서 보듯이 말이다(236쪽).

사실, 계속 이어지는 정책이나 관련 사업에는 다양한 경로들을 거쳐 마련된 다듬어진 기준이 있다. 그러나 새로운 정책이나 사업, 제도를 개선하다 보면 기준을 새로 잡아야 한다. 이때 정책담당자가 세울 수 있는 기준이 있고, 합의가 필요한 기준도 있다. 그러다 보니 명백한 기준을 세우지 못해 우왕좌왕하게 된다. 일단 측정 기준을 한번 정하면 계속 사용하는 게 바람직하다. 측정 기준이 왔다갔다하면 혼란스럽다.

김 과장은 새로운 정책을 추진하면서 예산액의 기준을 '억 원'으로 잡았다. 최소 사업비가 30억 원 이상인 사업이라서 그렇다. 김 과장이 교육을 받으러 잠시 자리를 비웠고, 그래서 손 계장이 대신 맡았다.

손 계장이 보기에 예산액 기준으로 '억 원'은 적절하지 않아 보였다. 사업비로 '30억 4천 7백만 원'을 신청하면 어떻게 표시해야 하나? '30.47억 원'은 어색해 보였다. 그래서 최소 기준을 '백만 원'으로 세워서 다시 정리했다.

김 과장이 돌아왔다. 강 주무관에게 신청받은 사업비 총액을 계산해보라고 했다. 최대 70억 원이 한계인 상황에서 몇 개 지역이 '7,000억 원'을 신청했다. 김 과장은 그 사업들을 모두 탈락시켰다. 그러나 알고 보니 '70억 원'이 '7,000백만 원'이 되었는데, 그것을 또 고치지 못하고 '7,000억 원'으로 정리되었음을 확인했다.

코미디 같다고 생각할 수도 있으나, 실제로 일어날 가능성도 있다. 기준이 그때그때 바뀌다 보면 이렇듯 오류가 발생하고, 오해를 낳기도 한다. 한두 건이 아니라 수백 건, 수천 건을 정리하다 보면 이런 일이 일어날 가능성이 높아진다.

용어도 마찬가지다. 보고서를 낼 때마다 용어가 바뀌면 혼란스럽다. 초기에 용어에 대한 정의를 명확히 한 후, 그 용어를 지속적으로 사용해야 한다.

손 계장은 구청에서 시청에 신청한 사업을 접수하느라 바쁘다. 시에서 제시한 사업은 13개다. 모두 공모과제다. 각 구청은 이를 확보하기 위해 열심히 사업 계획을 세워 제출했다. 손 계장은 시에서 제시한 사업은 13개고, 구청에서 응모한 사업은 100개라고 보고했다.

그런데 어느 순간부터 혼란스러워지기 시작했다. 시에서 제시한 13개 사업과, 구청에서 응모한 100개 사업은 무슨 관계가 있나? 논의 끝에 '시에서 제시한 13개 사업에 대해 구청은 관련 과제를 발굴하여 그중 100건을 제출했다'로 정리했다.

처음에는 이 정책 보고에 사용된 용어들이 익숙하지 않았다. 그러나 시의 것은 '사업'으로 하고서 '개'로, 구청의 것은 '과제'로 하고서 '건'으로 정하여 계속 사용하다 보면 나중에 발생할 수 있는 혼란을 방지할 수 있었다.

용어는 정책의 얼굴이자 대표이다. 그러니 작명을 할 때에는 신중히 그리고 차별적으로 해야 한다.

4. 상사는 대안을 찾는 사람이다

"이거 잘못될 것 같네요. 이렇게 하면 잘되긴 어렵죠."

회의 중에 이렇듯 부정적인 주장을 할 수는 있다.

"그래서?"

"처음부터 재검토해야 합니다."

"대안은?"

"…."

이렇듯 대안도 제시하지 못하면서 문제 제기에만 능한 사람도 있다. 그런데 새로운 정책을 추진하거나 현안을 해결할 때에는 이런 사람도 필요하다. 생각하지 못했던 문제를 발견해주기 때문이다.

그러나 현안담당자가 대안 없이 문제만 제기하면 곤란하다. 이런 것은 그 담당자가 제 발등을 찍는 셈이기도 하다.

허나, 문제를 해결할 대안을 바로 찾아내기는 쉽지 않다. 그렇다면 일단 '방향'이라도 제시해야 한다. 상사는 대안을 알고 싶어하기 때문이다. "문제만 나열하고 해결 방안을 말하지 못하는 보고자가 얄밉다"는 말이 왜 나오겠는가. 그래서 오랜 경험과 다양한 인적 네트워크를 통하여 어느 정도 답을 이미 아는 상사도 '대안을 말해주는 정책담당자'가 고맙다.

현장에서 보면, 대안을 마련하기에 시간이 부족한 경우도 있기 마련이다. 그럴 때에는 우선 보고한 후 대안은 사후에 마련하면 된다.

대안으로 삼을 수 있는 사례나 매뉴얼 등을 찾으면서 힌트를 얻기도 한다. 이를 토대로 상사를 안심시킬 수 있다. 관련 분야에서 오래 근무해 통찰력이 생긴 담당자는 대안을 빨리 찾아낼 가능성이 높다.

"××년도에도 비슷한 상황이 발생했습니다. 그때 이러저러한 대책이 있었는데, 핵심은 ○○○였지요. 현재는 상황 변화를 지켜봐야겠지만, ○○○을 중심으로 한 대책 마련을 바로 시작하겠습니다."

이 정도면 훌륭한 답이다. 그러나 자리를 이동한 지 얼마 되지 않은 담당자라면 이런 대답을 하기가 쉽지 않다.

대안을 제시할 자신이 없거나 책임을 지기 어렵다면 관련 전문가들을 모아 회의를 진행할 수도 있다. 회의를 통해 바로 대안을 내기는 어렵지만, '답을 찾기 위한 초동 대응이 이루어지고 있구나' 같은 생각을 과정을 지켜보는 사람들이 하도록 만들 수는 있다.

전임자에게 물어보거나 조직의 대선배에게 조언을 구하는 방법도 있다. 이미 전임자나 선배가 알고 있는 사실인데도, 대안을 찾는다며 밖에만 관심을 갖는 경우가 있기 마련이다. 그러니 혼자서 고민하면서 찾기보다는 주변 사람들에게 도움을 청하는 것이 좋다. 의외로 쉽게 해결 방안을 찾을 수 있기 때문이다.

문제가 제기되면 답으로 가는 방정식이나 대안이라도 제시하도록 노력해야 한다. 그러면 자신에게도 좋고, 상사도 마음을 놓는다.

5. 상대방의 요구를
명확히 이해하고서 대응해야 한다

"말귀를 못 알아먹었나? 지시한 내용은 어디에 있어?"

많은 정책담당자들이 상사로부터 이런 지적을 받은 경험이 있을 것이다. 이렇듯 상대방이 원하는 바를 명확히 이해하지 못하는 가장 큰 이유는, '나를 중심으로' 생각하면서 듣기 때문인 경우가 많다. 즉, 자신의 생각으로 상대방의 생각을 판단하기 때문에 상대방이 원하는 바를 명확히 이해하기가 쉽지 않다. 예를 들면, 회의가 끝난 후 그 회의에 참석했던 열 명에게 물어보면 약간씩 다르게 말하는 부분이 있다. 각자 관심이 가는 부분에는 더 집중하고, 관심이 별로 없거나 자신의 생각과 다르면 집중하지 않기 때문이다.

경우에 따라 상대방의 말을 왜곡해서 해석하기도 한다. 이렇게 되면 필자는 '기관 간 회의에서 합의되었다'고 생각했는데, 상대방은 "좀 더 지켜보자는 취지의 말을 했는데요?"라고 반문할 수도 있다.

정책 현장에서 상당한 내공을 쌓은 이들도 상대방이 원하는 바를 명확히 파악하지 못하곤 한다. 따라서 민감하거나 중요한 사항은 적어도 두 명 이상이 함께 듣고, 필요하다면 질문으로 확인해야 한다.

지시 사항을 전달할 때에도 문제가 발생할 수 있다. 이 또한 전달하는 사람이 상사의 생각을 제대로 파악하지 못했기 때문이다.

강 주무관은 한숨을 푹푹 쉰다. 박 국장이 시킨 일을 손 계장의 지시에 따라 하는데, 손 계장의 지시가 일관되지 않고 계속 바뀐다. 그래서인지 손 계장이 시킨 일을 마무리해서 박 국장에게 보고할 때마다, "내가 시킨 일은 안하고 딴짓한다"며 박 국장에게서 야단을 맞는다. 그래서 손 계장에게 몇 번이나 확인을 받았다. 그런데도 마찬가지다. 차라리 박 국장에게 가서 직접 지시를 확인하고 싶어도, 손 계장의 신경질적인 눈초리를 보면 생각이 달라진다. 박 국장과 강 주무관의 사례에서 보듯이, 중요한 일은 직접 전달하는 편이 좋다. 실무자가 잘못 이해하면 불필요한 일이 반복되기 때문이다.

지시에 대해 의문이 생기면 되묻고 확인하는 조직 문화는 바람직하다. 이렇게 하면 소통의 문제 때문에 일이 잘못되거나, 반복해야 할 가능성이 줄어든다. 허나, 위에서 아래로 지시하는 문화가 강한 조직이라면 사람마다 차이가 있기 마련인 개인의 소통 능력에 의존할 수 밖에 없다. 이럴 경우 의사소통에 타고난 재능이 있는 사람에게는 문제가 적지만, 그렇지 않다면 모두가 괴롭다.

의사소통이 잘 이루어진다고 해서 정책이 언제나 잘 추진되는 것은 아니다. 그러나 의사소통을 잘 못하는 사람이 좋은 정책을 마련하기는 어렵다. 그러니 의사소통에 어려움이 있다면 이를 극복하기 위한 훈련과 노력을 해야 한다.

6. 내부와 외부의 효율적인 협업은 필수적이다

새로운 정책을 추진할 때에는 내부와 외부의 협업이 이루어지는 경우가 많다. 그런데 협업이 제대로 이루어지지 않으면 어려운 상황에 직면할 수도 있다.

강 주무관은 산촌 지역의 의료 서비스를 강화하기 위한 정책을 마련 중이다. 그러다 보니 산촌 담당 부서, 의료 담당 부서, 관련 지자체, 관계 기관 간 협업이 필요하다는 것을 깨달았다. 그런데 관련 부서 담당자들과 통화해보니 별 관심이 없어 보인다. 그래도 처음에는 서로 열심히 연락하고 회의도 개최했으나, 곧 식어버렸다.

결국 김 과장과 논의한 강 주무관은, 협업보다는 정책의 내실화에 힘을 기울이기로 마음먹었다. 일단 정책을 단독으로 추진하자고 결정한 강 주무관은 언론에 보도자료를 배포했다.

'산촌에도 찾아가는 의료 서비스 개시!'

뉴스가 뜬 날, 의료 담당 부서에서는 난리가 났다. 관련 지자체도 마찬가지였다. 예산 부서에는 처음 듣는 소리라고 항의했다. 의료 전문 인력에 대한 고민, 지자체의 참여 범위, 관련 예산 확보를 위한 협의가 이루어지지 않은 상태였기 때문이다. 언론에 이미 발표했으니 취소하기도 어렵다.

결국 강 주무관이 추진한 정책은 시작하기도 전에 문제를 일으켰다.

이렇듯 관계자들과의 사전 협의 없이 정책을 추진하면, 중복되거나 제대로 작동하지 않는 정책을 만들어낼 수도 있다. 그러니 반드시 정책담당자들을 이해시키고 협조를 이끌어내기 위한 다양한 노력을 기울여야 한다. 예산, 규정, 지원, 홍보 등 다양한 관련 조직들과 인간적인 관계라든가 신뢰가 어느 정도 쌓이면, 그쪽에서 알아서 해주기도 한다.

경우에 따라서 평가나 조정을 위한 기관(부서)과 협업해야 할 때도 있다. 그럴 때에는 국정 과제, 공약, 현안 문제 등이 대상이다.

강 주무관은 새로운 정책을 추진하느라 정신이 없다. 특히, 평가 기관이나 조정 기관에서 보고서나 추진 성과를 요구해오면 스트레스를 받는다. 바쁜데 도와주지는 못할망정 유사한 일을 반복해서 시키기 때문이다.

게다가 그쪽 사람들은 업무를 잘 알지도 못하기 때문에 강 주무관은 시간을 낭비해가며 부가적인 설명까지 해주어야 한다. 그런 일은 정책 디테일을 확보하는 데에도 도움을 주지 못한다.

그래서 강 주무관은 가급적 그들에게 연락하지 않았다. 그쪽에서 독촉하면 마지못해 자료를 마련해주기는 했다. 핵심 정책 콘텐츠를 마련할 때도 연락하지 않았다. 귀찮게시리 관련 자료나 요구할 게 분명해서였다.

결국 문제가 발생했다. 강 주무관이 대한시의 정책 방향과 어긋난 정책을 만들고 있다는 지적이 나온 것이다. 강 주무관이 지금까지 추진했던 정책이 삐걱거리기 시작했다.

유사한 내용을 기관(이나 부서)마다 다른 양식으로 보고하라고 요구하면, 정책담당자의 스트레스 지수는 높아진다. 정책담당자는 보고 내용을 토대로 평가를 받게 되고, 또한 그 결과가 성과관리 등에 활용되기 때문에 그로서는 이를 무시할 수도 없다. 그래서 정책담당자는 보고서 작성을 위해 적지 않은 노력을 들인다. 경우에 따라서는 정책을 추진하는 일보다 보고서 작성에 더 많은 시간을 투자하기도 한다.

정책담당자의 부담을 덜어주고자 보고서를 통합하려는 시도가 몇 번 있었다. 이러한 노력이 계속 이어져 성과가 나타나기를 바란다. 정책담당자가 촘촘한 보고서를 쓰느라 시간을 소비하다 보면 정책 디테일에 대해 고민할 시간이 부족해진다.

생각의 도서관 5-1

포토맥 강으로 추락한 비행기

1982년 워싱턴 D.C. 인근에서 비행기가 추락했다. 비행기의 부기장은 비행기 날개에 위험할 수준의 얼음이 맺혀있는 사실을 알고 기장에게 지속적으로 말했으나, 제대로 전달되지 않았다.

부기장　저기 뒤쪽 날개에 얼음이 맺혀있습니다. 보이시죠?
기　장　….

부기장　이런! 제빙 작업이 제대로 되지 않았네요. 안전하지 않

다고 생각되는데, 어떠세요?

기　장　….

부기장　잠시 대기하면서 날개 상판을 살펴보시죠.

기　장　우리는 1분 내로 이륙해야 하네.

비행기가 포토맥 강에 추락하기 직전, 마침내 기장은 부기장의
말에 동의했다.

부기장　기장님 떨어지고 있습니다.

기　장　나도 알아.

_ 말콤 글래드웰 지음, 노정태 옮김, 성공의 기회를 발견한 사람들-
아웃라이어, p226, 김영사, 2009

7. 정책은 사람을 상대로 추진한다

'정책은 일상적으로 만나는 사람들을 상대로 추진하는 것이다'라는 사실을 간과하는 경우가 있다.

간혹 정책담당자가 사람들이 이성적이고 합리적이기 때문에 자신이 추진하는 업무가 당연히 이루어질 것 같다고 생각할 수 있다. 이는 정책담당자들이 더 높은 수준의 사회를 바라보면서 정책을 마련하기 때문이기도 하다.

그러나 현실의 사람들은 감성적이고 비합리적으로 움직이는 경우를 종종 볼 수 있다. 중학생 때, 고등학생 때, 대학 시절이나 군 복무 때 등을 떠올려보자. 혹은 명절 때 일가친척들이 모인 자리를 떠올려보자. 그 자리에서 본 사람들의 면면을 기억해보면 답이 보이지 않는가? 그래서 '사람이란 이성적이고 합리적이다'라는 생각에 따라 마련한 정책은 현장에서 실패하기 쉽다.

손 계장은 공동화장실 설치 사업을 추진하고 있다. 재래식 화장실을 사용하는 낙후된 지역의 주민들을 위한 사업이다. 손 계장은 대한시에서 화장실 설치 사업을 도와주면 해당 지역 주민들이 고마워하며 스스로 잘 운영할 거라고 생각했다.

사업이 완료되었다. 헌데 손 계장은 해당 지역 곳곳에서 화장실이 방치되고 있다는 소식을 들었다. 해당 지역 주민들은 시청에서 만든 화장실이니 시청에서 관리해야 한다고 생각한다. 손 계장은 '자신이 사용하는 화장실이니 스스로 관리하겠지'라고 생각했지만, 현실은 그렇지 않았던 것이다.

공동 화장실 설치 사업이 이렇게 끝난 뒤, 손 계장은 박 국장의 지시를 받아 주민 소득 증대 사업의 일환으로 공동 작업장을 지원해주기로 했다. 손 계장은 공동 작업장이 절실히 필요한 공동체를 선정한 뒤 최대한 지원했다. 일자리도 늘고 소득도 생길 게 확실하다고 생각했지만, 결과는 신통치 않았다. 김 과장에게 뭐가 문제였을까 물어봤다.

"손 계장, 간과를 한 부분이 있는 것 같네요. 중고생 시절을 생각해봐요. 똑같이 공부를 해도 1등부터 꼴찌까지 벌어졌잖아요. 선생님이 열심히 지도해도, 부모님들이 야단을 쳐도 아이의 성적이 바뀌기는 어려웠지요. 사업도 그렇습니다. 똑같이 시작을 해도 돈 버는 이와 못 버는 이로 구분되지요. 시청 주변 식당 사장님 등 자영업 하시는 분들을 보면 알겠지만, 자기 돈 들여 최선을 다해도 성공이 보장되지도 않고요. 그러니 지원받는 돈으로 추진하는 사업이 쉽게 성공하기는 어렵겠지요."

사람을 생각하면서 정책을 마련했기 때문에 비난을 받는 경우도 있다. "결과가 왜 그러냐?"는 말을 듣는 경우다. 예를 들어 주민들이 자율적으로 정책을 만든다고 해보자. 그러니까, 주민들 스스로 정책

과제라든가 마을공동체 발전을 위한 과제를 만들어보게 해보자. 대다수 주민들이 여기에 참여한다는 것을 전제로 한다.

허나, 주민들은 공동체 사업 경험이 거의 없다. 숫제 다 함께 조기축구 한 번 해본 적도 없다. 이런 주민들에게서 나온 아이디어가 처음부터 수준이 높다면 오히려 이상하다.

그런데도 처음부터 수준 높은 아이디어가 나왔다면 전문가가 '반칙'했을 가능성이 있다. 전문가의 역할은 주민들의 아이디어를 최대한 끌어내는 것이다. 그런데도 "아, 그건 복합커뮤니티센터를 마련하면 돼요"라는 식의 말을 하면서 자신의 생각대로 이끌어가는 경우도 있다.

일반적으로 주민 자율로 추진하는 공동체 과제는 처음에는 거칠고 투박하기 마련이다. 이 과제들은 몇 번의 시행착오 끝에 정선된다. 그중 일부 과제는 공동체 사업으로 발전할 수도 있다. 그런데, 이를 평가하는 정책담당자나 정책전문가가 주민들이 제안한 과제를 투박하고 현실성도 떨어진다고 야단하면, 결국 소위 '전문가'의 머리에 기댄 '보여주기 위한 과제'만 나타날 뿐이다. 그런 과제는 '공동체 활성화'에 도움되기는커녕, '말 잔치'로 끝날 가능성이 높다.

아무리 우수한 전문가라도 공동체 자체를 위해 책임을 질 수는 없다. 그들은 해당 공동체에 일시적으로 보탬이 될 수는 있다. 하지만 공동체의 발전은 결국 주민들의 노력을 통해서 이루어진다.

정책이 실패하는 가장 큰 원인 중 하나는 '사람에 대한 이해가 부족하기 때문이다.' 사실 정책결정자도, 정책담당자도, 전문가도, 현장담당자도 그리고 주민들도 모두 사람이다. 디테일을 갖춘 똑똑한 정책은 이러한 사람들을 중심으로 마련하는 정책이다.

'사람을 고려하지 않은 정책'은 똑똑한 정책으로 거듭나기 어렵다.

생각의 도서관 5-2

플랫폼

요즘 널리 퍼지고 있는 개념인 '플랫폼'은 '다양한 종류의 서비스를 제공하기 위해 공통적이며 반복적으로 사용하는 기반'이다.

플랫폼의 대표격은 애플의 앱스토어$^{App-Store}$다. 2008년 7월에 처음 오픈한 이후 앱스토어에서 판매되는 앱의 숫자는 지속적으로 증가하여 40개월 후에는 50만 개가 넘는 앱이 등록 · 판매되었다.

대표적인 SNS 시스템인 페이스북도 11억 명이 넘는 개인이용자와 광고주, 업체 등을 연결하는 플랫폼으로서 기능하고 있다.

앱스토어나 페이스북처럼 플랫폼의 역할을 하는 정책도 있다. 그런 정책하에서는 특정한 규칙이나 프로그램의 범위에서 다양한 서비스가 생산될 수 있다. 가장 대표적인 플랫폼이 정책 역량 강화 프로그램이다. 정책 역량 강화 프로그램하에서 정책담당자들의 수준을 높이면, 정책담당자들이 만들어내는 정책 계획과 사업 계획의 품질이 올라간다.

_ 최병삼 · 김창욱 · 조원영 지음, 플랫폼－경영을 바꾸다,
p.24~25, 삼성경제연구소, 2014

신규 정책 예시

정책담당자를 위한 신규 정책 추진 역량 강화 프로그램

지금 등장하는 내용은 '정책담당자를 위한 신규 정책 추진 역량 강화 프로그램'이라는 신규 사업을 가정한 예시다.

중간중간 제시하는 표와 체크리스트 등은 필자가 독자 여러분들의 이해도를 높이기 위해 마련했다.

후　　배: 윤 계장님. 새로운 정책을 마련해야 하는데요, 조언 좀 주셨으면 합니다.

윤 계장: 체계적으로 설명하기 어렵네요. 일단 내 경험에 비춰 보면 자기 생각을 지나치게 고집하면 잘 안 되더라고 요. 그렇다고 뚝심 없이 일을 하면 추진하기 어려워요. 그런데 신규 정책 마련 방법을 가르쳐주는 교육 과정 은 안 알아봤나요?

후　　배: 아쉽게도 없더라고요. 그런 걸 알아볼 시간에 이렇게 선배들에게 묻고 다니는 게 낫다더군요.

윤 계장은 후배와의 대화 후 교육 과정을 살폈다. 다양한 교육 과정이 있었으나, 신규 정책이나 제도 개선에 특화되어 제시된 역 량 강화 과정은 없었다. 이렇다면 신규 정책을 마련하는 과정에서 다른 사람들에 의해 유사한 실수가 계속 반복될 가능성이 있다.

윤 계장은 이런 상황이야말로 정책 발전에 적신호가 들어오는 상황이라고 판단했다. '왜 기준서나 교육 과정이 없을까?'라는 의문을 품은 윤 계장은 자기가 직접 답을 구해보기로 마음먹었다.

왜?	정책담당자가 유용하게 사용할 신규 정책 참고서나 교육 과정이 부실한가?
자신의 생각	• 다양한 신규 정책을 마련한 경험자들이 참고서나 교육 과정 제작에 직접 참여하지 않아서일 것 같다. • 정책 관련 프로그램 마련 과정은 대부분 학계가 주도했을 것이다. • 프로그램을 마련한 정책전문가가 신규 정책을 직접 경험할 기회는 적을 것이다. • 선진국의 경우를 볼 때 정책담당자가 정책에 도움을 줄 수 있는 다양한 전문 서적을 발간함으로써 관련된 사람들에게 도움을 주고 있다. 우리 역시 이런 일이 가능하다고 본다.
다른 이들의 생각	• 다양한 전문성이 요구되는 정책에 공통으로 적용될 수 있는 지침을 마련하기 어렵다. • 신규 정책을 지원하는 교육 프로그램을 마련하려면 상당 수준 이상의 관련 경험이 필요하다. 그러나 몸담은 조직에서 제한된 경험만 할 수 있다. 특정 조직에서 자신의 경험만으로 마련한 교육 프로그램은 에세이가 되기 쉽다. 다양한 조직에 소속된 신규 정책 경험자의 참여가 필요하다. • 정책에 관한 교육 프로그램은 자칫 다양한 비판을 받을 수도 있다. 일하고도 욕먹을 수 있다는 점을 고려해야 한다.

표 5-1. '왜?'에 대한 체크리스트

윤 계장은 자신의 생각과 주변 동료들의 생각을 종합하다 보니, 신규 정책을 직접 마련해본 다수의 사람들이 관련 참고서나 교육 과정 마련에 참여할 필요가 있다는 결론을 내렸다. 다만, 이들을 참여시키는 과정이 결코 쉽지 않을 것이고, 시간도 많이 걸릴 것이라고 판단했다. 결국 몇몇 관계자들의 경험만으로 많은 이들이 공감할 수 있는 참고서를 마련하기는 어렵다.

더군다나 단순히 참고서만 만들고 끝내야 하는지에 대해서도 의문이 들었다. 다양한 분야에서 신규 정책이나 제도 개선이 요구되기 때문이다.

사실, 정책에 따른 결과는 수많은 이들에게 크든 작든 영향을 준다. 그러니 숫제 정책담당자의 신규 정책 추진 역량을 강화시키는 방향으로 이끌어야 할 것 같다고 판단했다. 그래서 '정책담당자를 위한 신규 정책 추진 역량 강화 프로그램'(가칭)을 마련하기로 결심했다. 윤 계장은 박 국장에게 보고를 올리기 전에 이 프로젝트가 현실적인지를 '경험과 지식 체크리스트'로 점검해보기로 했다.

	주요 내용	수준*					
정책 (사업)명	정책담당자를 위한 신규 정책 추진 역량 강화 프로그램(가칭)	0	1	2	3	4	5
경험	다수의 신규 정책 추진 또는 제도 개선 경험. 교육 프로그램을 만든 경험도 있음					○	
수치·통계	수치나 통계에 대한 경험. 지식 있음					○	
정보 수집 (벤치마킹)	현재 관련 정보가 부족함		○				
사람	역량 높은 정책담당자와 친분이 있으나, 동 프로젝트를 지원할 수 있는 전문가는 잘 모름		○				
관련 이론	잘 모름	○					
향후 계획** – 관련 정보 수집. 다양한 기관에 소속된 높은 역량을 갖춘 정책담당자와 인터뷰. 전문가 확보. 벤치마킹 대상 결정. 관련 이론 검색 등을 통해 보완한 뒤 보고 후 추진해나가겠음.							

표 5-2. 경험과 지식 체크리스트

---

* 수준: 현재를 기준으로 0은 경험이나 지식이 거의 없는 경우, 5는 경험이나 지식이 전문가 수준임.
** 향후 계획: 경험과 지식을 높이기 위한 계획임.

윤 계장은 신규 정책을 다섯 번 추진했고, 국제행사도 한 번 치렀다. 제도 개선 경험도 상당하다. 이렇듯 어느 정도 경험을 갖췄으니, 이를 실무에 적용할 수 있으리라 봤다. 그러나 전문성이 강한 정책들에서 일반화하여 제시할 부분을 찾기 어려웠다. 관련 정보를 더 많이 수집해야 하고, 다양한 정책담당자의 노하우와 관련 이론도 파악해야 한다. 윤 계장에게는 모두 생소하다. 특히 관련 전문가가 있을지 의문이 들었다.

윤 계장은 일단 자신의 경험을 다듬고 부족한 지식을 쌓기 위해 구체적인 목표를 세우기로 했다. 충분한 경험과 지식을 뒷받침해주지 않으면 윤 계장이 만든 교재로는 디테일이 빠진 정책이나 만들 수 있기 때문이다. 당연히 신규 정책을 마련하는 사람들에게 도움되지 않아 외면당할 게 뻔했다. 윤 계장은 교재 제작 프로젝트의 분기별 목표들을 세운 뒤, 하나씩 달성하기로 했다.

	1/4 분기 목표	달성도					
		0	1	2	3	4	5
정책(사업)명	정책담당자를 위한 신규 정책 추진 역량 강화 프로그램(가칭)						
경험	다양한 경험을 위한 보직 변경 – 인사과 협의				○		
수치 · 통계	1/4 분기는 없음						
정보 수집 (벤치마킹)	국내외 관련 프로그램 운영 현황, 만족도 등 기초 자료 – 관련 교육 기관에서 관련 자료 확보			○			
사람	타 기관 정책담당자, 전문가 확보 -없음-	○					
관련 이론	최신 관련 이론 검토 – 행동경제학, 정책학개론 점검 및 요약					○	
애로 사항 – 타 기관의 정책담당자 관련 전문가 확보가 쉽지 않음							

표 5-3. 경험과 지식 목표 관리 체크리스트

윤 계장이 생각했던 것보다 신규 정책 경험자가 적었다. 전문가도 눈에 띄지 않았다. 그러나 2/4분기에 이를 보완할 기회가 왔다. 다양한 부처와 지자체의 정책담당자들이 모여 있는 조직에서 일하게 된 것이다.

이 조직에서 윤 계장은 신규 정책을 추진해봤거나 제도 개선을 담당해본 경험자들도 다수 알게 되었다. 지자체에 출장을 갈 기회도 많아져서 정책 현장을 파악하게 되었으며, 그러다 보니 전에는 접해볼 수 없었던 타 분야 정책의 내면까지 볼 수 있었다. 윤 계장은 자신의 시야가 넓어지는 것을 느꼈다.

윤 계장은 정책전문가들도 자연스럽게 만나게 되었다. 특히, 깊이 있는 경험과 지식을 완비한 정책고수들과 인연을 맺은 것은 가장 큰 성과였다.

그러나 관련 이론은 여전히 찾기 어려웠고, 그러다 보니 정책 마련을 위한 실마리를 풀어내지도 못하고 있다. 결국 윤 계장은 한동안 경험과 지식 쌓기에 전념하기로 결론을 내렸다.

윤 계장은 정책 추진을 위한 환경을 점검하기 시작했다. 사실, 신규 정책 마련을 위한 역량 강화 프로그램의 필요성은 다들 공감했다. 오히려 관련 프로그램이 없는 상황에 대한 불만과 우려가 알게 모르게 컸다.

그래서 윤 계장은 상황을 보다 더 객관적으로 살펴보려고 기본적인 부분을 〈시기의 적절성, 공감 여부 체크리스트〉로 체크해보기로 했다.

	주요 내용 및 실천 계획	수준					
		0	1	2	3	4	5
정책(사업)명	정책담당자를 위한 신규 정책 추진 역량 강화 프로그램(가칭)	0	1	2	3	4	5
시기의 적절성	주민체감형 정책 등 정책의 정교성이 요구되고 있어 관련 교육 필요성이 증대					○	
공감 여부	프로그램 마련에 대해 기관 내외에서 공감					○	
기타 - 대부분 정책의 필요성은 공감하나, 실효성 있는 프로그램 개발에 대해서는 의문시 하는 이들이 다수								

표 5-4. 시기의 적절성, 공감 여부 체크리스트

그러니까, 이 정책의 개발 필요성에 대해서는 대개 공감하지만, 정책의 난이도를 고려하면 디테일하게 개발할 수 있을지에 대해서는 다들 회의적이었다.

윤 계장도 과거에 경험했던 역량 강화 프로그램 개발 사업에 대해 생각해보니, 가장 어려울 부분은 기준이 될 교재를 마련하는 것이라는 사실을 깨달았다.

예전에는 관련 전문가들이 팀을 구성하여 일을 도와준 덕에, 정책고객(국민/시민) 중심의 충실한 내용이 갖춰진 교재를 마련할 수 있었다. 이를 통해 역량 강화프로그램도 성공적으로 추진할 수 있었다. 이번에는 상황이 다르다. 누가 대신 써주기를 기대할 수 없는, 윤 계장이 직접 집필해야 하는 상황이다.

윤 계장은 정책 콘텐츠를 본격적으로 구체화하기 위한 아이디어를 개발하기 전에 정책 방향을 점검했다. 정신없이 일에 매달리다 보면 정책 방향과 어긋나게 일을 추진할 수도 있기 때문이다. 이는 정책담당자라면 항상 염두하고 있어야 할 사항이다.

	주요 내용
정책(사업)명	정책담당자를 위한 신규 정책 추진 역량 강화 프로그램(가칭)
효과	정책담당자의 신규 정책 역량 제고, 정책 수준 향상
사람 중심	교육대상자가 쉽게 이해하고 현장에 적용 가능한 프로그램
명확한 포인트	1. 정책 디테일의 강화 2. 사람 중심의 정책
중복성 관리	—

표 5-5. 정책 방향 체크리스트

정책 방향에서 우선적으로 고려해야 할 부분은 사람이다. 또한 교육대상자가 쉽게 이해하고 현장에 적용 가능하도록 마련해야 한다.

이 프로그램 내용에서 그 다음으로 강조하는 부분은 정책 디테일과 사람 중심의 정책이다. 윤 계장은 이에 딱 맞는 역량 강화 프로그램을 마련해야 한다고 판단했다. 일단 이 프로그램과 관련된 중복된 정책이 없으므로 중복성까지 관리할 필요는 없다.

윤 계장이 프로그램을 추진하면서 자신의 생각이 편중되는 것을 막기 위해 동료들의 제언에 특히 신경을 썼다. 그 덕에 미처 생각하지 못했던 좋은 아이디어들을 확보할 수 있었다.

	주요 내용
정책(사업)명	정책담당자를 위한 신규 정책 추진 역량 강화 프로그램(가칭)
개인 아이디어	예시 중심 교재, 참여형 프로그램, 정책의 디테일 강조, 인터뷰 실시
집단 아이디어	각 교육 과정들을 연계, 실제 정책담당자의 교육 프로그램 점검, 프로그램에 포함될 세부 콘텐츠 점검
콘텐츠(안) – 디테일과 예시 중심의 교재, 실제 정책담당자가 자문인 자격으로 참여 및 점검, 교육기관과 연계, 세부 콘텐츠	

표 5-6. 개인 · 집단 아이디어 체크리스트

윤 계장은 다양한 아이디어들 중에서 콘텐츠화할 부분을 골라 낸 뒤 이력을 점검했다. 그 과정에서 걸리는 부분이 몇 가지 발견되었다.

첫째는 예시 부분이었다. 윤 계장은 자신이 담당하는 사안은 가급적 예시로 들지 않기로 했다. 민감하고 문제되었던 사례도 예시로 들기가 쉽지 않았다.

둘째는 디테일에 대한 문제다. 일반적으로 '디테일'을 언급하면 복잡하고 어렵다는 선입관 때문에 다들 안 좋아한다. 그래서 디테일하고 깊이 있는 교재는 전반적으로 읽기 어렵다는 문제를 제기하는 경우가 있다.

셋째는 상당히 많은 이론이 민간의 기획 방법을 응용했다는 점이다. 공공 분야 정책 만들기에 적용할 만한 이론을 찾기 어렵기 때문이다.

넷째는 정책 관련 교육 프로그램을 기피하는 이들이 많다는 점이다. 왜 그러느냐고 물어봤더니, "다양한 정책 관련 교육을 며칠간 받으면서 시간 낭비하는 기분이 들었어요"라는 답을 하는 이들이 의외로 있었다.

다섯째는 교육 기관이 다양하다는 점이다. 오래전에는 통합적으로 운영되었다고 들었는데, 현재 중앙과 지자체의 교육 기관들로 각각 구분되어 있고, 민간에서 운영하기도 한다.

윤 계장은 이런 문제들을 종합하여 〈표 5-7〉과 같은 콘텐츠점검 리스트를 만들었다.

	이력 점검	
정책(사업)명	정책담당자를 위한 신규 정책 추진 역량 강화 프로그램(가칭)	
프로그램 내용	예시 중심	민감한 사안을 예시로 들기는 곤란 (사례 확보도 어려움)
	디테일 중점	디테일한 교재는 전반적으로 읽기가 어렵고 거부감이 듦
	참고 이론	민간 기획 방법을 응용한 경우가 많아 체감하기 어려움
정책담당자 참여	정책 관련 교육은 전반적으로 기피	
교육기관	중앙, 지자체, 민간으로 나뉘어져 선택에 혼란	
고려 사항 – 콘텐츠(안)를 확정할 경우 교육대상자에게 어려운 내용을 교육 프로그램으로 채택할 가능성이 있음. 전체 정책담당자를 대상으로 하는 교육 기관은 찾기 어려움. 교육 프로그램 확산을 위해서는 별도의 노력이 필요할 것으로 판단. 세부 콘텐츠는 별도로 개발할 필요가 있음		

표 5-7. 콘텐츠 점검 체크리스트

윤 계장은 우선 핵심적으로 파악해야 할 콘텐츠를 점검했다. 일단 정책을 디테일하게 끌고 가기 위해 사람, 하드웨어, 소프트웨어, 시스템, 그리고 홍보 등 다섯 가지 필수 콘텐츠가 모두 포함되었는지를 확인해보기로 했다.

이전에 윤 계장은 소프트웨어와 교육 기관에 대해서만 고민했다. 즉, 실제로 교육을 담당할 전문 강사, 교육 운영 체계, 홍보에 대해서는 미뤄두고 있었던 것이다. 만약 프로그램이 어느 정도 진척된 뒤에 이런 사실을 확인했더라면 혼란을 초래했으리라는 사실을 떠올리고서 윤 계장은 가슴을 쓸어내렸다. 그래서 윤 계장은 이참에 좀 더 구체적으로 현재 콘텐츠별 정책 환경을 〈그림 5-1〉처럼 개략적으로 분석해봤다.

역시 관련 전문가는 적었다. 신규 정책에 관련된 교육 프로그

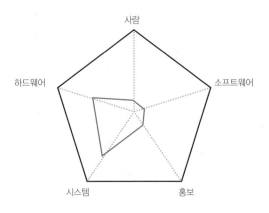

그림 5-1. 필수 콘텐츠 구성 분석

램도 거의 없었다. 홍보 여건마저 좋지 않았다. 그러나 교육 프로그램은 기존의 것을 재활용할 수 있고, 교육장으로 활용할 장소도 충분했다. 윤 계장은 이 프로그램을 추진하면서 사람과 소프트웨어, 홍보에 보다 더 많이 집중해야 한다고 판단했다. 나머지 분야는 상대적으로 수월하니까 다른 부서의 사람들에게 도움을 청할 수도 있다.

　윤 계장은 다음 작업으로서 콘텐츠별로 감당할 수 있는 역량을 〈표 5-8〉과 같이 살펴봤다. 대부분 관련 지식은 부족했으며, 약간의 경험만 있을 뿐이었다. 윤 계장이 직접 지속적인 학습을 병행하면서 추진해야 한다. 쉽지 않은 상황이기에 윤 계장의 이마에 주름이 잡혔다.

하드웨어		소프트웨어	
경험		경험	
		교재 교육 프로그램	
출판사 교육 기관			
	지식		지식
사람		시스템	
경험		경험	
	자문인, 감수인		
강사		출판 체계 교육 시스템	
	지식		지식
홍보			
경험			
홍보 계획 마련			
	지식		

표 5-8. 콘텐츠 추진 역량 체크리스트

윤 계장은 역량 강화에 필요한 다수의 내용들을 제안받았다. 그러한 내용에 따라 윤 계장은 가장 핵심이 되는 콘텐츠인 '교재'에 들어갈 핵심 내용을 중심으로 시급성과 실현 가능성 등을 〈표 5-9〉와 같이 점검해봤다.

시급성	정책대상의 이해 정책의 패턴 정책담당자 역량 관리	정책 콘텐츠, 정책의 구현 과정 정책의 관리(발전?), 정책의 디테일 소통과 홍보(협업)

실현 가능성

표 5-9. 시급성 및 실현 가능성 체크리스트

윤 계장은 정책 여건과 역량 등을 종합적으로 고려해본 결과, 정책 대상에 대한 이해와 정책의 패턴, 역량 관리를 교재에 담기 어렵다고 판단했다. 이는 윤 계장에게 관련 지식과 경험이 부족하기 때문이다. 그래서 그런 요소는 다음 기회에 보완하기로 결정했다. 그런 뒤 시간이 가장 많이 소요될 것으로 판단되는 교재를 마련하기 위한 실행 과제를 〈표 5-10〉으로 파악했다.

윤 계장은 교육 프로그램의 바탕이 될 책 내용을 토대로 실행 과제를 체크해보았다. 그랬더니 우선 가독성과 논리성, 사례가 핵심임을 파악했다. 구체적으로 보면 글 연습, 책 구성을 위한 다양한 학습, 인터뷰 등이 필요하다. 특히 이런 콘텐츠들에 대해서는 다른 콘텐츠들보다 노력과 시간이 특히 많이 필요하다는 사실도 확인했다.

윤 계장은 팀원들을 모두 교재 마련에 투입하기로 했다. 그리고 일거리가 적은 나머지 콘텐츠들에 대해서는 병행해서 작업하기로 했다.

표 5-10. 콘텐츠 실행 과제 체크리스트

윤 계장은 실제로 정책을 구현할 때 생각해야 하는 성과목표와 성과지표를 마련했다. 추후 신규 사업 예산 확보 및 정책 관리에 필요하기 때문이다. 콘텐츠에 디테일을 심어 실질적인 정책으로 구현할 때, 정책 방향을 명확히 할 필요도 있기 때문이기도 하다. 사실, 성과목표와 성과지표는 정책 방향을 가늠할 수 있게 한다.

	주요 내용
정책(사업)명	정책담당자를 위한 신규 정책 추진 역량 강화 프로그램(가칭)
성과목표	정책의 디테일을 높여 정책 품질 제고
성과지표 1	교육 참가자 수
성과지표 2	교육생 교육 만족도
성과지표 3	국민의 정책 만족도
고려 사항 – 성과지표 3은 관리만 하는 지표로 활용.	

표 5-11. 성과관리 체크리스트

교육 프로그램의 성과는 금방 나타나기 어렵다. 특히 정책의 품질 제고를 목표로 하는 교육의 결과는 그렇다. 이 교육 프로그램의 성과는 교육생들이 교육 내용을 충분히 숙지한 다음에 신규 정책을 마련함으로써 나타난다. 아울러 신규 정책의 효과가 나타나는 데에는 최소한 3년 이상이 걸리므로, 이 정책의 효과도 최소 3년이다.

그러나 정책 중 상당수는 그 효과를 제대로 알려면 5년 이상이 필요할 수도 있다. 또한 정책품질에 관여하는 요인은 많고 복잡하여 직접적인 성과로 확인하기는 어렵다. 정책고객인 국민들의 정책 만족도를 성과지표로 삼기도 어렵다. 가급적 가능성 있는 '의미 있는 지표'는 교육 만족도라고 볼 수 있다. 여기에 교육 참가자 수를 포함시키면 단기적인 성과 측정은 가능하다.

이제 윤 계장은 기본 정책 보고서를 마련해야 한다. 현황 분석부터 전략의 방향, 주요 내용, 추진 계획 등을 기본 정책 보고서에 포함시켜야 한다. 윤 계장은 콘텐츠들을 빠짐없이 검토한 뒤에야 충분한 지식과 경험을 기반으로 한 기본 정책 보고서를 완성할 수 있었다.

윤 계장은 이 정책에 특화된 프로세스도 마련했다. 물론 그 프로세스는 업무를 진행하는 과정에서 일부 조정될 수는 있다. 하지만 윤 계장은 실천 가능한 내용을 중심으로 〈그림 5-2〉와 같은 프로세스를 마련했다.

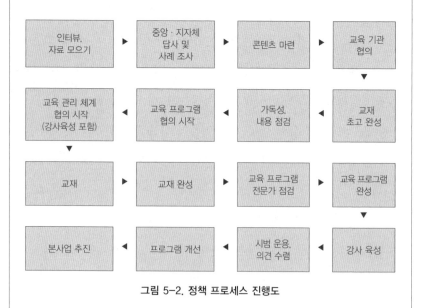

그림 5-2. 정책 프로세스 진행도

이뿐만 아니라 관련 지침도 마련해야 하고, 사업비도 확보하는 등 관련 프로세스가 병행된다. 그러면서 프로세스에서 가급적 달성해야 할 목표들도 설정해야 한다. 사실, 다양한 일들이 얽히다 보면 시간 관리를 못하거나, 중요한 목표를 잊을 수 있기 때문이다. 그래서 윤 계장은 꼭 달성해야 하는 목표점을 정하고, 외부로 드러나는 목표점도 〈그림 5-3〉처럼 마련했다.

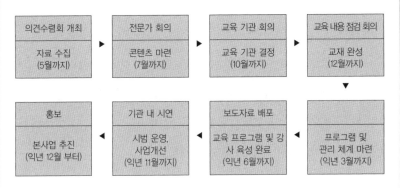

그림 5-3. 목표점 체크리스트

윤 계장은 설명회나 회의에 관한 보도자료, 시연, 홍보 등 내보일 수 있는 목표점과, 이와 관계된 업무들을 내실화하기 위한 목표점을 설정하여 운영하기로 했다.

이러한 목표점들을 달성하는 과정에서 다양한 선택을 해야 한다. 또한 최적의 선택을 하려면 전술적 차원에서의 접근이 필요하다. 다양한 방법들을 놓고 분석해본 뒤, 가장 가능성이 높으며 효율적인 방법을 선택해야 한다. 다음 페이지의 〈표 5-12〉에 교육 기관을 결정하기 전에 가능한 방법들을 분석했다.

목표점	교육 기관 결정		
	주요 내용	효율성	가능성
전술1	중앙부처 총괄 교육 기관 협의	5점	2점
전술2	지자체별 교육 기관 협의	3점	2점
전술3	공공 교육 기관 협의	4점	4점
전술4	민간 교육 기관 협의	2점	4점
전술5			

* 5점은 최고점, 1점은 최하점

표 5-12. 실행 전술 체크리스트

윤 계장은 교육 기관 결정을 위한 전술적 선택의 일환으로 가장 효율성이 높을 거라고 고려되는 중앙부처 총괄 교육 기관과 먼저 협의하기로 했다. 그런 뒤에 효율성이 높고 가능성도 확보된 공공 교육 기관과의 협의도 고려하기로 했다.

사실, 정책을 마련하고도 홍보를 하지 않으면 교육을 원하는 사람들은 이를 알 수가 없다. 그래서 홍보 전략을 구체화려면 기본적인 홍보의 틀에 대해 고민해볼 필요가 있다. 즉, 홍보 대상이나 홍보 포인트 등에 대해서 말이다.

홍보를 미리 준비하지 않고 일을 하다 보면, 정작 홍보가 필요할 때 당황하게 된다. 홍보를 위한 전략도 예산도 확보되어 있지 않기 때문이다. 그러니 다음 페이지의 〈표 5-13〉을 참조하여 홍보 전략을 체크해야 한다.

	주요 내용
홍보 대상	정책담당자
홍보 포인트	실무자가 제안하는 신규 정책 노하우 '디테일'
홍보 시기	교재 완성과 동시
고려 사항	시범 운영을 고려한 점진적 홍보
관련 협의 여부	교육 기관과 홍보에 대한 기본 협의 완료
홍보 예산	00000원

표 5-13. 홍보 전략 기본 체크리스트

최종적으로 정책의 모습이 드러났다. 윤 계장은 전면적인 시행을 하기에 앞서 마련된 역량 강화 프로그램이 실질적으로 도움이 되는가를 파악하고, 부족한 부분을 개선하기 위해 시범 운영을 추진하기로 했다. 그래서 효과적인 시범 운영을 위해 〈표 5-14〉와 같은 체크리스트를 마련한 뒤 관련 내용을 점검했다

		주요 내용
시범 운영 대상자	최종	정책담당자
	중간1	강사
	중간2	운영진
	고려 사항	초기에는 양질의 강사 확보에 주력
시범 운영 규모	소	정책담당자 100명 내외, 강사 5명 내외
	중	정책담당자 500명 내외, 강사 10명 내외
	대	정책담당자 1,000명 이상, 강사 20명 이상
	고려 사항	강사 자원이 부족하므로 소규모 → 중규모로 추진
시범 운영 기간	단	1년
	중	2년
	장	3년
	고려 사항	3년으로 하되 교육 수요를 반영하여 단축 가능
기타		

표 5-14. 시범 운영 체크리스트

추진된 정책을 현장에서 구현하는 일에는 많은 시간이 필요하다. 그러니 정책담당자는 정책을 똑똑하게 추진할 수 있도록 지속적인 품질 관리를 추진해야 한다. 이에 따라 윤 계장도 반기별로 한 번씩 점검하기 위한 계획을 마련했다. 아울러 기본적인 점검 사항에 정책의 특수성을 반영하여 추가로 점검할 부분도 포함시켰다.

이상, '정책담당자를 위한 신규 정책 추진 역량 강화 프로그램'(가칭)이라는 가상의 역량 강화 정책 개발 과정을 소개함으로써 전체 내용을 마무리했다.

가상의 정책이지만 실제로 구현되면 정책담당자의 정책 역량이 강화될 것이고, 이들이 담당하는 신규 정책의 품질도 높아지리라고 본다. 생각하지 못했던 제도 개선도 이루어질 수 있고 말이다. 결과적으로 정책 품질을 높이는 '플랫폼' 정책이 될 가능성도 있다.

똑똑한 정책을 마련하기 위한 환경

우연히 라디오 방송을 들었다. 최근 성장하는 스마트폰앱 활용 배달 업계 CEO의 강연이었다. 그가 관심을 가진 대상은 '누가 배달을 시키는가?'였다고 한다. 그는 어느 모임에서든 막내가 배달 전화를 건다는 점에 착안했다. 그래서 '막내'의 입장에서 보면서 그 앱을 개발했고, 시장에서 크게 성공했다.

똑똑한 정책을 마련하는 과정도 이와 마찬가지 아닐까? '똑똑한 정책'이 여기저기서 튀어나와 국가를 발전시키려면 우선 뭘 고민해야 할까?

저 CEO가 그랬듯이 현장에서 실무를 담당하는 '막내'를 고려해야 하지 않을까? 그 막내란 정책실무자들을 말한다.

그럼 정책실무자들이 처한 환경을 살펴보자. 신규 정책을 추진하거나 제도를 개선할 때 생겨나는 스트레스는 관계자 모두의 신경을 곤두서게 한다. 그래서 조그만 실수도 용납하지 않는 분위기가 조성되기 쉽다.

사무실에서의 스트레스는 집안으로까지 연결될 수 있다. 물론 회사일과 집안일을 무 자르듯 구분하고 싶지만, 사람인 이상 한계가 있기 마련이다. 특히 막내인 정책실무자들은 과도한 스트레스를 집까지 가져올 수 밖에 없고, 이는 가족들과의 불화로 이어지면서 다시 사무실로 더 큰 스트레스를 되가져오는 악순환으로 이어진다.

정책실무자들은 다양한 종류의 보고서도 작성해야 한다. 더군다나 보고해야 할 대상이 많아서 유사한 내용을 여러 편의 보고서로 바꾸어 작성해야 한다. 정책 디테일을 잡아갈 시간도 부족한데 보고서 제출을 계속 요구받다 보면 정책에 대한 집중도가 떨어질 수밖에 없다.

정책실무자보다 더 높은 위치의 정책담당자들도 새로운 정책이나 신규 정책을 마련하는 데 따른 성과관리를 잘 하기가 쉽지 않다. 성과관리가 보직이 순환되는 인사 시스템에 적용되기 때문이다.

그러다 보니 어떤 정책이 잘 추진되면 '이에 기여한 관계자들'이 무수히 나타난다. 미국 존 F. 케네디 대통령의 말대로 "잘된 일의 공로자는 무수히 많아도, 잘못된 일을 책임질 사람은 아무도 없다"는 식이다. 케네디 대통령의 말대로 만약 정책이 실패하면 직접 담당했던 정책담당자가 모든 책임을 져야 하는 상황도 벌어진다.

정책담당자가 새로운 일을 한번 담당하면 계속 유사한 일을 맡는 상황이 벌어질 수도 있다. 이는 일종의 '관성의 법칙'이 작용했기 때문이다. 물론, 정책담당자로서는 인정을 받으면서 일하는 것이니 경력을 인정받기 좋을 것이다. 하지만 쉬지 않고 끊임없이 스트레스를 받으며 몇 년간 일하다 보면 몸에 이상이 생길 수 있다. 그래서일까? 모 신문 기고를 보니 어느 기관장이 똑똑하고 젊은 공무원들이 신규 정책을 멀리한다며 우려를 표한 것을 봤다. 왜 똑똑하고 젊은 공무원들이 새로운 일을 기피하는지, 근원부터 따져보고 개선할 수 있는 방향을 잡기를 바란다.

사실, 정책은 나는 물론 내 가족과 국가의 미래까지 좌우하는 힘이 있다. 그래서 내 아이들이 잘되게 하는 가장 좋은 방법 중 하나는 정책을 똑똑하게 만드는 것이라고 본다. 정책담당자는 최전선에 있는 정책실무자들이 자긍심을 가지고 적극적으로 정책 디테일을 완성해나갈 수 있도록 환경을 마련해야 할 필요가 있지 않을까?

마무리하면서

정책의 시작부터 끝까지 담다 보니 상당히 많은 내용을 포함시켰다. 그래서 정책 현장에서 일하시는 분들이 이 책의 초고를 보고 이런 말을 했다.

"처음에는 쉽게 읽혔는데, 두 번째 볼 때는 부담스럽게 다가오더군요."

필자도 독자에게 부담을 주지 않기 위해 가급적 이해하기 쉬운 책을 마련하고자 했다. 그러나 필력과 자료 조사 능력 때문에 한계가 있었다.

당초의 목표는 '이런 과정을 거쳐 신규 정책을 마련하면, 문제를 최소화하면서 똑똑한 정책을 만들 수 있겠구나' 싶을 수준의 최소한의 정보를 최소한이나마 제공해주는 것이었다. 그러나 책을 완성해가면서 최소한의 기준마저 모호해진 것에 더해, 초고를 검토해주신 분들의 다양한 요구들까지 반영하다 보니 상당한 내용을 포함시키고 말았다.

허나 결과적으로 정책에 관한 경험이 어느 정도 있다면 독학으로 학습할 수 있는 책이 되었다. 물론 교육 프로그램까지 지원된다면 효과가 극대화되리라 본다.

필자의 초고를 본 분에게서 어떤 보고서가 좋은 보고서냐는 질문을 받았다. 필자는 '가장 이상적인 보고서는 정책을 똑똑하게 만드는 디테일을 담으면서도 이해하기 쉬운 보고서'라는 답변을 드렸다. 그럴 듯한 논리와 스토리만 있고 디테일이 실종된 보고서는 피해야 한다는 조언도 드렸다.

정책담당자가 동일한 내용에 대해 수정 작업을 여러 번 하는 이유는, 누구라도 이해하기 쉬운 보고서를 마련하기 위해서다. 보고서는 수정할수록 보기도 좋고 이해하기도 편해진다. 그러나 보고서를 수정하는 작업의 핵심은 '디테일을 담은 양질의 콘텐츠를 얼마만큼 발굴하여 포함시키는가'이다.

필자가 이 책에서 제시한 내용을 얼마나 참고해야 할지 궁금하신 독자들도 있을 것이다. 그렇다면 이 책에서 제시하는 핵심 요지를 중심으로 참고하면 된다. 필자가 강조하고자 한 부분은 '정책은 사람을 중심으로 고려하여 디테일하게 마련해야 한다'는 점이다.

정책이 똑똑해지려면 정책고객(국민/시민)뿐만 아니라, 정책담당자와 정책고객 사이에서 정책을 전달하는 사람까지 고려해야 한다. 현장에서 정책 서비스를 하는 이들도 빠뜨릴 수 없다. 이런 고민을 지속하다 보면 정책이 디테일하게 다듬어진다. 최종적으로 드러나는 정책의 모습은 보다 더 '심플'해지거나 이해하기 쉽다.

곤란한 질문도 받았다.

"이 책에 있는 내용대로 다 할 수 있어요?"

물론 다 실천하기는 어렵다. 다만 다양한 분들의 지식과 경험으로 구성된 책이니, 계속 옆에 두면서 참고서로 활용하면 도움이 될 것이다.

필자는 이 책이 정책을 똑똑하게 만드는 정책담당자들이 많이 나타나는 데 도움이 되었으면 한다. 국가의 미래를 위한 가장 중요한 투자 중 하나가 정책담당자들을 육성하고 지원하는 것이라는 생각에서다. 잘 만들어진 정책이 많이 나타나면 우리 아이들이 행복해진다. 그러나 문제가 많은 정책들이 늘어나면 우리 아이들의 얼굴에 그림자가 드리워진다.

내가 만든 정책을 체감하는 가장 중요한 정책고객은 내 아들이고 딸이다.

디테일로 완성하는 **똑똑한 정책**

펴   냄 2015년 9월 15일 1판 1쇄 박음 | 2015년 9월 20일 1판 1쇄 펴냄
지 은 이 윤광일
펴 낸 이 김철종
펴 낸 곳 (주)한언
등록번호 제1-128호 / 등록일자 1983. 9. 30
주   소 서울시 종로구 삼일대로 453(경운동) KAFFE 빌딩 2층(우 110-310)
          TEL. 02-723-3114(대) / FAX. 02-701-4449
책임편집 장웅진
디 자 인 김정호, 이찬미, 정진희
마 케 팅 오영일, 조남윤, 박영준, 어윤지
홈페이지 www.haneon.com
e - m a i l haneon@haneon.com

ISBN 978-89-5596-727-2 (03300)

이 도서의 국립중앙도서관 출판예정도서목록(CIP)은 서지정보유통지원시스템 홈페이지
(http://seoji.nl.go.kr)와 국가자료공동목록시스템(http://www.nl.go.kr/kolisnet)에서
이용하실 수 있습니다.(CIP제어번호: CIP2015021678)

한언의 사명선언문

Since 3rd day January, 1998

Our Mission — 우리는 새로운 지식을 창출, 전파하여 전 인류가 이를 공유케 함으로써 인류 문화의 발전과 행복에 이바지한다.

— 우리는 끊임없이 학습하는 조직으로서 자신과 조직의 발전을 위해 쉼 없이 노력하며, 궁극적으로는 세계적 콘텐츠 그룹을 지향한다.

— 우리는 정신적, 물질적으로 최고 수준의 복지를 실현하기 위해 노력하며, 명실공히 초일류 사원들의 집합체로서 부끄럼 없이 행동한다.

Our Vision   한언은 콘텐츠 기업의 선도적 성공 모델이 된다.

저희 한언인들은 위와 같은 사명을 항상 가슴속에 간직하고
좋은 책을 만들기 위해 최선을 다하고 있습니다.
독자 여러분의 아낌없는 충고와 격려를 부탁드립니다.

· 한언 가족 ·

HanEon's Mission statement

Our Mission — We create and broadcast new knowledge for the advancement and happiness of the whole human race.

— We do our best to improve ourselves and the organization, with the ultimate goal of striving to be the best content group in the world.

— We try to realize the highest quality of welfare system in both mental and physical ways and we behave in a manner that reflects our mission as proud members of HanEon Community.

Our Vision   HanEon will be the leading Success Model of the content group.